高等教育管理科学与工程类专业系列教材
GAODENG JIAOYU GUANLI KEXUE
YU GONGCHENG LEI ZHUANYE

系列教材

工程项目复杂性与管理

GONGCHENG XIANGMU FUZAXING YU GUANLI

主　编／洪竟科

副主编／李政道　张静晓

重庆大学出版社

内容提要

本书针对目前国内建设工程项目管理教材在复杂性讨论方面的不足,运用复杂性科学和管理学理论,结合工程项目管理实践,详细阐释了工程项目复杂性的内涵、特征与影响因素,并在此基础上,从决策、组织、信息、环境、文化与社会等视角讨论了工程项目复杂性管理的方法和手段,并总结了工程项目复杂性管理的基本模式和优化措施。本书旨在突出复杂性管理在当今工程项目管理过程中的重要性和必要性,从复杂性视角丰富工程项目管理理论。本书共分9章,分别为概述、工程项目复杂性内涵与复杂性因素、工程项目决策复杂性、工程项目组织复杂性、工程项目信息复杂性、工程项目环境影响复杂性、工程项目文化与社会复杂性、工程项目复杂性管理模式、工程项目复杂性管理优化的措施。

本书可作为工程管理类专业本科生和管理科学与工程类专业研究生的学习用书,也可作为其他相关专业的教学参考用书,还可供工程项目建设管理人员参考使用。

图书在版编目(CIP)数据

工程项目复杂性与管理 / 洪竞科主编. -- 重庆：
重庆大学出版社, 2022.5
高等教育管理科学与工程类专业系列教材
ISBN 978-7-5689-3235-6

Ⅰ. ①工… Ⅱ. ①洪… Ⅲ. ①工程项目管理—高等学
校—教材 Ⅳ. ①F284

中国版本图书馆 CIP 数据核字(2022)第 062372 号

高等教育管理科学与工程类专业系列教材
工程项目复杂性与管理
GONGCHENG XIANGMU FUZAXING YU GUANLI
主 编 洪竞科
副主编 李政道 张静晓
策划编辑:陈 力 林青山
责任编辑:张红梅 版式设计:林青山
责任校对:关德强 责任印制:赵 晟

*

重庆大学出版社出版发行
出版人:饶帮华
社址:重庆市沙坪坝区大学城西路 21 号
邮编:401331
电话:(023) 88617190 88617185(中小学)
传真:(023) 88617186 88617166
网址:http://www.cqup.com.cn
邮箱:fxk@ cqup.com.cn(营销中心)
全国新华书店经销
重庆天旭印务有限责任公司印刷

*

开本:787mm×1092mm 1/16 印张:12.25 字数:321 千
2022 年 5 月第 1 版 2022 年 5 月第 1 次印刷
ISBN 978-7-5689-3235-6 定价:36.00 元

前言
Foreword

工程项目的顺利实施既是促进国民经济稳固增长的关键,也是保证人们正常生产生活、维护国家长期繁荣稳定的重要手段,在国民经济建设中占有举足轻重的地位。随着社会分工的不断细化,工程项目在原有唯一性、一次性、固定性、不确定性和不可逆性等特征之外,不断显现其复杂性特征,导致工程项目管理表现出非线性、整体性、动态性、不确定性等复杂系统特征,严重制约了工程项目决策、计划和实施的有效性,给工程项目管理带来了新的挑战。因此,在我国建筑业高质量转型的进程中,如何管理工程项目中涌现的复杂性,成为工程项目管理领域一个亟待解决的理论和实践问题。

工程项目复杂性管理是指为实现工程项目真实价值和满足利益相关者需要,使用复杂系统理论与管理科学思想对工程项目决策、计划、组织、控制、协调、监督和反馈等过程中的复杂性进行全过程、全方位管理的过程。本书立足新时代建筑业高质量发展需求,在梳理、总结已有文献的基础上,以工程项目为研究对象,基于复杂性科学思想,遵循管理学的基本范式,对书中所提出的工程项目复杂性作出了定义,并分别围绕决策复杂性、组织复杂性、信息复杂性、环境影响复杂性和文化与社会复杂性等方面进行了详细阐述,提出了对应的工程项目复杂性管理方法,以处理复杂性问题。在此基础上,以复杂系统理论为指导探讨了工程项目复杂性管理的新模式,为丰富工程项目管理内涵和外延、实现项目价值飞跃提供了一些有益的建议和参考。同时本书旨在将课程思政的思想融入工程项目复杂性管理的专业知识学习过程中,通过对课程思政的教学改革,既可以有效激励学生对工程项目复杂性管理的学习内动力,促进学生对专业知识的掌握和深化,还能培养学生的责任感和使命感,帮助学生树立正确的人生观和价值观,最终将德育与知识点有机地融为一体。

本书由重庆大学洪竞科教授任主编,负责总体编写;深圳大学土木与交通工程学院李政道研究员和长安大学张静晓教授任副主编,协助编写。参与编写的人员有王露、王小苑、王晨宇、左佳灵、叶斯骐、刘其婕、李娜、李沅潮、邱茂玥、张丽丽、陈阳、林棽榕、周雪松、郑雨茜、唐妙涵、黄礼杰、黄志金、彭一峰、赖恬心、谭述慧等。本书的出版同时得到了国家自然科学基金青年项目"建设项目物化能耗区域间作用机制与差异化测度模型研究"(项目编号:71801023)以及国家自然科学基金面上项目"建设工程项目资源代谢多重复杂性的形成机理、测度模式与作用机制研究"(项目编号:72071022)的资助。

本书在编写过程中参阅、摘引及摘编了部分文献著作中的内容,直接引用的已在正文中做脚注,间接引用或有启发意义的相关文献已在参考文献中列出,如有遗漏,敬请谅解。在此对所有被引用文献原作者表示衷心感谢!

限于编者的水平,本书难免有遗漏、错误之处,希望读者谅解并予以指正,使本书能通过不断修订臻于完善。

编 者
2022 年 3 月

目 录
Contents

1

概　论

在近现代科学中,人们一直以一种机械的、还原的、线性的观点以及分解分析的方法研究世界上的事物,认为只要将问题拆分成简单单元,就能了解事物的全部真相或本质。但从对自然界现象的解释,到对生物界进化的理解,再到对社会领域人造工程系统的构建以及对人类经济发展的管理,人们越来越意识到在所有这些探索活动中都面临着一个相同的问题,那就是"复杂性"。如今,复杂性科学已成为世界科学发展的热点和前沿领域,成为有别于系统科学的一颗新星。著名物理学家斯蒂芬·威廉·霍金说:"我认为下一个世纪将是复杂性的世纪。"这句话高度概括了 21 世纪科学面临的任务是处理各种复杂系统,也就是要建立一套不同于过去的理论体系以面对 21 世纪的科学挑战。

另外,随着经济的不断发展,工程项目的规模不断增大、组织复杂性不断增加、技术要求也越来越高,尽管我们已经具备完整的工程项目管理流程,但在实践中仍会面临工期拖延、成本超支、决策失误、信息沟通不畅等问题。工程项目复杂化的趋势让传统的项目管理理论和方法显得捉襟见肘,我们迫切需要与工程项目复杂性相关的新视角和新技术。因此,本书以工程项目为研究对象,在复杂性科学的基础上,提出了工程项目复杂性的概念及工程项目复杂性的管理方法。

1.1　复杂性

随着社会的不断进步与发展,我们逐渐意识到复杂性既是我们面临的新难题,也是一门重要的新科学。当一个事件、一项任务、一个项目或一个系统日益复杂甚至极限复杂时,就需要我们具备新的思维——复杂性思维。

1.1.1　复杂性的定义

若以 1948 年魏沃尔发表的《科学与复杂性》(*Science and Complexity*)一文作为科学界向复杂性进军的宣言,那么,当代复杂性研究的兴起已超过 50 年。复杂性涉及面很宽,其中涉及算法复杂性、计算复杂性、生物复杂性、生态复杂性、演化复杂性、发育复杂性、语法复杂性,乃至经济复杂性、社会复杂性。需要说明的是社会科学领域中相当多的"复杂性"指的是混乱、杂多、反复等意思,而并非科学研究领域中与混沌、分形和非线性相关联的"复杂性"。由于复杂性概念在不同学科领域中的研究对象和采用的分析方法不同,因此对复杂性概念的定义也不相同,这就造成了人们对"复杂性"这一基本概念至今依然无法取得共识。

复杂性研究角度极多,彼此研究界限非常模糊,高度交叉却又互不相同,不啻为一个"复杂性丛林"。而具有代表性描述复杂性概念的主要有以下4种。

①西蒙提出分层复杂性的概念。西蒙把等级层次结构与复杂性明确联系起来,多方面、系统地阐述复杂性,指出等级层次结构是复杂性的重要来源。他从系统演化的角度讨论复杂性,论证复杂性系统的结构是在演化过程中涌现出来的。

②普利高津、哈肯等人用演化的、生成的、自组织的观点解释复杂性。他们认为,平衡态、线性关系、可逆过程只能产生简单性,而远离平衡态、非线性关系、不可逆过程是产生复杂性的根源。复杂性是自组织的产物,在远离平衡的非线性、不可逆条件下,通过自发形成耗散结构这种自组织而产生出物理层次的复杂性,在此基础上才可能通过更高形式的自组织产生出生命、社会等层次的复杂性。

③20世纪90年代,盖尔曼提出有效复杂性概念,他指出原始复杂性和算法复杂性不能表示通常理解的复杂性,反对就复杂性概念来研究复杂性,主张把复杂性研究同复杂适应性系统的研究联系起来。

④我国著名科学家钱学森对复杂性的研究走的是一条与西方学者不同的路,他反对泛泛地讨论复杂性,认为凡是现在不能用还原论方法处理的,或不宜用还原论方法处理的问题,而要用或宜用新的科学方法处理的问题,都是复杂性问题。

1.1.2　与复杂性相关的几个概念

1)随机性

随机现象是系统内涵不确定而外延确定的表象。近年来,复杂性研究的一条重要成果是随机性并不复杂(虽然也有人说随机性是最大的复杂性),历史上不少复杂性的定义其实针对的是随机性,复杂性介于随机和有序之间,是随机背景下无规则地组合起来的某种结构和序。有文献证明,一个同时包含混沌与随机现象的系统,随着时间的演化,对系统起支配作用的将是非线性机制,而非随机因素。

2)模糊性

模糊现象是系统内涵确定而外延不确定的表象,可以运用模糊数学的方法减少外延的不确定性。显然,这与复杂性科学的研究有本质区别。

3)简单性和复杂性

简单性是现代自然科学,特别是物理学的一条指导原则。许多科学家相信自然界的基本规律是简单的。爱因斯坦曾是这种观点的突出代表者。虽然复杂现象比比皆是,但人们还是努力要把它们还原成更简单的组分或过程。当然的确也有不少复杂的事物或现象,其背后确实存在简单的规律或过程。但是,另一方面也存在大量的事物和现象不能用简单的还原论方法进行处理。

1.2　复杂性科学

兴起于 20 世纪 80 年代的复杂性科学(complexity science)是系统科学发展的新阶段,也是当代科学发展的前沿领域之一。复杂性科学是指以复杂性系统为研究对象,以超越还原论为方法论特征,以揭示和解释复杂系统运行规律为主要任务,以提高人们认识世界、探究世界和改造世界的能力为主要目的的一种"学科互涉"(interdisciplinary)的新兴科学研究形态。

1.2.1　复杂性科学的研究对象——复杂系统

复杂性科学本来是以复杂性为研究对象的,但通过之前的介绍,我们知道复杂性的语义繁多,涉及的领域、学科、范围十分广泛,因此,也就没有统一和具体明确的复杂性定义。鉴于此,人们把复杂性科学的研究对象扩展为复杂性和复杂系统,有时甚至干脆称复杂性科学的研究对象就是复杂系统。为了避开术语上的雷区和语义上的争议,1999 年 4 月,美国《科学》杂志中关于复杂性科学专辑的题目采用的就是"复杂系统"。复杂性科学的专门研究机构——美国圣菲研究所,也认为复杂性科学的研究对象是复杂系统。

系统是指由相互作用和相互依赖的若干组成部分结合成的具有特定功能的有机整体,而这个系统本身又是它所从属的一个更大系统的组成部分。复杂性与其有密切的关系,复杂性寓于系统之中,是系统复杂性。尽管系统是一个精确的概念,但由于复杂性定义的多样性和一定的模糊性,复杂系统也成了一个模糊的概念,可从不同角度和方面对其进行界定复杂系统的代表性特征如下:

①复杂系统就是混沌系统(混沌学派)。

②具有自适应能力的演化系统。

③包含多个行为主体,具有层次结构的系统。

④包含反馈环的系统。

⑤不能用传统理论与方法解释其行为的系统。

⑥动态非线性系统。

⑦客观事物某种运动或性态跨越层次后整合的不可还原的新性态和相互关系(本体论的复杂性定义)。本体论的复杂性还可以分为运动复杂性(突变论和混沌的两种)和结构复杂性(分形的和非稳定性的两种)。它们都具有跨越层次的特征,表现为嵌套、相互联结、相互影响和作用等。

⑧对客观复杂性的有效理解及表达(认识论的复杂性定义)。认识论的复杂性概念也概括了自然科学和技术科学领域关于用长度定义复杂性的各种概念和含义,特别是关于"有效复杂性"的含义。

我国著名科学家钱学森也对复杂系统的分类进行了研究。通过长期的探索,钱学森依据子系统的数量以及它们关联关系的复杂程度给系统做了更加精细的分类。他的分类结果如图 1.1 所示。

钱学森认为,根据组成子系统以及子系统种类的多少和它们之间关联关系的复杂程度,可把系统分为简单系统和巨系统两大类。简单系统是指规模不大且结构简单的系统。某些

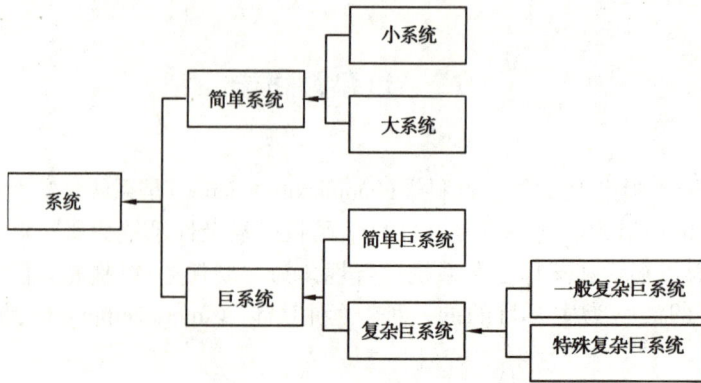

図1.1 钱学森对复杂系统的分类

非生命系统如一台测量机器,就是一个小系统。如果子系统数量相对较多(如几十、上百),如一个工厂,则可称为大系统。简单系统的共同特点是子系统的种类较少,关系单纯,层次少,由子系统的描述经过直接综合即可得到系统整体行为的描述。

若子系统数量非常大(如成千上万、上百亿、上万亿),则称为巨系统。若巨系统中的子系统层次不太多,且它们之间关联关系又比较简单,就称作简单巨系统,如激光系统。由于简单巨系统中子系统众多,所以无法一一准确描述每一个子系统的运动,但子系统之间相互关系简单,通常只有微观和宏观两个层次,因此通过统计综合即可从微观描述过渡到对系统宏观整体的描述。热力学、统计力学、耗散结构理论、协同学讨论的都是简单巨系统。

如果组成系统的子系统不仅数量大而且种类也很多,它们之间的关系又很复杂,并有多种层次结构,那么这类系统就称为复杂巨系统,例如人体系统和生态系统。在人体系统和生态系统中,子系统之间关系虽然复杂,但还是有确定的规律。另一类复杂巨系统是社会系统,组成社会系统的元素是人。由于人的意识作用,系统元素之间不仅关系复杂而且带有很大的不确定性,是迄今为止最复杂的系统,钱学森认为这样的系统是特殊的复杂巨系统。对于复杂巨系统,由于子系统种类繁多且子系统之间的非线性相互作用十分复杂,关联方式具有非线性、不确定性、模糊性和动态性等;同时系统还具有复杂的层次结构,时间、空间和功能等层次彼此嵌套,相互影响;并且系统与环境还有相互作用,系统具有主动性、适应性和进化性等,因此,使用传统的研究方法,无法解决复杂巨系统的问题,需要提出新的研究方法和方法论。

1.2.2　复杂性科学的方法论

前面提到,复杂性、复杂系统和复杂性科学作为研究对象都难以区分和界定,于是有学者倾向于从科学方法论上来划分自己的领域。如钱学森绕开了抽象的概念定义,从方法论上来认识复杂性,他认为"凡是现在不能用还原论方法处理的,或不宜用还原论方法处理的问题,而要用或宜用新的科学方法处理的问题,都是复杂性问题"。

许多研究学者都认为,在复杂性的影响下,科学研究方法论正进行着一场变革。原有的科学方法论和方法已不能充分认识世界,亦不能完全解决日趋复杂的现实问题。真实世界瞬息万变、五彩缤纷,现实问题复杂多变、千姿百态,这些客观现实和日益复杂的问题不仅对现有的科学理论和方法论提出了挑战,同时也呼唤着新的科学方法论的诞生。复杂性科学并被誉为"21世纪的科学",之所以获得如此盛誉,主要是因为它在科学方法论上的突破。

复杂性科学方法论的兴起在哲学上对传统的科学方法论(如还原论、整体论等)产生了冲击,它既是对传统科学方法论的重大挑战,也是对传统科学方法论的重要补充,并对复杂性科学自身的健康发展有着重要的意义。

(1)还原论

还原论是一种哲学思想,它认为复杂的系统、事物、现象可以将其化解为各部分之组合来加以理解和描述。在还原论的影响下,人们遵循着分解、还原的途径,不断地把整体分解为部分,把高层次分解为低层次。把分解出来的每个部分和低层次弄清楚之后,通过叠加、整合,整体的面貌也就清楚了。还原论强调了认识整体必须先认识部分,用部分说明整体、用低层次说明高层次。

在还原论方法的解析下,世界图景展现出前所未有的简单性。早在19世纪,德国物理学家亥姆霍兹就曾认为:"一旦把一切自然现象都化成简单的力,而且证明自然现象只能这样来简化,那么科学的任务就算完成了。"现代物理学借助"还原",把世界的存在归于基本粒子及其相互作用;生物学家开始相信分子水平的研究将揭开生命复杂性的全部奥秘。复杂的世界经还原被清晰地分割为可以重组的简单粒子、部分。关于世界的知识也被分解为种种不同的、分类庞杂的学科与部门。还原论及其具体的方法,促进了近现代科学的产生和蓬勃发展,也让人们形成了"这个世界本质上是可还原的,因此运用还原方法我们能够(至少是原则上)对世界获得完美的认识"的印象。

尽管还原论的合理性得到了验证,也受到了近现代众多科学家的推崇,在近现代科学的发展中功不可没,但随着科学的进一步发展,还原论自身的局限性逐渐暴露出来,在面对大量复杂的整体性问题时,常常束手无策。对于破解宇宙起源之谜,基本粒子和夸克的发现并未提供多少帮助。对于破解生命起源之谜,基因的发现也无济于事。如现代市场是由数量庞大的经济人组成的巨系统,即使对每个经济人的行为都十分了解,也无法预测何时发生通货膨胀,何时发生通货紧缩,股市何时暴涨或暴跌。经过一个世纪的探索,还原论有其局限性已是不争的事实。还原论实质上是把部分之间、层次之间的关系简化为可加、可分,或成比例发生变化的线性关系,把非线性关系简化或是略去。如果我们没有注意到这种非线性的变化就会在运用还原论简化自然的过程中,获得对自然简单化、不全面、不正确的认识。

(2)整体论

整体论是指研究整体行为的理论。把行为作为一个整体而不是把行为分解为各种构成元素进行研究。该理论认为,行为所反映的环境刺激具有整体性,行为具有目的性、选择性和可教育性。

整体论与还原论之争由来已久,整体论者认为将系统打碎成为它的组成部分的做法是受限制的,对于高度复杂的系统,这种做法行不通。因此,我们应该以整体的系统论观点来考察事物。

整体论研究的客观世界是一个有客观联系的整体,对自然界和人类社会中整体与部分之间的关系做出了科学揭示,并因此推动了科学和实践的发展。但在整体论发展的过程中,其局限性也日渐凸现。由于时代科学水平的限制,整体论中的整体往往成为一种没有具体内容的整体,或者也可以说是暧昧不清的整体。这样的整体论一方面,常常成为伪科学或非科学的避难所,另一方面,又在很大程度上不再鼓励对对象进行科学研究,整体就是整体,除此之外,再也无话可说,从而实际上往往在科学的名义下取消了科学。同时,整体论虽擅长把握事物间的关系,却对其内在结构实体认识不深,过于强调整体,对部分与个体的自由有所忽略。整体论通常以模糊的信息把握未来认识系统的功能,尽管有一定的宏观准确性,但因缺少微观精确性的保证,常常主观性强、变异性大,难以深化对功能的认识。

(3)复杂科学需要新的方法论

从 20 世纪开始,人们对自然有了新的认识,科学研究对象开始从简单性和简单系统转向复杂性和复杂系统,自然观随之变化,在方法论上,也开始要求实现新的超越和根本转变。

系统哲学家拉兹洛曾指出,传统的整体论和还原论两种思维都难免有不足之处:前一种用信念和洞察代替了翔实的探求,后一种牺牲了融会贯通以换取条分缕析。也就是说,还原和整合也是辩证地联系在一起的,单纯强调某一个方面都是片面的。近现代科学崇拜分析还原,而且几乎把科学方法等同于分析,这就带来了它的机械性,成为形而上学的温床。而传统的整体论,一是由于时代科学的限制,二是过分地强调整体,以致它的"综合"往往成为深入研究的障碍。正如恩格斯指出的:"以分析为主要研究形式的化学,如果没有它的对极,即综合,就什么也不是了。"所以,复杂性科学要求将还原和整体结合起来,形成适合复杂系统研究的新方法论。

但是,这两种方法论该如何结合呢?笔者认为,在复杂性科学研究中既要从整体着眼,又要从细处分析着手。也就是说,在整体观下,把向下和向上两条路径结合、融贯起来,形成还原论和整体论有机结合的融贯论。具体就是我们要在纯粹的分析思维与整体思维之间架起一座桥梁,采取还原论将复杂系统逐渐分解,层层剥开,直到找出认为是组成或影响复杂系统本质的子系统或元素,同时,利用整体论逐渐组装整合,在分解和整合的矛盾运动中实现从整体上认识和解决复杂性问题。已经有学者做过将两者整合起来的有效尝试,例如,我国著名科学家钱学森提出的综合集成方法论和美国学者欧阳莹之提出的综合微观分析。成思危在论述复杂性科学方法论时也明确提出了将还原方法和整体方法相结合的原则。苗东升在论述系统科学方法论时也提到两者的结合,并对此做了比较详细的论述。

因此,为了获得对复杂性系统的真理性的认识,我们在对自然界中的复杂现象进行研究时,观念上应该从简单走向复杂、从线性走向非线性、从单形走向分形,用复杂性的思维代替简单性的思维。针对复杂性现象的特点,用新的适合复杂性系统特征的特定方法论去认识事物,以获得对自然界完整准确的认识。我们必须抓住复杂性的本质特征,抓住被经典科学简化掉的那些产生复杂性的因素,按照不同于经典科学的思路建立全新的模型,探索复杂性科学研究方法论,体现还原论与整体论相结合、微观分析与宏观综合相结合、定性判断与定量描述相结合、科学推理与哲学思辨相结合的特点。

1.3 工程项目复杂化趋势

目前,随着我国社会主义建设的进行和国民经济的持续稳定发展,大型甚至是超大型的工程项目越来越多,工程项目的复杂性也随之越来越高。这些复杂项目具有不同于一般工程项目的特殊之处,而且对我国的政治和经济影响巨大。然而,由于工程项目复杂化的发展趋势所引起的管理方面的问题也日益凸现。因此,工程项目复杂性管理的相关研究具有非常重大的现实意义。

1.3.1　工程项目复杂化趋势的现状

在高速发展的社会形式下,日益大型化和逐渐复杂化的工程项目比过去任何一个历史时期都要多。随着大型工程项目的数量日益增多,规模日趋庞大,其复杂性也日渐明显。随着全球经济的发展,我国的社会主义和国民经济的建设也在如火如荼地开展,数量众多的大型复杂工程项目接踵而至地呈现在人们面前,如青藏铁路、杭州湾跨海大桥、小浪底水利枢纽工程、三峡水利枢纽工程、2008 北京奥运会系列工程、港珠澳大桥等;我国"五纵一横"高速公路网、高速铁道、巨型港口建设等也都已经列入了新世纪的宏伟规划蓝图或已经动工兴建。虽然很多复杂的工程项目规划了很长的时间,但都是在改革开放后,伴随我国综合国力的日渐增强、技术水平的逐渐提高才开始实施的。例如 1919 年孙中山先生最早在《建国方略》中提出兴建三峡工程的设想,而新中国成立后才发布了《中共中央关于三峡水利枢纽和长江流域规划的意见》,正式将三峡工程纳入了国家战略,直至 1992 年 4 月《关于兴建长江三峡工程决议》通过并于同年 12 月三峡工程正式开工,其中三峡大坝正式开工到全线建成用了不到 20 年的时间。在经历改革开放以后,尤其是进入 20 世纪 90 年代之后,其规划和建设速度明显加快。这其中有政治、经济的原因,也有技术的原因,但是不管怎样,三峡水利枢纽工程在各项条件都具备的情况下才得以实施,由此复杂工程项目建设的趋势可见一斑。

而对于港珠澳大桥这样提出比较晚的复杂工程,其工程的实施却十分迅速。2004 年,港珠澳大桥前期研究团队成立,开启对大桥各项建设的前期准备。2007 年,确定了港珠澳大桥在香港、珠海以及澳门的落地位置。在 2008 年大桥的可行性研究报告通过审核后,2009 年,国务院便批准了港珠澳大桥的建设,由此这个复杂的工程项目正式开工建设。历经 9 年,2018 年 10 月 24 日港珠澳大桥正式开通运营。港珠澳大桥以其超大的建筑规模、空前的施工难度、复杂的项目管理以及顶尖的建造技术闻名世界。对比同样是世界级别极其复杂的三峡水利枢纽工程,港珠澳大桥的建设只花了十几年的时间,可谓节奏快、效率高。

像以上提到的三峡水利枢纽工程、港珠澳大桥建设工程,我国的大型复杂工程项目已经不胜枚举地呈现在人们面前。尤其是改革开放以后,由于技术进步的带动、国民经济发展的需要,以及综合国力的日益强大,大型复杂工程项目更是如雨后春笋般地涌现。

众所周知,这些复杂的工程项目投资金额巨大、技术十分复杂、建设周期长、参与方众多,对我国的政治和经济有着巨大的影响力,只能成功不能失败。因此,对工程项目的复杂性管理,给政府以及政府委托的建设单位提出了非常高的要求。如今大型复杂化的工程项目显现出良好的市场行情,这对工程项目的复杂性管理既是机遇也是挑战,因此,对工程项目复杂性管理研究有着非常重大的现实意义。

然而工程项目在复杂化增强的趋势下也表现出越来越多的问题。针对全球 100 多个大型复杂建设项目的研究报告显示,存在工期延误的复杂工程项目高达 86%,平均延期约 2 年,占计划工期的 39%。此外,还有相关研究表明,超过 70% 的复杂工程项目存在投资超支现象;超过 75% 的复杂工程项目未能实现最初计划的项目范围和功能要求并存在低质量等问题。只有 5% 的复杂工程项目能真正同时实现工期、成本和质量 3 个目标,也就是说高达 95% 的复杂工程项目未能实现预期管理和目标。

项目管理不成功有很多原因,但主要原因是复杂性增大以及对复杂性的低估。传统项目管理方法是一种可预见的、固定的、相对简单和确定的模式,然而,采用该方法的项目发展到一定阶段才出现复杂性问题如今显得愈发普遍而突出。同时,低估项目复杂性也导致了更多的返工、进度延误、成本超支和质量低下等现象。具体来讲,这主要是由于复杂建设项目的复杂性增大,结果不易预测,导致尽管复杂建设项目拥有先进的施工设备和技术,但仍然会出现投资超支和进度延期等目标失控现象。同时,建设主体的技术、管理能力相对不足,也是复杂建设项目的复杂性加剧的重要因素。现在工程复杂化的趋势给工程项目管理带来空前的挑战,管理对象、管理环境、管理目标、组织结构、组织行为等变得越来越复杂,从而对工程项目管理提出了新的挑战。

1.3.2 工程项目复杂化趋势的原因

纵观国内外的工程项目,近年来工程项目复杂化趋势越来越明显。工程项目复杂化趋势产生的主要原因有很多,可大概归纳为以下几个方面。

(1)工程项目大型化

在经济全球化的背景下,经济社会的发展对工程项目提出了更高的要求,使项目的规模不断扩大。大型工程项目有着工程规模和施工难度较大、技术要求较高、参建单位和项目目标较多、知识面涉及较广、建设环境较为多变等特点,这些特点决定了大型工程项目实施的复杂性。

(2)投资主体趋于多元化

当前我国的工程建设,特别是大型基础设施的建设正朝着投资主体多元化的方向进行着各种尝试和探索。国家鼓励和提倡全社会通过多渠道、多层次、多形式来筹集资金,使我国的大型工程项目呈现出投资主体多元化的趋势。工程建设市场的投资者主体结构正在发生变化,新的投资模式也层出不穷,这不仅为大型工程项目的建设提供了多种资金来源,也使工程项目在管理上的复杂性越来越高。

(3)工艺技术的发展

随着现代科学技术的发展,完成复杂的工程项目所需要的复杂工艺技术和施工技术也逐渐得到发展和完善,这为大型复杂项目的建设提供了技术上的可能性,也使曾经受到各种技术限制不能想象或不可能实现的项目,如今各方面条件已经具备和成熟。

(4)现代信息技术的飞速发展

现代信息技术的飞速发展为项目各参与方的沟通建立了更加方便、快捷的桥梁,同时也提供了建立、发展和管理异地工作关系的能力。特别是计算机网络技术的迅速发展使虚拟建设成为可能,项目建设者通过计算机网络技术将复杂的工程项目进行精细化的管理和计算,这不仅大大降低了项目各参与方的交易成本以及项目建设成本,也使工程项目复杂化成为可能。

(5)分担风险

复杂的工程项目风险很大,需要众多投资方和参与方共同分担项目风险,因此,各种新的项目融资方式(如 BOT、PPP 等)给各方提供了分担风险的可操作性途径。同时,现代项目管理范式的发展与完善为复杂工程项目各参与方共担风险、共享利益提供了新的管理思路和可操作的合同模式,这也让项目复杂化成为可能。

思考题

1. 复杂性的定义是什么？

2. 复杂性科学的研究对象有哪些主要特点？

3. 复杂系统的主要类型有哪些？

4. 请举例说明我国工程项目复杂化的趋势以及社会主义制度面对工程项目复杂化趋势的优势。

5. 工程项目复杂化趋势的原因是什么？

2

工程项目复杂性内涵与复杂性因素

2.1 复杂工程项目内涵与特征分析

复杂工程项目中所阐述的"复杂"并不是绝对的,而是相对于非复杂工程项目而言的。目前还没有对复杂工程项目与非复杂工程项目进行明确的界定。本节在给出工程项目概念的基础上,阐述复杂工程项目的内涵和特征。

2.1.1 复杂工程项目的内涵

(1)工程项目

工程项目是由一组有起止时间的、相互协调的受控活动所组成的特定过程。该过程需要达到符合规定要求的目标,包括时间、成本和资源的约束条件。

在种类繁多的项目中,工程项目是最典型、数量最大的一类。工程项目是一个有目标、有边界、有约束、不可逆、由多种相关联要素构成的动态系统。三峡工程、北京奥运会体育场馆等都属于典型的工程项目。我国的工程项目种类繁多,除了一般的民用建筑,还包括石油化工工程项目、交通工程项目、能源工程项目、水利工程项目、制造业工程项目等。这些工程项目都可以作为投资发展的载体,受到投资者的青睐。我国工程项目投资总量不断攀升,为促进经济发展和社会进步做出了应有贡献。

(2)复杂工程项目

关于复杂工程项目的定义,目前还没有统一的界定,但学者大都从复杂系统视角进行定性描述,即复杂工程项目是一个内部相互作用、相互依赖的复杂系统。

与复杂项目有关的概念涉及巨型项目、大型群体项目、重大项目、大型项目等,但其侧重点各有不同,常用复杂项目的界定标准如表2.1所示。

表2.1 常用复杂项目的界定标准

名称	出处	标准	举例
巨型项目	维基百科	对社会、环境和政府预算产生巨大影响，受到广泛关注，投资超过10亿美元的建设项目	如桥梁、隧道、高速公路、铁路、机场、港口、电厂、大坝、特殊经济区、石油和天然气公共建筑、信息技术系统、航空航天、武器系统等
大型群体项目	维基百科	总投资超过10亿美元，建设期至少5年的项目群，可能包括多个利益相关体、国家和跨国财团	如NASA航天飞机、空客A380、中国高速铁路、奥运会、世博会、新城开发、能源项目等
重大工程	美国联邦高速公路管理局	超过5亿美元的大型公共基础设施项目，或是由于其对环境、政府预算有巨大的直接或间接影响而吸引外界广泛关注和政府大量投资的项目	如新泽西州伊丽莎白河中城隧道走廊项目等
大型项目	国家发展和改革委员会等	国家出资融资的，经国家计委审批或审核后报国务院审批的建设项目	如三峡工程、国家大剧院工程、亚运会工程建设项目等
		《关于基本建设项目和大中型划分标准的规定》(国家计委 国家建委 财政部文件计计〔1978〕234号)	如长度1 000 m以上的独立公路大桥，总投资2 000万元以上的新建、改建机场等
	国家统计局	新开工大型项目为10亿元以上项目	如铁路、桥梁、煤矿、石化、汽车、环境等项目

常用复杂工程项目的分类如表2.2所示。

表2.2 常用复杂工程项目的分类

类型	内容	举例
大型重化工业工程项目	石化、冶炼、电力	宁夏宁东能源化工基地、广西石化钦州千万吨级炼油项目等
大型土木工程项目	水利水电、路桥、港口、污水处理	三峡工程、港珠澳大桥、苏通长江公路大桥、青藏铁路等
大型公共建筑工程项目	大型文化、体育、商业设施和会展中心、航站楼	国家体育场、国家游泳中心等

在我国，此类工程项目多为基于国家战略层面的大型基础设施建设工程，主要由政府投资，如三峡工程、南水北调工程、青藏铁路、西气东输工程等。随着大型工程数量的增多以及规模的增大，我国科学技术部将"列入国民经济和社会发展计划、投资规模巨大、实施周期长、不确定因素多、经济风险和技术风险大、对生态环境的潜在影响严重、在国民经济和社会发展中占有战略地位的工程"定义为重大工程。

复杂工程项目从规模、投资额、不确定需求、不确定范围、不确定可交付成果、复杂的交互作用、不确定劳动力储备、跨多个时区的地理分离、大型虚拟团队的使用、组织文化的多样、项目周期的技术变化、多个利益相关者等方面区别于一般工程项目。与一般工程项目不同，复杂工程项目通常兼有公益性和经营性的多项目集群，具有建设周期长、区域跨度大、影响因素多的特点。复杂工程项目的数量多、层次多、类型多，导致参与主体的数量和层次也较多，且各主体之间异质性明显。复杂工程项目管理工作量大、难度大，政府部门和工程项目管理主体不仅面临工程层面巨量、繁杂的工程项目管理工作，还需要承担许多社会层面的管理工作。同时，工程项目管理的整体性和系统性要求也很高，其管理体系内部的管理层次和接口多，导致协调难度大、不确定因素多以及建设风险大，这给复杂工程项目管理提出了更高的要求。

2.1.2　复杂工程项目的特征分析

（1）复杂工程项目的整体性

复杂工程项目是一个整体系统，而这个系统又由多个子系统组成。子系统之间相互影响、相互制约，最终有机结合，达到复杂工程项目的明确目标。

因为复杂工程项目的整体性，所以只用还原论方法解释复杂工程项目这一整体系统与子系统的行为联系是行不通的。系统整体行为并非所有局部行为的简单相加，子系统之间往往存在多维度的交叠性和协同性，因此，必须从整体上把握系统的发展趋势和特点，局部或单个系统的表现不能作为整个系统的判断依据。例如，复杂工程项目的复杂程度与投资额未必成正比，一个投资2亿元的地震带铁路建设项目可能比一个投资10亿元的非地震带住宅小区要复杂得多。区分它们复杂程度的标准就是子项目类型的多少，而并非单纯数量上的累加。这就要求管理者站在更高的角度去把握项目，不能拘泥于局部个别细节。同时，复杂工程项目中子系统行为之间相互影响、相互制约，它们或竞争或合作，最终子系统的运行结果有可能是优胜劣汰，也有可能产生协同效应。多种内部和外部因素都会对这些子系统的运行结果产生影响。

（2）复杂工程项目的多元性

复杂工程项目具有目标多元性。相对于一般工程项目，复杂工程项目涉及的利益相关方众多。复杂工程项目这一整体系统由多个子系统有机结合而成，子系统之间又相互影响、相互制约。随着子系统中的利益相关方数量的增多，各子系统中目标的地位不同，权重不同，表述方式不同，达成条件不同，同时目标之间还存在着相互矛盾、相互制约和相互冲突，使得复杂工程项目整个系统的目标体系也愈加复杂。随着现代项目管理的快速发展，目标体系的复杂化也使项目成功的标准转变为追求利益相关方最大程度的满意。而早期的"质量—工期—投资"这种单一的三重约束目标已不能充分满足现代项目管理的多重需求。

在复杂工程项目中，根据是否直接参与工程项目的建设，将利益相关方分为项目内部利益相关方和项目外部利益相关方两类。以三峡水利枢纽工程项目为例，项目内部利益相关方是指直接参与项目建设的主体，如业主、设计院、承包商、监理单位、材料供应商、设备供应商等。他们因为某个建设项目这一特定产出目标而临时构建成一个动态的社会网络平台，在项目中既有一致目标，又有各自利益，彼此关系错综复杂，面临大量冲突。项目外部利益相关方是指不直接参与项目建设但与之关联的主体，如政府、行业主管部门、周边居民等，他们对建设项目也有各种各样的诉求。当项目发展与其诉求不一致时，他们可能会采取某些行为,从而对项目的实施造成各种各样的影响。

(3)复杂工程项目的层次性

复杂工程项目具有层次性。该层次性主要包括4个方面,一是管理过程层次性,从项目时间维度上看,复杂工程项目全生命周期存在离散的过程性层次,例如,工程建设可分为决策阶段、设计阶段、施工阶段、运营阶段等;二是管理内容层次性,从项目参与者来看,复杂工程项目涉及项目内部和项目外部的众多利益相关者,他们直接或间接参与了项目的建设,并且这些相关者涉及多个层面的管理内容;三是管理目标层次性,项目在质量、成本、工期、范围等方面的管理目标构成了若干个独立而相互联系的管理层次目标网络系统;四是复杂工程项目具有生产要素层次性,项目在运作过程中所需资金、项目决策和管理技术、专业的管理人才等构成了多层次的生产要素体系,例如,工程建设需要消耗各种资源,包括人力资源、建筑材料、机械设备、动力能源、建设资金等资源子系统,而这些资源子系统存在层次关联性和系统协调性。

(4)复杂工程项目具有动态性和不确定性

复杂工程项目的工程过程具有鲜明的阶段性。从工程的全生命周期来看,工程分为决策、设计、施工、运营4个阶段。在这些阶段中,工程所面临的环境波动性、不确定性、阶段目标和挑战各不相同,体现出更强的动态变化特征。

复杂工程项目的动态性主要体现在3个方面,一是战略的动态性,基于复杂工程项目的复杂、渐变,项目各参与主体通过信息技术组建具有强大竞争力的动态战略联盟,形成一个目标趋同的利益整体;二是组织架构的动态性,项目不同实施阶段的复杂工程项目组织架构呈现出多变、各异的特性;三是响应的动态性,项目管理者必须及时对项目的动态实时变化做出响应,并根据具体情况采取动态的项目管理调控措施。

复杂工程项目的不确定性主要体现在两个方面,一是过程的不确定性,在项目前期建设和后期管理过程中存在广泛的不确定性;二是影响因素作用的不确定性,基于复杂工程项目系统的开放性,环境、社会等都会对项目建设造成不同程度的影响。目前,复杂工程项目越来越多地表现为投资规模增大、建设周期加长、参与方众多、不确定因素增多等。其中,不确定因素增多使内部的相互作用和相互影响变得复杂,从而造成了难以以直观线性思维进行推测的结果。

(5)复杂工程项目的开放性

复杂工程项目的系统,这一整体系统的运转受到内部因素和外部因素的影响,因此其发展和实施呈现出多样性和复杂性。复杂工程项目在内外各种因素的影响下,物质交换和信息交换不断发生在系统及自身的子系统与外部系统之间。

复杂工程项目的开放性主要体现在两个方面,一是系统自身的开放性,系统与子系统和外部系统不断进行物质、能量和信息的交换,通过不断地发生交互作用,外部系统不断支持着复杂工程项目的运转;二是参与主体的开放性,在全生命周期各个阶段,众多利益相关方协调配合,建立复杂工程项目的主体,完善自身的决策机制,进而实现项目目标。

(6)复杂工程项目的自组织性

基于复杂工程项目的系统性可知,它是一个整体系统,而这个系统又由多个子系统组成。子系统之间相互影响、相互制约,最终有机结合,使大型工程项目整体产生了复杂工程项目的自组织性。

复杂工程项目的自组织性主要体现在系统内外的不确定因素变化时,系统及子系统会主动调动自身将其转换为对自身有利的因素,如对外部环境、技术变化、工程变更、价差调整等变化不断地做出积极反应。复杂工程项目的自我组织、自我调整的特性使其更具自发性、更无秩序、更活跃。

基于上述认识,我们可以将复杂工程项目视为一个复合的、动态的、开放的复杂系统。因此,对复杂工程项目进行管理需要采用复杂性思维。需要注意的是,项目的总体复杂性并不存在,所以应识别出工程项目的不同复杂性,如决策复杂性、组织复杂性或环境复杂性对工程项目复杂性的不同影响。例如,某些项目的复杂性可能表现在组织方面,其他项目的复杂性可能主要来源于环境或者技术方面。

2.2   工程项目复杂性内涵与属性特征

为了更清晰地阐述工程项目复杂性,本书将从定义维、属性维和视角维 3 个维度来阐述工程项目复杂性的内涵、属性特征及分类,如图 2.1 所示。首先本节从定义维来描述复杂性定义的两个层面,即认识论和本体论。接着本节从属性维描述工程项目复杂性表现出的属性特征,即差异性、依赖性、不确定性和动态性。最后从视角维阐述工程项目的决策复杂性、组织复杂性、信息复杂性、环境复杂性、文化与社会复杂性、目标复杂性和任务复杂性。

2.2.1   工程项目复杂性定义

随着复杂工程项目数量和规模的增加,提高工程项目复杂性的重要性也日益凸显。早在 20 世纪,项目复杂性已作为工程项目分类时考虑的一个因素。

对于工程项目复杂性的研究,因为学者间的视角和所在研究领域各不相同,所以对工程

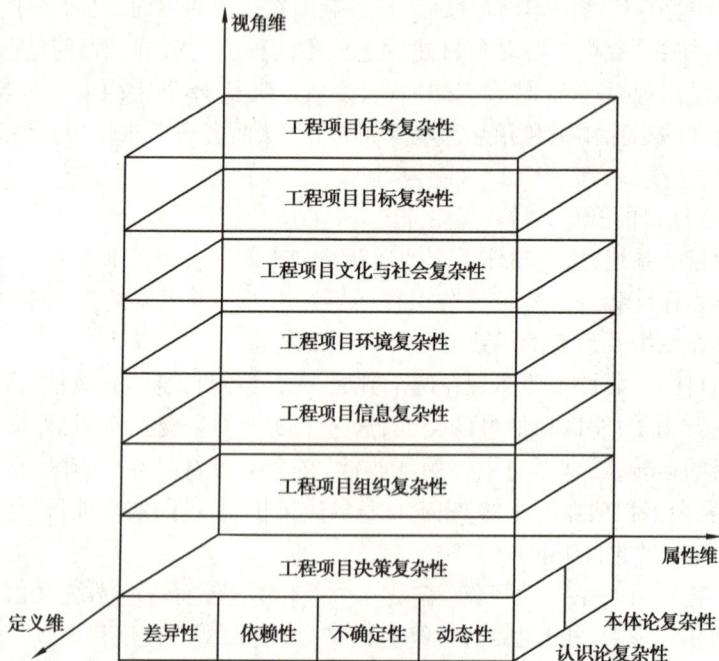

图 2.1   工程项目复杂性的内涵、属性特征及分类

项目系统复杂性的定义侧重点也各有不同。与此同时,工程项目复杂性在决策、组织、信息、环境、文化与社会、目标、任务等多个方面均体现出复杂性,故在学术界,至今没有总结出工程项目复杂性的统一概念。

结合复杂工程项目的定义、特征及当前复杂性科学中人们对复杂性的认知,当前对工程项目复杂性的探讨同样需要限定在一定的层次内,在该层次内对本书中所提出的工程项目复杂性作出定义:工程项目复杂性是工程项目的本质属性,是本体论复杂性与认识论复杂性的集合(图2.2)。一是本体论复杂性,本体论属性是指工程项目包含各式各样的相关联要素,并具有差异性、依赖性、不确定性、动态性等不可还原的属性;二是认识论复杂性,认识论属性是指有限理性、观念、能力局限性导致的复杂性,即人们在认识范围观念、能力等不同的背景下对工程项目的有效理解及表达。

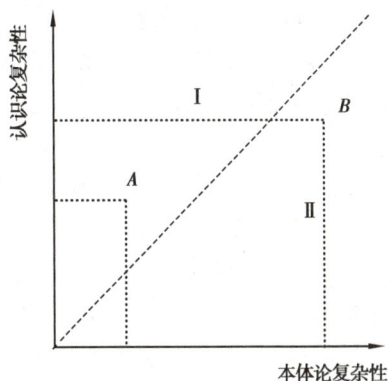

图 2.2　工程项目复杂性示意图

根据定义,工程项目复杂性可借助图 2.2 进行简单示意和辅助理解。当工程项目的复杂性处于 I 区域时,如 A 点,工程项目的认识论复杂性高于本体论复杂性,这时,人们能基于自己的认识充分识别工程项目的复杂性,认为项目是容易处理的,相应地,I 区域可称为简单区域。反之,当工程项目的复杂性处于 II 区域时,如 B 点,工程项目的认识论复杂性低于本体论复杂性,这时,项目管理的复杂程度超出人们的认知范围,人们便认为项目是难以处理的,会感到棘手,相应地,II 区域可称为复杂区域,该区域将是工程项目复杂性管理关注的重点。

2.2.2　工程项目复杂性属性特征

工程项目复杂性是对工程项目复杂系统的研究,但是目前还没有一个明确的定义,因为它本身就很复杂。虽然很难定义工程项目复杂性,而且有很多不同的观点,但工程项目复杂性可以根据工程项目复杂性属性来界定。以下是工程项目复杂性的属性特征。

(1)差异性/多样性

要素多、规模巨大是产生复杂性的必要条件。复杂建设项目被看成一个复杂的、动态的系统,认为项目复杂性是由许多相互作用的要素构成的,如多维目标、多个利益相关者。以南水北调工程为例,工程包括东、中、西 3 条调水路线,包含了数量众多、类型复杂的各种建设项目,仅目前实施的东线一期工程、中线一期工程中所包含的设计单元就达 115 个,单位工程达到 2 700 个。所有的项目都有多维目标,因此必须考虑各个维度目标的平衡,从而导致工程项目复杂性增加;项目还涉及许多利益相关者,不仅包括业主、项目经理和项目团队,还包括用户、竞争者和大众,这些都会增加项目的复杂性。从组织复杂性的角度来看,差异性意味着层级数、单位数和职能部门数等,具体包括纵向差异化(层级数)和横向差异化(正规组织单位和职能部门数)。

(2)相互依赖性/相互作用

在复杂工程项目中,元素和子系统不仅数量巨大,而且种类繁多,相互作用必然很复杂。例如,一个项目的规模可能相当庞大,其包含的要素众多,但如果有一个高度标准化的实施流程,那么该项目就具有较低的技术依赖性,完成的难度就较低;而另一个项目可能具有较小的规模,但如果实施流程高度集成化,那么该项目就具有较高的技术依赖性,完成的难度也就相对较高。可见,从组织面临的技术难度来看,第二个项目尽管具有较小的规模却更加复杂。

工程项目复杂性的要素都有结构和动态属性,并且这些要素都是互相依赖的。也就是说,工程项目复杂性是非线性的,任何线性的规律在这一系统中都是失效的,由于整体并不等于部分的简单加和,因此,单纯增加每个元素的属性,并不意味着可以提高系统整体的适应性。系统内元素相互之间的交互需要我们用一种整体的方式去分析,它们之间通常呈现一种涌现的机制。这些机制是一种整体的特性,甚至不能用适用于元素的语言进行描述,系统中更多体现的是一种整合和协作,而并不是部分的相加。系统的涌现机制和自组织行为都与系统的动态吸引子系统紧密相关。相对整个系统的状态空间来讲,吸引因素只占据较小的空间。系统中包含一系列的可以自由转换的吸引因素,这样可以带给系统行为取向的不同可能性,这是吸引因素的作用。而系统后续的行为究竟如何,不仅取决于初始结构和状态,还取决于后续吸引因素的变化。同时,复杂性系统中的反馈行为导致了系统的阶段演进,每一个通过自组织的方式使复杂性系统从无序到有序的过程都是系统阶段的演进过程,这与传统系统中的演进过程是不同的。

综上所述,工程项目的相互依赖性包括非线性、涌现、吸引子、阶段演进、不可预知性等特征。

①非线性特征。复杂系统中的输出与输入并不成正比。因此,改善每个元素的性质并不意味着可以提高整个系统的适应性,系统整体并不是部分的简单加和。系统内元素的交互行为需要我们以整体的方式去分析系统。

②涌现特征。复杂性系统的性质并不单纯地用元素的性质来描述,元素在系统内实现涌现和更高水平的功能。系统的功能和性质并不使用系统内元素的语言来描述,而是通过系统的集成来描述。系统集成是一种有机的协同,与传统科学中的简单加和不同。

③吸引子特征。自组织与系统内动态吸引子的存在有关。虽然每一个吸引子在系统内只占据一个相对较小的状态空间,但也是描述系统非线性反馈行为的主要因素之一。吸引子可以分为3类,一类是稳定平衡的吸引子,它的行为按照一定的规则和一种可以预测的方式不断地重复;一类是不稳定的吸引子,它的行为没有一定的规则和方式;最后一类是混沌的吸引子,它处在混沌的边缘,一个微小的变化就会改变系统演化的方式和方向。

④阶段演进特征。复杂性系统中的反馈过程将导致系统的阶段演进以及系统性质的突变。混沌的边缘对于系统而言是一个关键点,复杂性系统与传统系统不同的是,在混沌的边缘状态时,复杂性系统会依靠自身的自组织功能保持在这样的状态,这时一个吸引子会促使系统发生运作方式上的改变。

⑤不可预知性特征。一方面,由于吸引子的存在,系统未来的发展会具有随机性和不可预知性。尤其是当吸引子处于不稳定的平衡状态或者处在混沌的边缘时,吸引子的行为没有一定的规则和方式,并且一个微小的变化就会改变系统演化的方式和方向,而且这种变化是非线性的,由此导致了系统演化的随机性和不可预知性。另一方面,系统是受外部环境所影响的,外部环境的影响因素很多,也是动态变化和不可预知的。

(3)不确定性

工程项目复杂性是由不确定性造成的,不确定性是复杂性来源之一,又是风险来源之一。例如,三峡工程不仅仅是一项技术工程,它更多地会牵涉生态环境、政治问题以及社会经济的各个方面。自然系统方面,包括地质环境(地震、山地灾害)、陆地生态系统、大气系统、水生系统、海洋等;社会层次方面,包括人文、文物、文化(巴楚文化中心)等;经济方面,包括城镇、农村、家庭,还包括工业、农业及其他产业等;生态层次方面,包括基因、物种、种群、群落、生物多样性、生态系统、景观、自然地带等。

系统与外界环境的交互行为并不是开始就确定下来的,而是随着环境的变化在不断地进化的,这就需要系统与环境的交流方式也随着环境的不断变化而动态地变化。三峡工程是一个固定的巨大建筑物,它的设计和建设依据是以往的气候、水文和地质资料。但是,全球气候变化将引起气候、水文等的时空变化。变化的趋势和结果是否符合原来防洪的要求就存在着很大的不确定性。再如,诱发地震问题,由于全世界对地震的预报还有待提升,因此对水库诱发地震的问题也存在很大的不确定性。

系统的元素对环境的适应性和元素之间的适应性都是动态的,正是这种动态的适应性使得系统的演化过程并不是标准的,也体现出一种动态性。故而,系统的价值正是在这样的动态演化过程中体现出一种不确定性,确切地讲是一种价值的动态增加。

复杂性系统通常由很多独立且相互区别的自治代理组成,所有自治代理在系统内的价值和地位都是平等的,因此在系统的运行过程中并没有统治性的力量存在,因而系统的结构或者造成不平衡的力量完全是通过系统的自组织行为来涌现的。由于系统内的元素具有非统一性,因此每一个元素都需要遵守不同的规则。但同时系统内的元素拥有共同的进化特征以适应更为宽广的系统环境,所以系统的适应性更多地体现为一种动态的适应性,系统的结构也与系统外部环境密切相关。元素通过随机的方式或者遵循一定的学习程序修正各自的行为,因此,我们可以认为系统在运行过程中有改变功能的需要,时刻都在进行自我更新。复杂性系统内在含有自下而上的因果关系的同时,也依靠一种自上而下的构成方式。这就意味着系统内元素的存在和性质受到更高一层次系统特征的影响,更高一层次的系统性质会成为元素演变的约束条件或者边界条件。通常复杂性系统也拥有自我复制和克隆的能力,正是这个能力使得系统产生新的组织结构。

综上所述,工程项目的不确定性包括自治代理、自上而下、共同进化、非统一性、自繁殖性、自修正性等特征。

①自治代理特征:复杂性系统通常由相互独立的、具有自主决策能力的代理构成。系统中所有的代理在价值上具有同等的地位。系统中不存在先前设计好的执行节点,这也就是说系统中不存在外部的控制,因此系统的演变完全取决于由系统内各元素之间的交互作用而形成的涌现。

②自上而下特征。在工程项目复杂性系统中,除具有由传统的部分构成整体的特征之外,还具有自上而下的特征。这意味着系统中元素的存在和性质受到系统性质的影响,系统为元素提供了演变的约束条件。系统中的元素在彼此之间的相互联系中进化以适应更为广泛的系统环境,因此,适应性需要在整个系统环境中以动态适应性的形式进行测度,而不是只与系统元素的静态功能有关,元素构成的结构也与系统环境紧密相连。

③共同进化特征:系统中的元素是在彼此相互联系之中进化以适应更为广泛的系统环境,元素构成的结构也是与系统环境紧密相关的。

④非统一性特征。系统中的各个元素并不是等效的,它们可以遵守不同的规则,而不是所有的元素均遵循传统科学中的普适规则。每个元素分别进化,使得系统中存在着由不同规则和任务组成的集合。元素发生进化的规则取决于系统整体环境的变化。

⑤自繁殖性特征。通常复杂性系统拥有复制和克隆的功能,甚至一些社会系统可以通过复制衍生出新的系统。复制过程中的变异过程,包括突变、重组等,都可能创造出新的系统结构,从而允许系统进行自我繁殖。这是对传统科学中及时修正假设的冲击。

⑥自修正性特征。系统中的元素可以随机地或者是遵循一定的程序去自由地改变彼此之间的联系。因此,只要存在改变其功能的必要性,系统就可以随时自行修正。这些由系统内部产生的系统变化在传统科学中是不存在的。

2.3 工程项目复杂性因素构成与分类

本节将阐述工程项目复杂性因素构成,并从视角维描述对产生工程项目复杂性的因素分类,包括决策复杂性、组织复杂性、信息复杂性、环境复杂性、文化与社会复杂性、目标复杂性和任务复杂性等。

2.3.1 工程项目复杂性因素构成

通过2.2节关于工程项目复杂性的定义和属性的描述可知,项目复杂性是工程项目的一种固有属性,是若干具有差异性的部分相互作用的一种结果,具有要素数量多、差异性、依赖性、不确定性、动态性等多种属性。因为项目系统的整体复杂性是由各种不同的复杂性要素共同影响和决定的,所以要想有效地管理项目复杂性就需要对项目复杂性的多种构成要素进行系统识别、管理和控制。

在此,根据工程项目复杂性的定义和属性,确定工程项目复杂性因素由大两方面构成:一是具体工程项目本身的复杂性即本体论复杂性,如项目规模、内部结构、施工技术等显性复杂性;二是受项目成员对工程项目认知能力、观念和理性水平的影响,表现出来的从不同视角对同一个项目的复杂性感受的差别,即认识论复杂性,如图2.3所示。

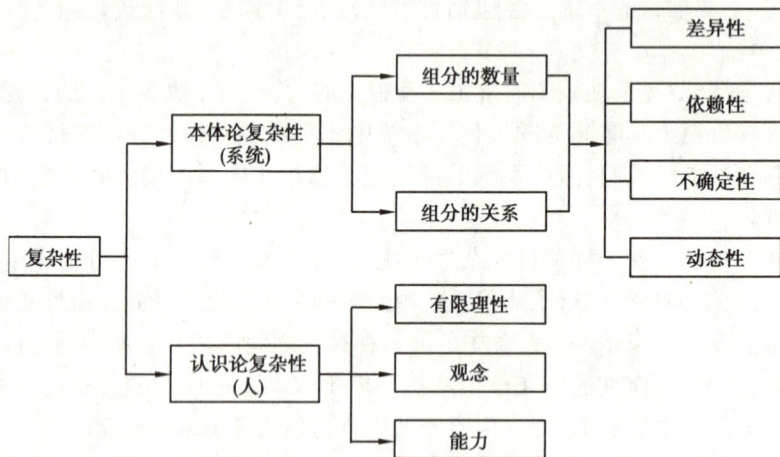

图2.3 工程项目复杂性因素构成

2.3.2 工程项目复杂性分类

说到工程项目复杂性,就应明确复杂性的类型。在现有研究中,针对项目复杂性的分类标准众多,如技术复杂性、组织复杂性、环境复杂性等都在研究中达成共识。基于已有工程项目复杂性文献的研究,结合中国复杂工程项目的特征,将复杂工程项目的复杂性分类归纳为决策复杂性、组织复杂性、信息复杂性、环境复杂性、文化与社会复杂性、目标复杂性、任务复杂性。

1) 决策复杂性

工程项目决策就是决策主体综合运用多种决策理论和方法,遵循一定的决策准则,在一定的决策环境下进行分析、判断并选择最佳方案的过程。

工程项目决策复杂性主要体现在以下几个方面。

①决策客体复杂性。决策客体复杂性是由工程本身固有的复杂性决定的,工程决策是一个系统工程,更是一个复杂的非结构化问题,涉及多方利益相关者以及多层次的决策目标,需尽可能地收集完备的决策信息才能全面地考量决策目标。

②决策主体复杂性。决策中决策主体的知识储备不足以及个体偏好不一致会导致主体的行为偏差,而决策中信息的不完备、多方案的比选会导致主体决策行为的认知偏差,从而使主体在不确定的环境下表现出有限理性,做出有限最优决策。

③决策过程复杂性。工程决策过程在本质上是以人的思维活动为核心的多阶段、动态的交互过程,该过程会构成一个完整的决策序列,一些决策需要基于前一个决策的效果再进一步修正。决策主体在此过程中需构建支撑自身决策的知识体系,多方决策主体也需要在产生利益冲突、矛盾时达成共识。

④决策环境复杂性。工程项目受所处的自然、经济、社会文化、政策法规、技术等混沌、无序的外部环境因素的影响和制约。因此,决策主体需要识别工程决策的关键环境因素,在复杂的外部环境中保证决策的有效性和适应性,充分利用环境创造机会与优势。

2) 组织复杂性

工程项目组织复杂性可以认为是组成组织的不同层次的不同元素相互作用,使整体组织表现出动态性、变异性、多样性和不可预知性的复杂特征。工程项目组织作为一个复杂系统的重要体现就是组织的动态复杂性和结构复杂性。具体而言,在工程项目中,系统的要素自身是一个复杂的子系统,该子系统本身内部的动态作用,使要素行为体现出多样性,要素间的相互联系也体现了多样性,并且在与外部环境的交互作用中,引起整个组织的动态变化。工程项目组织的复杂性的根源是组织中个体间的行为差异和个体智能。

①组织结构复杂性。从组织结构出发,可从水平复杂性、垂直复杂性和地域分布差异性对工程项目组织复杂性进行描述。水平复杂性是指组织职能部门的数量,水平复杂性程度同参与主体数目以及职能部门成正相关性。垂直复杂性是指组织层级的数目,垂直复杂性的程度同组织层级数成正相关性。地域分布差异性是指组织机构空间地域分布的差异复杂性,地域差异性程度同地域分散活动的数量成正相关性。

②组织行为复杂性。组织整体的内部复杂性是由组织内部各成员自身的复杂性行为以及他们之间的互相作用产生的,主要体现在组织自身动态性、适应性、需求性以及信任关系上。

③组织信息复杂性。在项目的进行过程中,组织信息的烦冗复杂是组织复杂性的另一表现。信息来自多个利益相关方及整个管理过程,涉及各种复杂的合同关系。不同参与方

之间、不同过程和流程之间的信息依赖度及相关度也逐渐提升,从而导致信息复杂性增加。

④组织环境复杂性。在组织复杂性中,环境是一个不可忽略的重要因素。任何工程项目组织都是在一定的社会历史阶段、一定的时间和空间中存在的。环境既是社会大环境,也是项目所在地的政治环境、法律环境、经济环境、国家政策等。

⑤组织目标复杂性。目标的复杂性通常由各个项目参与者的需求、项目任务的复杂性等造成。所有项目都有多个目标,因此必须考虑各目标间的平衡,从而导致项目组织复杂性增加。

3)信息复杂性

工程项目信息是指在项目全生命周期内,由于开展计划、组织、协调和控制等项目管理活动而产生的反映和控制工程项目管理活动的信息,包括各种报表、数字、文字和图像。

工程项目信息复杂性指的是在产生、传递、处理、接收信息等过程中造成的工程项目复杂性,主要有以下特征。

①信息来源广泛。工程项目信息于系统内部和外部而言来源十分广泛。就系统内部来说,信息来自项目不同阶段涉及的各参与方,如业主、设计单位、承包单位、施工单位、供应单位、销售单位、监理组织等;针对系统外部,信息来自政府、银行、区域环境、社会文化、市场状况等。

②信息数量庞大。在工程项目管理过程中,由于参与方侧重目的和需要不同,相应的信息规范行为使信息数量成倍增加。另外,随着大型复杂项目的增加,信息的数量更是呈指数级上升。

③信息类型复杂。针对不同需求的不同工程项目信息往往涉及不同的计算机信息管理软件,针对不同的需求和各方的目的,信息往往具有不同的存储格式。通常来说,建设项目信息可以分为结构化信息与非结构化信息。

④信息存储分散。工程项目的涉及参与方众多,专业化和社会化的分工使各个阶段的组织任务和责任人员不同,造成项目组织的分割、组织目标的不一致和组织责任的离散,没有哪一方能完全掌握项目的完全信息。

⑤信息实时动态化。工程项目建设全过程是一个动态过程,因此信息也始终处于动态的变化之中,如法律、法规、规章、技术标准、规范等信息。已获取的信息要进行适时的更新、完善以继续供下一阶段使用,同时,更新完善后的信息有时仍需反馈给上一个阶段。

⑥信息应用环境复杂。不同的项目参与方、不同的部门对项目信息有不同的应用要求,同一信息也有不同的信息处理与应用要求,这需要在信息管理时充分考虑,根据信息的应用要求对信息进行分类、编码。

⑦信息不对称性。工程项目信息在管理过程中往往因为某些因素不能及时地收集、流畅地传递、准确地发送给信息需求者。信息的不对称性会产生大量的延迟信息、夸大信息甚至虚假信息,而失真的信息往往需要更多的信息加以补充纠正,造成信息的快速繁殖和冗余;而基于失真信息所作的不当决策也会产生大量的更正信息。如此循环,信息的不对称性逐渐放大。

4)环境复杂性

工程环境是一个由一些相互依存、相互制约、不断变化的因素组成的系统,是影响工程项目全生命周期中各种活动的现实因素的集合。

本书主要从以下两个方面来定义工程项目所面临的环境复杂性。

①工程项目所面临的外部环境的动态性和多样性。外部环境复杂性包括自然环境、经济环境、政策法规环境、政治环境以及技术环境等,除此之外,还包括项目利益相关者的复杂性。项目利益相关者是连接工程项目和外部环境的主体,项目利益相关者数量的增多,使项目环境变得更加复杂,同时又分散了项目风险。另外,环境复杂性又是工程项目对自然环境、经济环境、政策法规环境、政治环境以及技术环境等的依赖导致的复杂性。

②工程项目环境影响复杂性。工程项目环境影响复杂性主要体现在自然演变和自然灾害引起的原生环境问题、人类活动引起的次生环境问题。从材料的生成到最终拆毁,工程项目整个过程的各个阶段都与周围环境产生了大量的物质流动和能量交换,其全生命周期所带来的环境影响与生态破坏将导致工程项目环境复杂化。同时,工程项目的环境影响又会随着工程项目的存在与延续而一直动态变化,从而在建造过程中,形成复杂的负外部效应,影响工程项目的成本、进度、质量等目标的实现。

5) 文化与社会复杂性

工程项目文化与社会复杂性即为工程项目文化复杂性和工程项目社会复杂性。工程项目文化是指工程项目各参与主体在工程建设实践过程中形成的精神财富和物质财富的总和,它既包括工程建设成员普遍认同和共享的,也包括各参与主体相互有差异、模糊和不均衡的价值观念、思维模式、行为准则及文化外显形式等。工程项目文化复杂性主要体现为融合性、差异性及碎片性。工程项目社会复杂性是指由工程组织人员主观意志的不确定、工程组织结构的多样化以及工程内系统的功能分化等导致的工程复杂性。本书主要从社会资本的角度对其进行研究。工程项目社会复杂性主要体现在工程中人员行为表现的复杂性以及工程环境的复杂性。

(1)工程项目文化的差异性

在一项工程中,其工程组织由多个参建主体构成,而在工程建设前,各参建主体在自身组织发展过程中就已经形成了各自独特且相对稳固的组织文化。因此,在工程开始建设后各个参建主体的组织文化就会表现出明显的不同,从而体现出工程项目文化的差异性。

(2)工程项目文化的融合性

在工程建设过程中,随着工程主导方的引导和干涉,各参建主体通过互相学习、交流沟通,对彼此的文化观念进行整合,可能就会实现各自组织文化的相互融合,形成有序、统一的工程项目文化,从而体现出工程项目文化的融合性。

(3)工程项目文化的碎片性

在工程建设过程中,由于各参建主体的价值观念不同、利益目标有冲突等各类因素影响,各参建主体之间出现相互排斥、相互对抗等情况,导致工程项目文化处于无法融合、混乱无序的碎片化状态,从而体现出工程项目文化的碎片性。

(4)工程人员行为的复杂性

在工程建设过程中,由于存在主观性,因此不管是面临相同或不同的问题,各个工程人员的思想观念以及采取的措施都会有所差异,从而使人的行为表现出复杂性和多样性。

(5)工程环境的复杂性

在工程建设过程中,工程所处的外界环境会不断地发生变化,因此,为实现工程目标,各个层次的主体必须不断调整自身的活动以适应外部环境的演化过程,从而体现出所处工程环境的限制及作用的复杂性。

6)目标复杂性

目标复杂性通常是各项目参与方的需求、项目任务的复杂性和有限的资源造成的。目标复杂性是一种本体论复杂性,因为几乎所有的项目都具有多个相互冲突的目标。由于复杂工程项目涉及多个利益相关方的多重目标,因此,必须考虑各目标的冲突与平衡,从而导致了项目复杂性的增加。

(1)工程项目目标的多样性

复杂工程项目既要在管理层面上实现质量、成本、资源、进度等目标,又要在功能层面上实现技术、经济、安全等目标,同时还要满足国家或区域的经济发展、社会稳定、国防安全、生态保护等目标,呈现出目标的多样性,从而增大了工程项目复杂性。

(2)工程项目目标的不明确性

复杂工程项目的建设周期长,导致影响目标实现的各因素在这期间会对目标造成持续不断的影响,如目标因素的增多、减少及指标水平的调整等都会导致设计方案的变化、合同的变更、实施方案的调整等。

(3)工程项目目标的不一致性

复杂工程项目往往涉及多个利益相关者,他们一方面因共同参与工程建设而具有共同的基本目标与利益诉求;另一方面,在许多具体问题上,又有各自不同的目标与利益,使彼此的关系错综复杂,甚至产生冲突。

7)任务复杂性

在复杂工程项目系统中数以万计的任务活动涉及多个专业领域且跨度较大,既可能包含工程技术、资金融集、组织管理等方面,又可能包含生态保护、社会安定、能源节约等方面,这些任务之间并不是彼此孤立的,而是有着显性或隐性的多种联系的,每一项任务的变化都会受到其他工作任务变化的影响,并引起其他工作任务的相应变化。任务复杂性增加了项目执行中的不可控性,使项目变得更加复杂。

(1)任务的多样性

复杂工程项目系统往往由成百上千家单位共同参与,由成千上万项在时间和空间上相互影响、相互制约的活动共同构成,而且各项活动并不总是单一同质的,它们具有各自的结构和功能。

(2)任务活动的动态变化

复杂工程项目系统的各项任务活动始终处于动态变化之中。项目中的构成要素在不断受到外界环境影响的同时,其自身也在不断地发展变化,这种发展变化有时超出了最初的预期而无法控制,增加了项目执行中的不可控性,使项目变得更加复杂。各项任务活动始终处于动态变化之中,从技术细节到国际政治,每一个轻微的变动,都会在项目系统中逐层放大,导致任务活动状态极不稳定。

思考题

1. 复杂工程项目的内涵是什么？有哪些主要特点？
2. 工程项目复杂性的内涵是什么？有哪些主要特点？
3. 工程项目复杂性管理的内涵是什么？有哪些主要特点？
4. 如何进行工程项目复杂性管理？
5. 请举例说明我国项目复杂性管理较为成功的案例。

3

工程项目决策复杂性

从管理活动的角度来看,管理的本质是决策。工程项目决策是决策者运用科学的方法在众多决策方案中进行全面的比较、分析。从项目全生命周期的角度来看,这是一个决定项目命运的复杂过程。更何况,大型项目决策的影响因素是多方面、多层次的,使得项目管理面临着巨大的挑战。大型工程决策本身面临着未来的不确定环境,工程建设的一次性和不可逆性,以及在复杂多变的不确定环境中决策主体的"有限理性"行为约束,更进一步强化了决策活动。项目的复杂性无疑增加了项目决策的难度,对决策主体、决策环境和决策过程提出了更高的要求。

因此,本章从复杂系统的理论和方法出发,以工程项目本身的复杂性解释了项目决策的难点及其内在机制,同时,探讨了工程决策复杂系统内部各组分之间的联系和属性,提出了工程项目决策的管理机制,提高了工程项目决策的质量,使其更具有科学性和有效性。

3.1 工程项目决策的内涵

决策是人类最基本、最重要的活动之一。它在人们的生产和生活中起着至关重要的作用,但决策理论被引入管理领域进行研究的时间并不长。美国管理学学者巴纳德在 20 世纪 30 年代首次将"决策"这一术语引入管理理论。当时,他将决策的内涵定义为决定的策略或办法,是人们为各种事件出主意、做决定的过程。它是一个复杂的思维操作过程,是信息收集、加工,最后作出判断、得出结论的过程。之后,美国学者西蒙等人在 20 世纪 60 年代创立了现代决策理论,决策问题开始受到管理学界的高度重视,并成为管理科学的一个重要研究内容。

目前,决策主要从名词和动词两个方面进行界定。按名词来解释,决策是指"就未来实践的方向、时间、原则和方法而作出的决定";按动词来解释,决策是指"人们在改造世界的过程中,寻求并决定某种最佳决策目标,即选择最优的目标和决策方案而采取的一系列活动"。《美国现代经济词典》对决策的解释是:"公司或政府在其政策或选择实施现行政策的有效方法时所进行的一整套活动,其中包括收集必要的事实以对某一建议作出判断,分析可以达到预期目的的各种可供选择的方法等活动。"西蒙提出的"管理就是决策"实际上是从动词的角度来定义决策的。在管理科学中,决策分为狭义和广义两种。狭义决策特指"决策方案",也就是说,在多个可供选择的方案中确定的最终方案。广义决策不仅包括狭义决策的含义,还包括支持狭义决策的各种相关活动,包括发现问题、收集信息、确定目标、制订计划、选择计划和提供决策支持。狭义决策表明决策是一种有意识的行为,是主观意志的表现。广义决策是人们主动认识和改造客观世界的一种选择性活动。这是一个发现问题、分析问题和解决问题的过程。

基于已有的对决策概念的认识和阐述,可将决策的内涵概括如下:第一,决策是人们基于对世界的客观认识,采取一系列思维和选择的行动来改造世界;第二,决策是在多种备选方案中择其最优;第三,决策是一个复杂过程,包括明确预期目标,从已有条件与约束两方面进行分析,制订各种可行的解决方案,以及确定实现满意方案的各种活动;第四,决策的目的是寻求最优方案,以实现最佳效益。由此可见,决策是决策者运用各种理论和方法,遵循特定的决策准则,在一定的决策环境(条件)下,对各个方案进行分析、判断并选择最优方案的过程。

决策在工程活动中具有重要的地位和作用,工程决策是围绕工程开发建设活动的决策行为和活动的总称。本章将工程决策的内涵界定为:在工程建设的全生命周期过程中,决策主体根据项目性质及建设运营管理的需求,对工程建设环境、工程建设的各个阶段各项活动以及众多影响因素之间错综复杂的相互关系、相互作用进行系统分析后,提出每个有待论证的问题及解决方案,并综合利用各种决策理论和方法,对备选方案通过系统论证、科学研究与方案综合比选,最终确定解决问题的原则、方向及实施方案的过程。

3.2 工程项目决策的特征

上述工程决策的内涵表明,工程决策其实是一项系统工程,一般包括决策主体、决策客体、决策准则和决策环境等要素。工程决策活动产生于工程项目的提出,终止于项目的废止,贯穿工程建设与运营的全生命周期,本书重点研究工程建设前期和建设过程中的决策。另外,由于工程不同阶段的工程建设活动的目标和任务不同,所以,不同阶段的工程决策活动也呈现出不一样的特征。一般来说,工程决策具有下述几方面的特征。

(1)工程项目决策是以决策问题为导向的系统论证与决策过程

早在20世纪80年代,席酉民在研究大型工程项目决策时就提出,大型工程项目决策可从下述2个层面进行,一是宏观层面的总体战略部署,二是微观层面的具体工程建设方案的确定。总体战略部署的研究即确定工程建设的时间、地点、工程性质等。这个问题涉及很多方面,要综合考虑国民经济现状和该工程项目的发展前景,不仅要考虑我国在世界经济体系中的地位、实力以及世界局势的变化,还应考虑国民经济的发展战略和整体的生产力布局等。而世界经济局势会影响这个大背景下的工程项目的战略规划,而工程的各种方案又都是基于此论证得到的结果,所以决策者也应该全面了解工程自身的结果与性能,并着力分析影响工程建设的各方面因素,展开对工程项目将带来的经济效益、社会效益与环境效益的有效预测,以期从更加长远的视角进行全面综合的分析与评价,最终制订出最科学、最满意的建设方案。

以大型工程项目决策的两个层面为基础,围绕工程及工程建设活动的特点和目标,将大型工程决策转化为一系列更为具体的决策问题,主要包括项目建设的必要性、可行性和合理性,项目建设目标,项目功能、选址,建设规模,建设内容,工程结构,技术标准,技术方案,投资估算,资金筹措,资源配置计划,工程组织体系决策,总体进度计划,风险识别与应对方案,工程建设导致的社会问题与生态环境问题的解决方案,突发事件的应急决策,工程运维管理等问题。基于此,可根据大型工程决策问题性质的不同将其划分为战略决策和战术决策两个层次,各层次涉及的决策问题以及不同决策问题之间的相互关系,如图3.1所示。

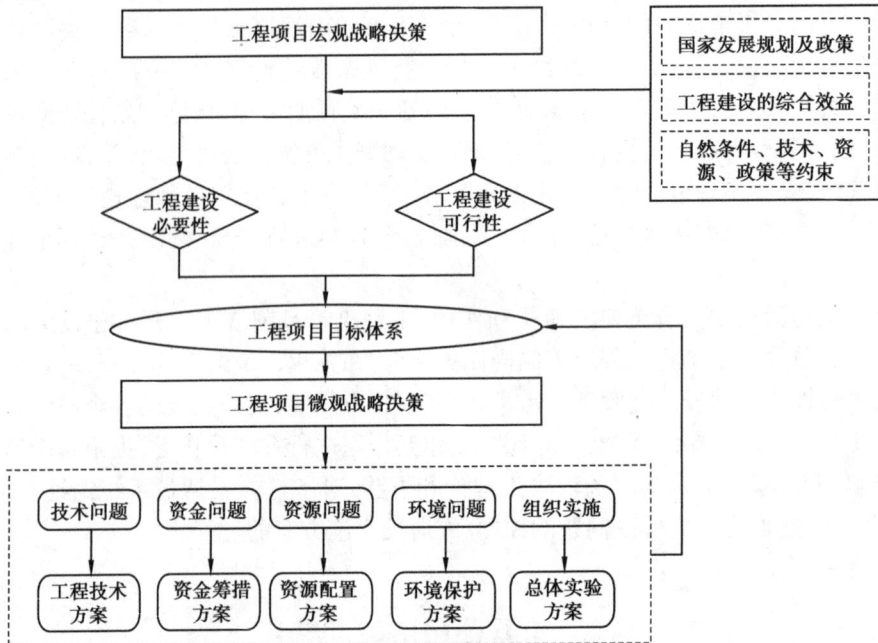

图3.1　工程前期决策问题体系图

工程战略决策是对工程建设的总体战略部署的决策,主要通过综合考虑大型工程建设的意义和价值,明确工程建设的总体战略目标,确定工程建设的工期、场址以及项目性质。工程项目宏观战略决策是工程项目决策的上层系统,是站在国家战略的层面上对工程的总体规划进行宏观把控,拟从合理性、协调性、经济性出发,强调工程对国家和社会的贡献,以及这个交互过程的适应性与协调性;而作为下层系统的微观战略决策,更多的是追求工程项目具体目标的实现,是不断提出问题、制订方案、优化方案、解决问题的过程,是工程逐步落地的过程,包括明确工程的建设规模、建设内容、技术方案、投资估算、资金筹措、资源配置情况以及环境保护方案等。工程战略决策通常在工程可行性论证的过程中进行。业主根据设计、科研或咨询单位的研究成果,对多种方案进行综合评价和对比分析,从中选择满意的解决方案。

任何项目决策都将围绕上述问题进行决策活动,研究、制订解决方案和实施方案。尤其需要指出的是,项目的决策计划只有在施工和运营阶段实施后才能判断其是否正确。因此,只有在项目建设完成并投入使用后,才能得出客观公正的项目决策评价结论。工程项目决策对社会、经济和环境的影响往往需要更长的时间来证明。工程项目决策的这一特征从客观上要求决策主体必须用哲学方法论和世界观来思考每一个决策,以科学严谨的态度和正确合理的方法进行合理的系统分析、探索和揭示。把握工程的本质规律,加强科学的工程决策和管理。工程可行性论证是大规模工程决策的前提和基础。大规模的工程决策示范不仅需要示范项目的本身,还需要基于外部环境条件综合分析影响项目的各个方面,以及预测将来可能发生的各种情况,以便在系统分析的基础上做出决定。

(2)工程项目决策是多主体有限理性行为的结果

工程项目决策是一项综合活动。它要求决策主体通过问题的现象来挖掘问题的实质,找出问题的内在联系和客观规律。这就要求决策主体具有较高的认知、分析和综合能力。因此,复杂的工程项目决策问题不能由一个主体来确定,而必须利用团队的智慧共同努力。工程项目决策小组通常可以由大量决策主体组成,例如政府实体、市场实体、项目实体、专家代表和公众。这些决策实体共同集成和管理项目建设中可能涉及的资源、功能和技术,并进一步共同提供尽可能完整的解决方案。在实际的项目决策活动中,决策主体是相互联系、相互依存的,在共同的决策目标(项目建设目标)上进行意见交流与合作,但这并不是一个完整的共同体。这些决策主体是相对独立的,每个决策主体都有自己不同的决策方法,也有个体决策目标(利益需求、态度偏好等)的差异和冲突。项目决策的核心主体是政府相关职能部门,他们是各种项目决策的组织者,对项目是否获得批准以及各种程序的选择具有最终决策权。但是,从决策方案的形成和选择的角度来看,对于大型项目,主要项目决策方案的形成和确定是多主体联合行动的结果。如图3.2所示,在项目决策的早期阶段,决策主体通常包括政府主体(工程战略决策的核心主体)、项目主体、由各种中介机构(咨询单位、科研单位)组成的市场主体、由工程管理经验丰富和掌握高科技知识的工程技术人员和学者组成的专家群体,以及作为工程建设利益相关者的社会大众。

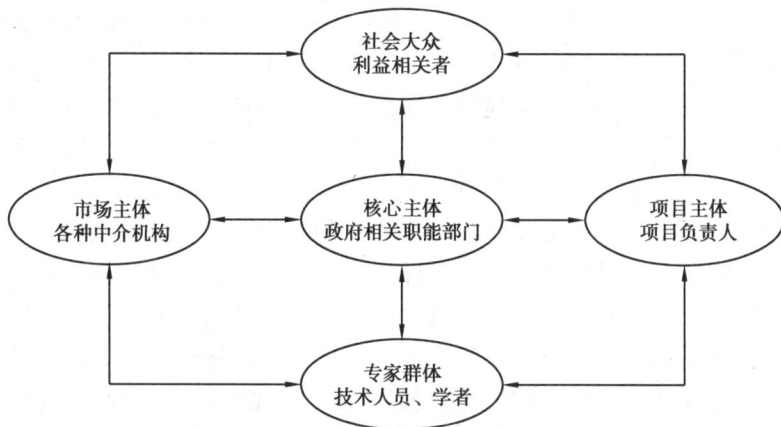

图 3.2 工程决策涉及的主要决策主体

尽管工程项目决策需要从理性的角度出发,但是人类的理性是有限的。非理性因素,特别是情感和意志,在工程项目决策中起着重要的作用。现实中,工程项目决策的环境复杂多变,而决策又是在有限理性和有限认知的约束下进行的,这使得完全理性的决策在有限的条件下具有较大的局限性。在项目决策过程中人的因素具有非常重要的地位,决策主体的偏好、思维方式、心理、行为和决策组织都会对最终的决策结果产生较大的影响。任何项目决策都是在人的价值观指导下做出的,不同的价值观决定了项目决策的不同方向。特别是当项目涉及不同利益相关方,而其中会产生价值冲突时,项目决策要避免单一的价值确定性,应进行全面综合的考虑。然而,在不同的项目中,决策主体通常很难整合各个角度选择最佳方案,只能根据有限的信息,从自身利益出发选择更为满意的解决方案。

（3）工程项目决策是不确定的动态演化过程

工程项目决策的不确定性主要来自两个方面。首先，项目自身的复杂性导致了项目决策的不确定性。工程项目决策的目标是一个非结构化的决策问题，大量的工程要素和资源通过某种联系形成一个复杂的系统，工程系统中一个要素的细微变化都有可能对整体产生不小的影响。对于复杂的大型工程项目决策问题，决策信息的不完整性和动态多变的开放性也增加了工程决策目标的不确定性。其次，决策主体在面对较为复杂的工程项目决策问题时，知识的缺乏和有限理性，也将进一步导致工程项目决策的不确定性。换句话说，除由于决策对象本身复杂而多变的外部环境因素引起的不可预测的不确定性变化之外，决策主体理解的缺乏和有限理性的约束也是原因之一。因为任何一个新项目的建设，自然环境、社会环境、经济政策以及项目定位的不同，都会赋予项目不同于其他已有项目的新的内部和外部延伸，使项目决策面临新挑战，这时决策主体没有先例经验可循，需要依靠现有的经验、知识和智慧小心翼翼地前进。因此，决策主体认识和决策能力不足是正常的，也是可以理解的，并且可能存在诸如能力缺乏以及整合决策所需的信息、知识和资源不足等问题。

不确定性决定了工程项目决策不能只考虑一个方面，也不能只考虑整体，工程项目决策是一个连续辨识、比较、迭代和螺旋逼近的动态过程。因此，应根据工程项目决策不确定性的规律和特点，制订有效的管理措施。对于项目涉及的不确定因素，有必要按照还原论的思想对决策问题进行逐步分解，以解决问题。在论证阶段，可以用相关知识模型来解决决策问题。对于决策主体的认知局限性和有限理性，要加强对决策主体行为的控制、协调和引导，尽量减少对决策复杂性理解的模糊性，并且增强动态决策能力和知识储备，减少不确定性。

工程项目决策的多阶段动态演化特性使每个主体可能花费较长的交互迭代时间来获得最佳解决方案，并且由于项目外部环境的不断变化，可能导致其未能及时做出调整，从而错过了解决问题的最佳时机。因此，迫切需要对决策过程采取动态管理，包括对环境的监控、方案的优化、快速响应新的决策要求、控制与协调整个动态演化过程。

由于非线性因素、环境不确定性和人类有限理性的存在，人们对复杂决策问题的理解通常是片面的。因此，工程项目决策是一个不断修正、趋于全面的动态过程。这个过程是对工程项目系统的逐步认识、逐步准确和逐步实现的过程。它必然是一个从认识到实践到再认识的螺旋式逼近过程。在这个过程中，项目的主要决策主体逐渐减少了对项目理解的模糊性和不确定性，提高了工程建设管理的专业知识、智慧和能力。因此，鉴于决策主体的自学习能力和自适应能力，可不断改进和优化工程项目的决策，使其无限接近项目的目标，从而实现对复杂系统工程的认知、组织和管理。传统的定量分析建模方法（如线性化、降维等）无法解决大型工程项目决策的复杂问题，为了掌握信息功能和工程系统的动态行为，各种各样的定性分析方法和定量模型结合的综合集成原则为实际决策问题提供了解决方案。

（4）工程项目决策对工程建设具有整体性、全局性和决定性的影响

工程项目决策的正确性对整个工程建设具有整体性、全局性和决定性的影响。工程项目决策对工程建设活动的影响主要体现在以下几个方面，第一，工程项目决策（尤其是立项阶段的战略决策）往往决定了工程未来建设活动的方向和目标。工程目标在一开始就为项目奠定了基调，战略方向若出现问题，无论工程建设技术多么先进，都可能直接导致项目与预期设想不符，进而导致项目失败。第二，工程项目决策是在前期基于可行性研究，对项目的设计理念和总体规划进行全面、深入的考量，如设计理念是否合理可行，总体规划是否完整且具备全局观。第三，工程建设活动是阶段性与整体性的统一，这决定了工程项目决策的

路径依赖性。一方面,工程项目决策阶段的资金投入虽只涉及可行性研究分析费、管理人员的管理费等占比较小的费用支出,但决策人员做出的工程项目决策对工程最后总投资的影响却是重大而深远的;另一方面,根据混沌学理论中的"蝴蝶效应",工程项目决策的任何阶段中的任何微小失误,都可能在经过一连串的决策实施后被无限放大,从而引发严重的后果。综上所述,工程项目决策活动中蕴含的风险都可能是工程建设中的严重隐患,因此,必须对其进行全面系统的分析,作出谨慎决策。

3.3　工程项目决策复杂性分析

工程项目决策不仅面临着决策对象的非结构化、决策目标的多样化、决策信息的不完整性和决策环境的开放性所带来的不确定性,同时还伴随着自主博弈行为的出现和复杂性,其来自决策主体的多元化和有限理性行为的约束。它是一个多思维、多价值整合的动态演进过程。因此,可以说工程项目决策是一项复杂的系统工程。对此,以下将从决策客体、决策主体、决策过程和决策环境等不同角度来分析工程项目决策系统及其管理的复杂性。

3.3.1　决策客体复杂性分析

决策客体的复杂性是指工程固有的复杂性,工程对象系统的复杂性是工程决策客观复杂性的基本来源。决策客体的复杂性主要体现在以下几个方面。

(1)非结构化的决策对象

工程项目决策是一项复杂的系统工程,涉及多个利益相关者和多个层次的决策目标,是一种典型的非结构化问题。工程要素和资源涉及范围广,且相互之间密切相连,构成了一个多层次的层次结构。即使是系统里局部的微小变化也可能逐渐放大,引起整体系统的宏观行为,有强大的系统影响。在此背景下,还原论中的线性叠加原理不适合解决工程中的复杂决策问题。

此外,大型项目的自然环境、社会环境、工程定位和技术要求皆不相同,任何新项目都将面临与其他项目不同的新内涵和扩展。因此,几乎没有完全相同的项目决策先例,也没有经验可以作为参考。决策主体只能运用现有知识进行探索。这个过程显然比传统的决策过程更为曲折和复杂。一般而言,项目规模越大,对社会经济和生态环境的影响越大,参与决策问题的内容和利益相关者就越多,决策问题的复杂性也就越高。

(2)多元化的决策目标

作为工程项目决策的关键要素,决策目标不仅直接影响到最优决策方案的选择,而且间接影响到决策信息的收集、备选方案的制订和评价等过程。工程项目决策的目标是多样的。"多"主要反映在项目多方面决策主体的价值诉求上,而"多样"则体现了目标之间的不可通约性和冲突性。一般来说,多个目标不能简单地组合成一个目标,因此,这也增加了决策的复杂性。

工程项目决策目标通常包括以下几个方面(图3.3)。

①功能目标。从功能角度出发,提出对工程项目决策的要求。对于项目而言,功能目标是项目完成后应实现的基本目标。对于特定的决策问题,功能目标要用特定的技术实施方案来实现目标。

技术标准 / 技术水平 / 技术创新 → 技术目标

投融资 / 成本控制 / 回报率 / 回收期 → 经济目标

基本功能 / 附加功能 → 功能目标

技术目标 / 经济目标 / 功能目标 → 决策目标多元化

决策目标多元化 → 战略目标 / 生态目标 / 社会目标

战略目标 → 技术突破 / 产业发展 / 人才培养 / 自主创新

生态目标 → 节约资源 / 环境保护 / 生态保护

社会目标 → 节约资源 / 环境保护 / 生态保护

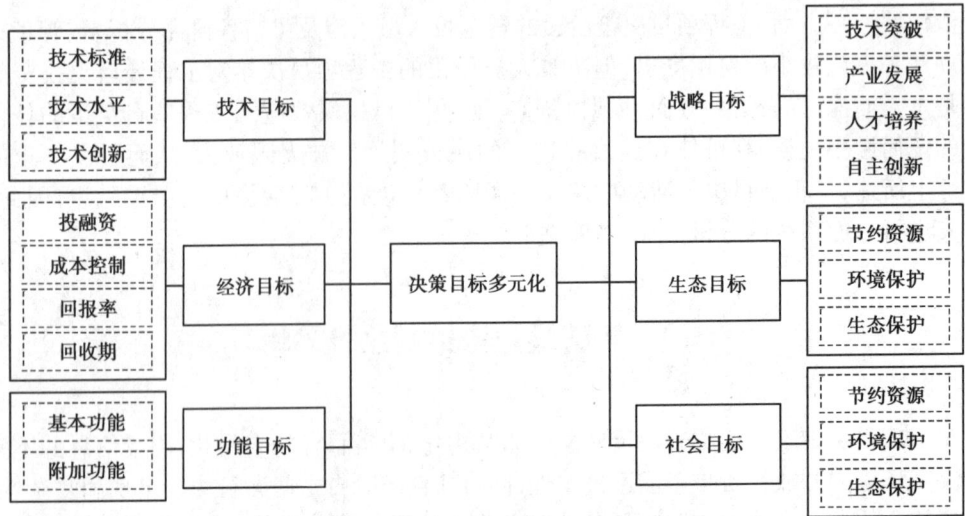

图 3.3　工程项目决策的多元化目标

②技术目标。从技术角度出发,其核心是达到工程建设技术方案所定义的技术水平,主要包括技术标准、技术方法和技术创新。

③经济目标。从成本角度出发,提出对工程项目决策的主要经济要求,包括项目投资和融资、成本控制和投资回报率等。

④社会目标。从社会角度出发,对工程项目决策的要求主要体现在工程项目对国家或地区的社会影响,对当地社区的生活和工作的影响以及对社会进步的贡献。

⑤生态目标。从环境保护的角度出发,其核心理念要求工程项目的建设过程中应做到资源保护、环境保护、生态保护,不得以破坏环境为代价来实现企业利益。

⑥战略目标。从国家战略角度出发,旨在为国家培养一批优秀的技术人才,依靠工程技术增强国有企业的自主创新能力,实现建筑业技术突破,促进产业发展。

⑦其他相关目标。例如,政治目标、其他基于利益相关者的目标等。可以看出,工程项目决策从来不是一个单一目标的决策,而是一个多领域、多层次的目标决策小组。

工程项目决策目标的多元化充分体现了项目多价值主体的特点,是新形势下项目建设内涵和价值不断丰富的结果。但是,对于决策主体来说,这使得工程项目决策更加复杂,决策目标更加多样化,无疑增加了决策的难度,需要多方协调,细化多个目标,主要表现如下。

①工程项目决策中决策目标多样化所带来的复杂性,并不完全是因为决策目标数量级的增加,而是决策目标的多样性使其难以协调和凝练,许多目标甚至是相互冲突、相互矛盾的,因而难以进行权衡和选择。

②决策目标的多元性导致决策方案评价中没有最满意的方案,只有更满意的方案,而令人满意的方案往往只侧重于决策目标的一个方面。当有多个方案具有相同的满意度时,仍然存在哪个方案更好的问题。

③决策目标的选择很大程度上取决于决策主体的价值偏好。由于个体差异性,决策主体的价值观往往在决策目标的选择和方案的优先级上表现出很大的差异,这进一步增加了工程项目决策的复杂性。

(3)不完备的决策信息

决策主体在确定决策目标,制订决策计划并进行论证时需要收集大量的材料、数据和知识作为其决策的支撑依据,这些资料统称为决策信息。信息是决策的依据,项目的任何决策活动都需要以信息为基础,决策主体通过各方渠道所获得的信息完整性、及时性和准确性决定了决策主体能否做出科学的决策。尤其是在信息化和网络化的时代,工程项目必须运用网络,掌握较为全面的信息,这样才能及时做出响应和正确的决定。实际上,决策主体只能获取不完整的决策信息是当前工程决策活动所面临的普遍现实。传统的决策理论是基于理想情况,认为决策主体能获取完整的决策信息,已经掌握了所有替代方案,并且可以准确地判断各种选择的经济利益。但是,在工程的复杂决策活动中,由于认知的局限性,决策主体无法充分地把握复杂多变的现实环境,从而阻碍了对未来发展趋势的正确预测。

不完整的工程项目决策信息主要来自3个方面,其一是决策问题本身,决策问题过于复杂,主体对工程问题的理解受到限制,导致决策信息不完整。其二是由于决策主体的理性约束有限或信息收集能力不足,缺乏获取综合决策信息的渠道。其三是分工和主体多元化造成的信息封锁。与决策相关的知识和信息通常散布在不同主体的手中,沟通不足和信息交换不足使得各主体形成了信息孤岛,各主体拥有的决策信息其实并不完整。信息闭塞不利于发挥决策主体之间的协作优势。首先,由于决策信息的缺乏,决策主体很难从全局出发进行判断和选择。其次,在信息共享不足的情况下,决策偏好不同的主体会坚持自己的观点,很难通过协商达成共识,甚至可能引起冲突,激化矛盾;同样,在信息闭塞的情况下会增加决策主体行为的不确定性,决策主体之间可能因此出现猜忌、博弈行为。尽管多元的决策主体可以利用其在不同领域的相对优势整合多方的信息、资源和知识,以有效地弥补决策信息的局限性,但来自不同领域、不同专业和不同背景的决策主体若缺乏有效的沟通,其拥有的信息可能也会导致信息不对称的问题,更容易出现逆向选择、道德风险等问题。

3.3.2 决策主体复杂性分析

一般来说,尽管工程项目决策的决策主体在各自的建筑领域都有着丰富的管理经验和扎实的专业基础,但对于整个工程,尤其是大型工程,需要决策主体对项目的方方面面都了如指掌,能够挖掘涉及多个方面的复杂问题的核心要素,并找出其中的内在联系和客观规律,所以,工程决策需要群策群力,需要由跨专业、跨组织、跨行业的不同主体组成决策主体通力合作,以针对决策主体的短板进行互补。在3.2节已经提到,工程项目决策涉及政府、项目、市场、专家和社会公众等多个决策主体,而每个决策主体会依据自己的风险偏好和需要采取决策行为。因此,决策主体的复杂性是决策主体的个体差异以及相互之间的影响造成的。基于个体的有限理性理论,工程项目决策主体的复杂性主要包括以下3个方面。

(1)主体认知的复杂性

工程项目,尤其是大型工程项目,其正确的决策必须建立在全面、及时地获取知识和信息的基础上,而决策信息的不完备却是当前工程决策所面临的客观现实。一方面,对于一些复杂的决策问题,要求决策主体能掌握与工程相关的多方面知识,而工程项目知识和信息的局限性增加了决策问题本身的难度;另一方面,对于决策主体自身而言,认知能力缺失或者信息收集不全,使决策主体无法完全掌握所需的知识和信息,从而难以了解复杂多变的现实情况和预测未来的发展。总而言之,决策主体对内的认知能力不足以及对外信息掌握的不全面,在一定程度上使有限理性的个体决策不能达到与预期效果完全一致。例如,某工程采用了一种较为成熟的技术 A,但在工程建成后却又发现有一种新的技术 B 能够使工程达到更高的技术指标,并且还能节约成本,这也意味着该项目原本绩效的可能性空间应该更大。

因此,在存在认知偏差的情况下,决策主体能够行使的决策行为及绩效的选择空间仅是所有可能性空间的一部分,可能存在更优的决策而未被发现。

认知偏差不是某个人或某种类型的人的特定行为特征,而是人类在不确定环境中做出决策时的共同行为特征和现象。即使是具有正常思维和主观判断的正常人,在不确定的环境中进行决策时也会产生认知偏差,从而导致各种有限理性甚至非理性决策行为。各种实验研究表明,尽管决策主体试图做到理性最优,但在信息前期准备过程、方案比对评价过程、决策行为过程等决策活动中都存在认知偏差现象(图3.4),其中比较有代表性的有选择性注意、知觉定势、原象漂移等。

而当工程项目决策主体在意识到自己的认知能力不足时,就会出现各种行为偏差,因为当决策主体发现自己有限的认知能力和信息处理能力与复杂多变的工程项目决策问题不相匹配时,不能准确地估计决策方案所带来的结果,就会自发性地参考以前决策活动所累积的经验和教训,或者向其他决策主体寻求决策依托。而且在决策过程中,随着主体之间的不断交互,决策主体的认知通过群体的相互影响、相互作用和相互融合产生急剧变化,有可能会产生知识的涌现,或者推翻之前的决策结果,从而增加整个决策过程的复杂性。

(2)主体行为的复杂性

俗话说"三个臭皮匠,顶个诸葛亮",决策系统中也存在着"1+1>2"的整合与放大效应,或者称为增效作用。但现实生活中各决策主体之间往往不会一直高效、协同地合作,有时也会产生分歧,从而降低决策过程中的效率,这说明群体决策在一定环境下受某种约束的不断作用也可能产生"1+1<2"的结果。因此,决策主体之间的相互作用所带来的总体上不确定性效果,大大增加了工程项目决策系统的复杂性。

首先,从个体行为来讲,决策主体都是有主观能动性和适应性的自适应主体,他们可以与环境和其他主体进行交流,在交流的过程中不断学习和积累经验,然后改变自己的结构和行为,更好地适应环境,争取最大的生存空间,延续自己的利益;同时,系统会根据外部环境的变化,在适当的时间做出相应的决策,以实现自身的目标,即系统会产生自主博弈,由于外界环境的不断变化,决策主体在与其他主体的交互过程中始终处于不确定状态。

其次,从群体行为的角度看,决策主体的个体特征、决策思维和组织观念对决策系统的行为产生影响。不同文化背景下群体行为的特点增加了决策系统的复杂性。在项目决策系统中,由于文化背景、知识水平、价值观、风俗习惯、利益等方面的差异,不同的决策主体对同一决策问题持有不同的观点,难以形成共识。此外,在决策系统的发展过程中,决策主体也不断地进行正反馈和负反馈学习,以便在动态和不确定的环境中更好地生存和发展。因此,很难预测和控制决策主体的行为。

简而言之,任何决策都是决策主体在不确定环境中做出的有限理性行为,决策主体的情感意愿、价值观、决策偏好、思维方法和行为方式对工程项目决策的实际活动有着重要的影响。个体行为的差异将严重影响工程项目决策的最终结果,特别是当涉及不同利益相关者的利益需求和偏好冲突时,应综合权衡并选择工程项目决策,选择能够兼顾各利益相关者且在各个方面都更令人更满意的折中方案。

(3)主体结构的复杂性

工程项目决策系统是一个非线性系统,而决策主体之间的非线性相互作用形成了一个复杂的群体结构,系统行为不能简单地归纳为主体行为的线性叠加,主体间的相互作用、相互耦合导致的知识与信息的涌现也应该考虑。首先,工程项目决策系统具有多层次的组织

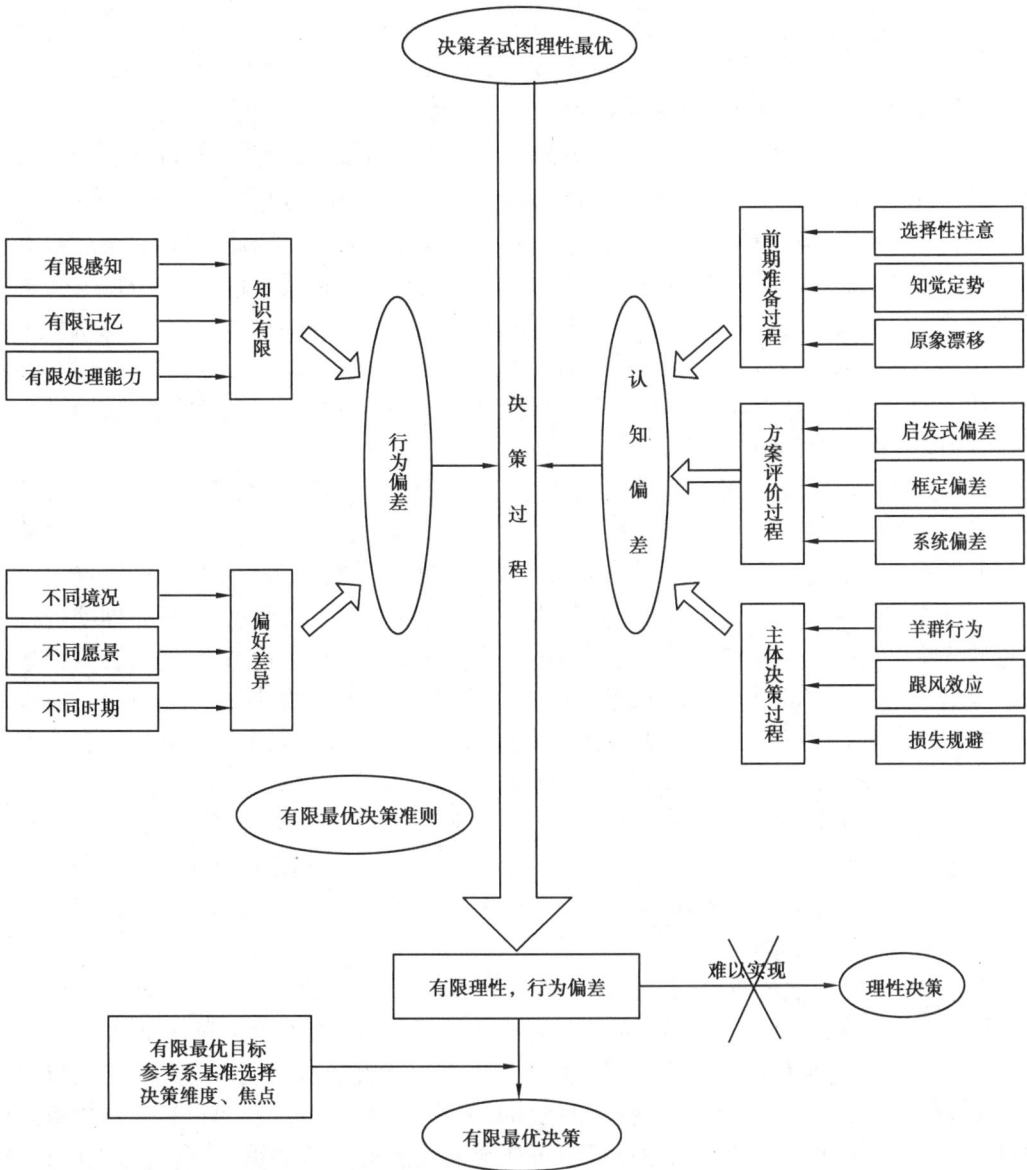

图 3.4　基于有限理性的行为决策框架

结构。各级组织构成一个子系统,各子系统之间存在着有组织的协作,各子系统之间存在着广泛而密切的关系,从而形成了一个复杂网络。各子系统及其不同层次的子系统之间相互联系、相互制约,非线性相互作用以多种方式发生。例如,在技术决策内部和管理决策内部,或者这两种决策之间,均存在着密切的相关性。如果某一分系统的技术决策发生改变,就会影响与之相关的其他分系统的技术决策,进而也会影响进度、成本等管理决策;同样,如果工程成本发生改变,技术决策受成本约束也应该做出调整。其次,决策主体的思想和决策能力不能简单地定量加和,决策主体的思想和知识在群体决策过程中产生非线性的交互作用,使得整个决策过程变得更为复杂。

3.3.3　决策过程复杂性分析

工程项目决策过程通常包括两个阶段,其一,决策主体在主观意愿与工程建设环境之间取得平衡,提出自己的决策目标,并凝练和协调多方决策目标,直到决策目标被大家一致认可。其二,在系统地权衡项目目标和自身利益后,决策主体制订并提交项目计划,通过多轮比较分析、评价和方案选择的迭代,做出最后令大家满意的决策。因此,项目决策过程本质上是一个以人类思维活动为核心的多阶段动态互动过程。根据复杂性科学的理论,人类的思维活动是一个复杂的巨系统,是最难以捉摸的运动,它具有继承性、非结构化、层次性和灵活性等复杂系统的典型特征。工程项目决策过程本质上是一个动态的迭代演化过程,不断协调冲突,不断比较,从混沌走向有序变化,包括决策知识构建阶段、决策问题论证阶段、方案制订和优化阶段、群体共识形成阶段。

另一方面,工程项目决策过程实际上是在不断执行决策。在工程建设中,各个阶段的决策构成了完整的决策序列,在上一个决策实施之后又需要做出另外的决策,而下一个决策往往需要依据上一个决策的效果而定。通常,由于工程项目决策问题涉及广泛的领域和影响因素,各种因素交织在一起,形成一个复杂的系统。特别是对于某些工程问题,即使进行了大量的试验和关键技术研究,也不能一次解决问题,也不能因此影响工程进度,否则会导致施工延期。在缺乏知识的情况下,很难制订一个更加合理、可行的计划。随着项目的进展,理解深度的不断提高,相关信息的收集也不断完善。决策主体可以根据外部环境和内部资源的变化,随时改进和优化决策计划,从而调整决策计划的可行域。因此,工程项目决策的可行域在决策顺序中不断调整和变化。每个阶段的决策形成一个开放的决策环,以螺旋形式向优化方向收敛。因此,工程项目决策过程是一个连续迭代、逼近的动态演化过程。从决策知识的建构到群体共识的形成,复杂性贯穿于各个阶段,具体体现在以下几个方面。

(1)知识构建的复杂性

群体决策的知识建构阶段包括提出决策问题、获取和解释决策信息、处理和整合信息、表达知识4个步骤。其中,决策问题的提出和描述过程会产生新的决策问题知识。曾建华、何贵兵等学者认为,群体决策的效果在很大程度上取决于群体成员能否通过相互交流和讨论,有效利用自己的认知资源。通过主题成员的互动讨论和信息整合,可以构建该决策系统的自有资料库。在群体互动讨论的过程中可能会涌现新的决策知识,使资料库不断扩充。因此,跨行业、跨组织的专家群体交互讨论,以及在不同的信息交流和群体讨论模式下的知识涌现,将在决策知识建设阶段引发复杂性问题。

(2)群体共识的复杂性

工程项目决策是一个团队经验、知识和智慧的相互作用、相互影响并达成共识的过程。由于文化背景、知识水平、价值观、风俗习惯、兴趣爱好等多方面的差异,决策主体对同一决策问题的理解、出发点、价值判断、分析和评价结果可能存在较大差异,有时甚至处于相反的利益出发点。在决策过程中,由于利益冲突或目标矛盾,决策主体也可能形成僵持甚至敌对的状态,导致决策结果需要进行多轮讨论和协商,才能达成群体共识,甚至有时需要讨论和交流的时间越长,成员的意见分歧就越大,最终未能达成共识,从而导致项目滞后。特别是当决策主体之间存在利益冲突时,更难以达成群体共识。因此,在工程项目决策实践中,决策目标与决策问题之间,参与成员的利益之间,决策偏好与决策规则之间都会存在冲突,使得达成小组共识的大规模工程决策的复杂性急剧增加。

3.3.4 决策环境复杂性分析

决策环境是指项目基于决策的各种已有的外部条件和各种可能的外部影响因素的综合。工程项目决策环境包括：①自然环境，主要是指工程项目所在地的地理位置以及场址选择、气象、水文、地质地貌、原材料等气候条件和自然资源条件；②政治环境，包括项目所在地的国家机制、政局稳定性以及执政党派的政策方针等；③政策法规环境，包括国家制定的中长期指导性政策文件以及发展战略，与工程活动密切相关的法律法规、投融资政策、政府激励政策等；④经济环境，包括项目所在地对应的经济制度、政府出台的相应经济政策、国民经济情况、市场环境等；⑤社会文化环境，包括项目所在地群众的人文特征、风俗习惯以及价值体系等；⑥技术环境，主要是指完成工程项目技术方案所需要的技术人才、技术创新能力，与建设活动直接相关的技术水平、上下游供应商的发展水平等，如图3.5所示。

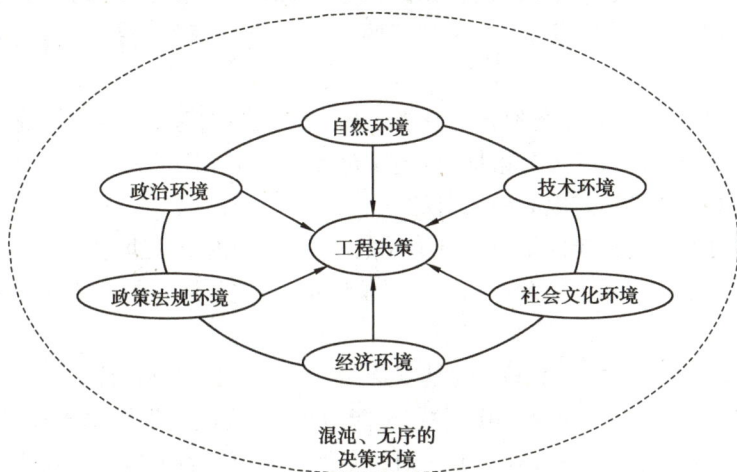

图3.5 工程项目决策环境

工程项目决策环境涉及自然、经济、社会文化、政策法规、技术等多方面，并受各种环境因素的相互影响和相互制约。自然环境决定了工程建设的难易程度以及一系列客观条件；经济环境影响项目投资规模，项目投融资方案，融资方式和项目财务评价；社会文化环境影响了项目目标的确立、项目设计以及决策主体的价值偏好是否能被大众所接纳；技术环境决定了工程是否可行，工程设计水平和施工水平能否在此环境下实现；政策法规环境规定了工程项目决策必须遵循的依据和标准；政治环境决定了项目所在国家的政局是否稳定，是否受执政党派的政策方针支持。外部环境的动态发展以及各种环境因素的相互影响和相互制约，必然导致项目决策环境的不确定性。因此，工程项目决策必须响应外部环境的变化。比如，由于我国大型项目长期处于计划经济环境中，以市场经济规则为基础的，有利于政府行政权力与市场经济，规则协同作用的政策法规环境并不完善，甚至存在许多不恰当、不健康的条件，使得大型项目的决策环境变得复杂、无序。随着我国由计划经济向市场经济的转变，政府职能出现了显著的转变，确定了企业在工程项目中的主体地位，相应的行业政策也做出了一系列的调整，这使得市场经济因素在工程项目决策中发挥着越来越重要的作用。它不仅成为决策的重要指标，也为决策主体做出决策提供一定的参考依据，同时也影响着决策主体以及决策主体的行为方式。

因此，如何确定工程项目决策的关键环境因素，如何在瞬息万变的外部环境中保证决策的有效性和科学性,如何充分利用现有环境创造机会和优势,已成为决策主体不得不面对的问题,同时也对决策主体提出了更高的要求。

3.3.5 复杂性决策需解决的关键问题

综上所述,简单系统与复杂系统的决策从决策客体、决策主体、决策过程到决策环境都有着显著的不同,传统的决策框架在解决复杂性问题的过程中表现出了很大的局限性。主要表现在以下几个方面。

①传统的决策思维以及形式化的问题求解方式无法应对具有系统涌现性、动态演进性以及不确定、模糊状态下的复杂问题决策。

②与传统的决策方式更注重模型的构建以及数量方法的应用不同的是,复杂性决策中的关键问题已经转移到决策主体价值体系的建立、决策目标的统筹、群体决策的组织、决策方案的适应性与有效性等问题上,而这些问题在传统决策理论中都无法提供方法层面的指导。

③传统的决策过程是基于还原论将任务分解并解决的过程,而复杂性决策问题具有系统涌现性,不再是简单地将任务分解即可,还需要将有相互作用的任务有机结合在一起综合分析,这是传统的决策理论难以有效应对的。

由此可见,复杂性决策较传统决策有了质的改变,传统的决策框架明显不适应复杂性决策的需要,因而需要构建基于复杂性思维的决策体系,而这一体系的建立必须重点解决以下3个关键问题。

①应对决策的不确定性。不确定性是复杂性决策的一个重要特征。决策中的不确定性可分为两种情况,一种是决策的影响因素和可能结果已知,但发生概率未知;另一种是各种无法事先控制的外部因素对决策有不可预知的变化和影响。为了应对决策中的各种不确定性,必须加强对不确定性影响因素的分析,同时要增强决策主体在不断变化的环境中处理问题的知识储备和能力。

②应对决策过程中的涌现。系统涌现源于系统内部各组分之间、系统与外部环境之间的复杂交互作用。对于复杂的决策,涌现是不可避免的。首先,在解决问题的过程中,如果继续以还原论为指导来处理复杂的决策问题,不仅不能达到预期的效果,而且可能适得其反,造成一系列错误,导致决策失败。其次,决策过程的涌现对决策主体也提出了更高的要求,要求决策主体要拥有知识和智慧来应对动态变化的外部环境。

③掌握决策过程的动态演进。决策过程甚至决策方案的演化是在不确定性环境和涌现现象下复杂性决策去适应环境变化的结果,其主要表现为在整个决策过程中,决策主体不断进行比较、逼近和收敛的演化,最终形成决策共识的动态过程。由此可见,决策管理中心的任务之一就是避免决策偏差,保证决策过程的收敛性。

3.4 工程项目复杂问题的决策管理机制

工程项目决策系统的复杂性特征,使得在决策过程中需进行有效管理,其中包括构建具有柔性的组织结构、运用综合集成的决策方法、基于协调的决策原则和螺旋式的反馈机制。

3.4.1 决策的柔性组织

工程项目决策的核心主体多数是政府相关部门,他们是工程各项决策的组织者,对项目是否获得批准以及各种程序的选择具有最终决策权。但是,从决策方案的形成和选择的角度来看,项目主要决策方案的形成和确定还需要多主体联合决策。工程决策的群体构成、各决策主体及其在决策过程中的角色与地位如图3.6所示。同时在决策主体选择的问题上,好的工程项目复杂问题决策机制,显然不应单凭良好的愿望,由管理人员说了算;也不应推崇技术主义,由专家说了算;而是要跳出工程师决策还是管理者决策的狭隘圈子,让利益相关者都参与决策,甚至成为公众决策。在这方面,工程伦理学可以从生命伦理学那里获得启示。生命伦理学主张:医学科研和人体实验在实施前,必须经过伦理委员会的讨论和批准。生命伦理委员会的批准是进行人体实验和发表相关成果的基本条件。生命伦理委员会的成员也有一定的要求,一般至少应包括本研究领域的医学专家、伦理学专家、法学专家、社会学家和普通公众。在工程决策中,我们也可以考虑组建工程伦理委员会,由伦理委员会作出决策。工程伦理委员会的组成人员可以包括工程师代表、工程管理者(雇主或客户)、政府部门代表、城市规划部门代表、环保部门代表、伦理学专家、法学专家、利益相关各方代表(受益方和受损方)、公众代表等。

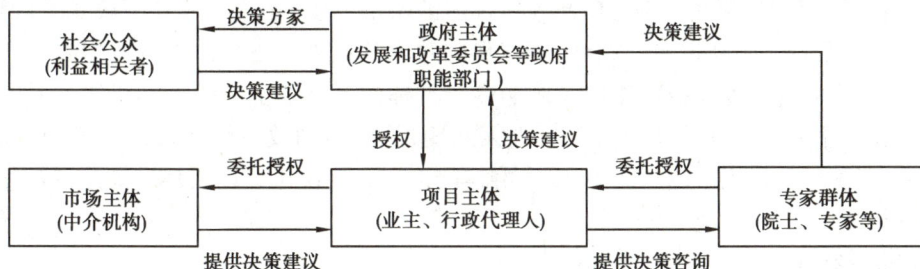

图 3.6 工程项目决策主体的关系示意图

(1)政府主体

项目立项和建设方案等主要的决策问题不仅是微观技术或经济决策,而且带有一定的政治性问题,有必要站在国家宏观战略层面对项目本身、项目与其他项目的协同作用,对国家宏观经济的贡献进行综合评价和系统规划。正因如此,政府机构始终在项目决策活动中发挥绝对的领导作用,是项目决策的首要主体。

参与项目决策的政府主体通常包括政府、项目所在行业主管部门和项目所在地政府的相关行政职能。其中,不同的行政部门在各自的职能范围内承担着不同的审批责任。比如,国家发展和改革委员会负责批准一些重大基础设施项目,就是允许大型项目立项,并拥有最终决定权;财政部门、住房和城乡建设部门、生态环境部门、自然资源部门和项目涉及的其他主管部门负责审批项目投资计划、项目建设规划计划、项目环境影响评价、项目土地使用和管理以及相关行业技术和标准,对批准工程立项具有局部决定权。因此,在项目战略层面,参与项目决策的政府主体也表现出多样化的特征。在大型项目的全生命周期中,除项目审批立项外,政府主体在其他重大决策问题上也发挥着不可估量的主导作用。

(2)项目主体

在项目决策过程中,项目主体主要以工程项目决策组或筹备组的形式存在。一般由项目管理人员和具有丰富工程建设经验的专业工程技术人员组成,负责组织管理,也就是通常所说的业主。在以政府为主要投资单位的项目中,项目主体主要受政府委托,其决策权主要来自政府的授权。一般来说,项目主体的决策权主要局限于项目战略层面或业务运营层面的决策问题。对于战略层面的重大决策问题,项目主体通常只有参与权和提出建议权,而没有最终决策权,此权力仍集中在政府主体。

(3)中介机构

中介机构负责分析具体的决策问题,为项目主体提供咨询服务,是典型的知识型主体。项目决策涉及的专业知识涵盖多个领域,但政府主体和项目主体通常不具备这些跨学科的知识和技术。他们需要依托中介机构来获得专业的咨询和建议,为决策主体做出决策提供有力的科学论证。因此,中介机构拥有的专业知识在大规模项目决策中起着至关重要的作用。尽管他们在决策活动中没有最终的决策权,但他们的专业知识和技能在决策主体比选决策计划的过程中占据着主导地位,在确定最终决策计划中起着重要作用。因此,尽管中介机构的决策权主要是建议权,但他们仍被认为是工程项目决策的重要决策主体之一。

(4)专家群体

专家是指在决策过程中熟悉科学技术发展趋势、了解科学技术规律、秉持严谨科学精神的科学家、工程师或学者。他们有着丰富的经验,来自自然科学、社会科学、工程技术、生态环境,甚至系统工程等领域。大型工程是一项复杂的系统工程,涉及多个利益相关者和多层次的决策目标。在重大决策实施前,要选择合适的论证专家,充分听取各领域专家的意见。所有的决策方案都必须经过专家论证,才能得到政府的批准。要想建立有效的专家咨询系统,需要先建立和扩展专家数据库以及阐明专家群体的基本职责的程序和机制。专家群体的基本职责在于客观地判断和分析项目决策问题,从而协助政府机构做出科学、正确的决策。因此,在工程项目决策的实践中,专家群体的论点和建议在工程项目决策的科学化中起着重要的作用。

(5)社会公众

社会公众占参与工程建设的利益相关者的很大比例。由于工程项目决策的社会性特征和某些大型工程项目(尤其是国家基础设施建设)的公益性特征,它的决策和实施不可避免地会引起公众的广泛关注和公众舆论监督。例如,项目施工过程中的噪声污染和粉尘污染对周围居民生活的影响;施工结束后,项目被当地居民的接受程度以及对当地社会福利和就业机会等的影响。这反映了社会公众参与公共决策的政治诉求的不断提高。因此,工程项目决策应反映和满足社会公众的偏好和需求。

在以往的项目决策中,社会公众一直处于弱势地位。因为他们缺乏参与项目决策的渠道和机制。随着社会的不断民主化和市场化,公共权力和舆论对重大项目决策的影响越来越大。我国有关法律、法规和政策明确指出,在大型项目重大决策方案的制定过程中,要广泛征求公众意见,将决策活动中的信息告知社会公众和主体,主动接受公众监督,特别是一些民用基础设施建设,需要社会公众的积极参与和支持,这也进一步体现了社会公众在项目决策过程中发挥着越来越重要的作用。

由此可见,政府主体、项目主体、中介机构、专家群体和社会公众共同构成了项目决策的组织结构,政府主体在决策中起主导作用。但由于项目决策的复杂性,决策主体的决策能力有限,包括对项目建设的复杂性和决策问题缺乏认识,缺乏决策能力和决策资源,缺乏对决策活动的控制能力和整合决策知识的能力。因此,决策主体不仅需要对决策组织结构进行重构和优化,运用好自适应和自学习等多种方法来提高自身决策能力,而且必须着眼于快速响应环境变化,在决策过程中,抓住机遇,有效地利用外部环境,促进决策目标的实现,这要求大型工程项目决策的组织结构必须具有快速反应能力和一定的灵活性。

3.4.2　决策的集成方法

项目决策通常受到信息、能力、进度和成本的制约。决策问题的不确定性、决策目标的不可预测性、决策环境的复杂性、决策信息的不完全性和决策主体由于认知偏见等约束增加了决策的复杂性。受限于工程项目本身的一次性和时效性,决策主体往往没有犹豫和犯错的机会,这就要求决策主体在诸多约束条件下经济、有效地确定和实现决策目标。因此,为了使最终的决策有效、科学,有必要让决策主体集成各种决策方法,集结各方智慧,提高决策质量。

实际上,大型项目的决策方法应以综合集成管理为基础,即在专家体系、知识体系和计算机体系的集成系统中,通过定性与定量、还原论与整体论以及人机交互,可以解决工程项目决策问题。因此,基于以上对工程项目决策复杂性的分析,工程项目决策过程应综合集成各种决策方法,具体包括以下几个方面。

(1)运用已有经验进行定性分析

定性分析是从质的角度对决策目标进行表征。在很大程度上,决策主体需要从已有项目中汲取的经验、知识和智慧中寻找解决问题的方案。在对工程项目决策问题进行定性分析时,除了分析项目本身面临的混沌、复杂的内外因素外,还应广泛收集并采纳专家意见,比较国内外同类建设项目的类似问题。同时,国内施工单位的资质和设备条件以及工程建设需要的资源和施工团队的建设能力也应纳入考虑范围,从而得出一个可以调整的初步决策可行域。

(2)结合工程技术和专业知识的定量分析

通过定性分析得到的决策结论大部分是基于决策主体的已有经验,具有较大的不确定性,为了进一步确定合理而准确的决策目标,有必要将其进行定量化的科学论证。定量分析是将决策系统里的各种联系及系统要素之间的相互作用的机理用数量关系或者指标体系的方式来表示,可以运用数学模型和计算机软件得出相应结论,作为决策的支撑依据。

3.4.3　决策的协调准则

由于决策环境的复杂多变,以及工程本身的时效性,因此,要求决策主体在决策目标的实现和实现效率之间进行系统权衡和协调。盲目追求确定的决策目标将不可避免地减慢决策速度。但是工程建设不能因为决策速度慢而停滞不前,如果没有充分考虑变化莫测的环境对决策问题的影响,那么就会出现决策问题的过于简化和抽象化,影响决策主体对问题的正确判断,使决策结果与实际情况大相径庭。因此,在工程项目决策的实践中,除了遵循决策的基本原则,有限理性的主体还应注意协调其他决策标准,具体包括以下几个方面。

(1)满意原则

从决策主体的心理动机的角度来看,满意度是指计划的可达状态,工程团队的决策过程实际上就是所谓的"有限最优"过程,在工程项目决策过程中,决策主体通常在给定的约束下而不是无限制的优化方案下进行优化。尽管由于不同的知识背景、价值观和其他因素,不同的决策主体对决策目标和约束有不同的理解,但他们的决策方案必须是他们决策目标和约束下的最佳折中方案。

（2）民主原则

大型工程项目决策是一项综合性很强的、集大成智慧的活动，需要群策群力，凝聚群体的智慧，融合群体的思想，有效避免僵化的决策对决策结果的不利影响。为了充分发挥群体决策的优势，决策主体要建立科学、民主的决策程序对各个备选方案进行论证、交流和评估，鼓励不同意见的碰撞。要听取、采纳好的解决办法，就要努力统一论证、广泛讨论、充分吸收各方面的实际意见。

（3）经济原则

在工程项目决策过程中，决策主体不仅会花费各种有形的经济成本，还会产生一些无形的机会成本和心智成本。心智成本是指在决策过程中以及获取和处理信息过程中的各种思维、心理和情感成本。它主要体现在对各种海量信息的收集、理解、处理和计算，信息的认知协调，以及与决策风险偏好相关的动机、情感、价值观和心理成本。因此，经济学原理要求大型项目决策活动不仅要考虑最小化项目的经济成本，而且要考虑控制并降低机会成本和心智成本。

（4）反馈原则

工程项目决策应建立由检查、决策和执行机构组成的反馈调整系统。坚持反馈调整的原则，加强信息管理，采用现代信息技术，建立决策信息系统，充分做好决策信息的收集、接收、存储、传输和处理，充分估算决策执行的效果，进一步研究决策信息的延迟和放大"后效应"，要采取有效措施及时调整偏差。发现以前确定的项目决策目标不能实现的，应当重新调整，并制订实际目标和决策计划。

总之，工程项目决策关系到国民经济和民生，对社会和经济发展、人民的生产和生活以及生态环境都会产生深远的影响。决策必须在各个方面都遵循协调发展的总体协调原则。此外，大型项目的决策涉及许多利益相关者，例如，投资者、业主、咨询单位、设计单位、监理单位、承包商、供应商、用户、项目所在的政府行政部门以及相关的公众和环境保护机构等，所以，项目决策的目的是实现项目利益相关者利益的全面协调。在项目决策过程中，必须有一个顾全各方面的系统全局观。

3.4.4　决策的迭代流程

大型工程项目决策是一项综合性很强的、集大成智慧的活动，需要利用群体智慧，群策群力。如何避免在单个决策主体意见产生分歧的情况下发挥群体中每个决策主体的个人智慧，有效整合群体智慧，就需要设计一种适应性强的工程项目决策流程机制。

多个决策主体的决策过程就是这样一个过程，一些决策主体在适当的环境中，按照合理的规则和顺序，对具体的决策问题进行讨论和协商。在国外，决策过程可分为以下4个阶段。

①情报活动。探索相关决策的环境和条件。

②设计活动。创建、制订和分析可能的行动计划。

③选择活动。从可用选项中选择特定的行动方案。

④审查活动。评估已经做出的决定。

而我国学者更多的是将决策过程分为6个阶段，包括决策任务产生阶段、决策任务认知阶段、决策问题分析阶段、决策问题解决阶段、决策方案设计阶段和最终群体决策阶段。

　　结合我国工程的决策管理实践,在遵循"发现问题—分析问题—解决问题"的逻辑思路下,可将工程决策过程划分为4个阶段,第一阶段为决策知识构建阶段,这个阶段会发现问题,在多元化的决策目标下进行目标的凝练与统筹;第二阶段为决策问题论证阶段,该阶段的主要任务是分析问题,并将复杂化的问题进行分解与交互;第三阶段为方案制订与优化阶段,将多种决策方案进行对比与优化,集结与融合;第四阶段为群体共识形成阶段,通过决策博弈形成决策均衡(图3.7)。

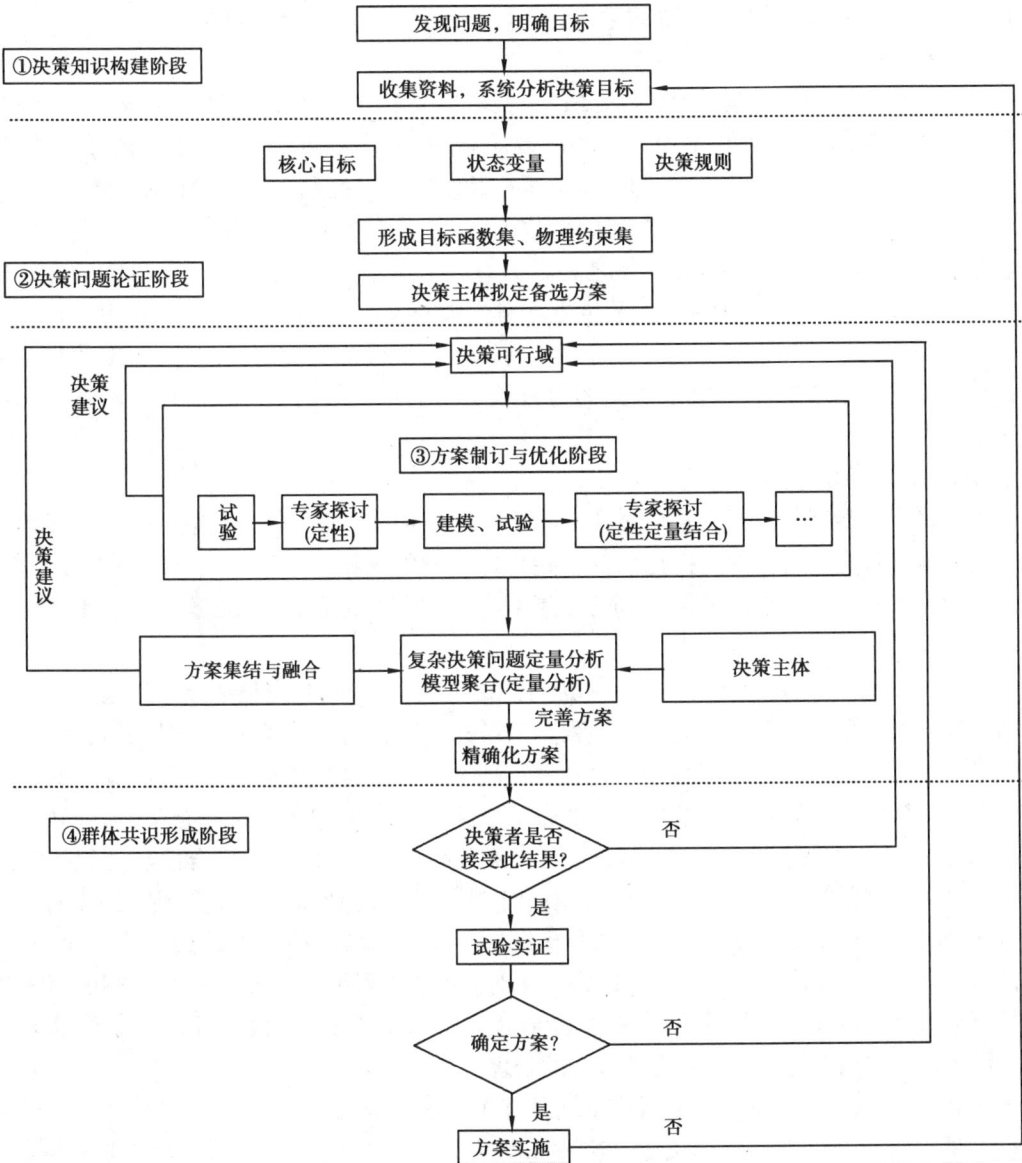

图 3.7　工程项目复杂决策过程

1)决策知识构建阶段

决策知识构建阶段主要有以下几个阶段。

(1)决策问题的产生

决策问题的产生阶段属于群体决策过程的数据收集和定性分析阶段。通过有效整合决策主体的实践经验、理论知识和各种相关信息，可以更加全面和系统地了解决策任务和决策目标。决策主体在此阶段的主要任务是做好前期调研、征求各方意见和收集各方信息。在做好项目准备工作的基础上，决策主体对决策任务会有初步的见解和分析，由此找出需要讨论和协商的决策问题。决策问题的产生和识别是决策过程的一个重要阶段，有效决策首先需要详细地界定决策问题。但是，一个大规模的工程决策问题本身是非常复杂的，系统全面地定义此类问题是困难的，要求决策主体必须协调好多方目标之间的冲突。

（2）决策任务的认知

在已产生决策问题的基础上，有必要进一步梳理决策问题的结构框架来明确决策目标、决策标准和决策约束，以便更全面地了解决策任务，由此进入决策机制的下一阶段。首先，项目主体要确定决策任务的主题，同时邀请所涉及领域的相关专家和利益相关者参与讨论；然后，项目主体主持专家组会议，与会主体从定性评论的角度集思广益，从不同的角度讨论和表达自己的观点。尽管各参与主体之间难免会产生意见分歧，但各个主体思维的有效碰撞又可以在一定时间、范围内和一定程度上获得一致的决策任务认知。同时，通过研讨会上的知识互动，与会主体的相互启发，又将展示新知识并形成决策知识。此外，提出的初始决策计划可能还会不断修订。因此，决策的可行域实际上在决策的第一阶段处于不断变化和调整的状态。

（3）决策目标的凝练与统筹

决策目标的凝练与统筹是复杂决策区别于一般决策的重要环节。决策主体的多样化将不可避免地导致决策目标的多样化以及这些目标之间的交错。决策必须凝练与统筹目标，不仅要体现核心问题的本质和共性，而且还要确保多个目标之间的平衡，这就是决策目标的凝练与统筹。

为了凝聚目标，首先必须对决策目标进行广泛的设计，如既要完整地设计工程直接目标（质量、安全、进度、投资等），又要引申工程直接目标，吸纳行业目标与向国家层面目标提升，即在"大工程观"理念下考虑工程的社会、经济、环境目标。这些不同层次、不同领域的多目标构成了复杂工程决策的目标体系。在此基础上，对工程项目决策目标进行筛选、合并和提炼，使之更具实质性和战略性。例如，在桥隧方案比较中，最终提炼了安全性与工程技术成熟度这两个最重要的目标；在选择拉索供应商时，则把促进行业技术进步和国家科技创新这一目标提高到了重要的战略地位。所谓目标统筹不是对多元目标一般意义下的叠加，而是对目标体系复杂关联的进一步揭示。统筹是在对工程复杂性和决策复杂性更深刻的理解与驾驭的基础上对目标进行的综合。有时，随着工程环境的变化，更改目标也属于统筹的范围。目标统筹的难点主要是对冲突性目标的处理。

确定决策目标后，清晰表示复杂决策问题就成为下一步的关键步骤，不仅是全面认识问题的关键，也是明确决策任务的关键。这一过程不仅需要专家群体的决策，还需要与决策问题相关的知识网络复杂问题领域定性的知识库等计算机与网络平台作为必要的知识与信息支撑，使决策主体最大化地获取定性分解的信息。然后在此平台的基础上，利用专家的经验、知识和智慧对相关信息进一步整合，实现对复杂问题整体认识基础上的定性分解。

在定性分解的基础上，可以依靠复杂问题定量知识库（包括模型知识库与数据库）寻找定性分解的子问题求解模型，将所有子问题求解模型进行集成，得到原子问题的整体求解模型，从而实现从非结构化到结构化的转换。

2）决策问题论证阶段

决策问题论证阶段主要包括以下方面。

（1）决策问题解析

由于参与主体可能在文化、风俗、认知偏好等方面存在差异，彼此之间存在利益冲突，同时，也会受到实践经验不足等因素的限制，因此有必要对决策问题进行合理解析，并结合现有经验对问题做出假设或初步解决方案。根据问题导向原则，将一个大型决策问题分解为多个层次的子问题，将整个问题分解为多个层次的子问题，直至子问题明确且不能进一步分解为止。这种分解方法有利于复杂决策的有效实施。但是，需要注意的是，分解后的子问题与原问题的关注点会有所不同，问题的性质也会有所偏差，因此决策方法也相对会发生变化。

（2）决策问题分解与交互

从认识论的角度来看，当接触不熟悉的复杂决策问题时，人们对其表面现象只有在感知上的模糊认识，即处于混沌状态。随着工程项目的进展和认识过程的加深，复杂的工程项目问题被分解为若干个子问题。采用定性分析的方法建立各子问题之间的关系，并从数理逻辑的角度对各子问题进行描述。通过求解或模拟得到定量结果，然后对这些定量结果进行总结和综合，逐步形成解决工程项目问题的方案和建议，这时决策主体在决策问题的认知上已经有了质的飞跃，而方案与建议又反作用于决策问题的解决，是一个循环往复的过程。

（3）决策问题求解

决策问题求解阶段的核心任务是使用在问题分析阶段确定的解决方法来解决特定的决策问题，起草解决方案报告并对报告作出合理的评估。在异步讨论阶段，参与主体根据决策目标、决策准则、决策约束以及上述问题类型和条件的确定，执行求解过程（数据收集、参数估计或参数识别），并获取相关知识，运行知识模型，获取解决方案结果，草拟解决方案报告，并进一步评估解决方案报告。在同步讨论阶段，每个专家机构都根据某些规则进一步整合异步讨论的结果，以获得明确的解决方案结果和解决方案报告，从而指导子问题。这样，结合发散的异步讨论和收敛的同步讨论，将几个子问题放在研讨平台上一一讨论，直到所有子问题都得到经过讨论认可的解决方案为止。

3）方案制订与优化阶段

复杂决策的决策过程会持续较长时间。只有在对决策问题进行论证后达到决策需求时，才能够进一步对各分解的子问题的论证结果进行综合分析，为制订方案并不断优化服务提供依据。方案的制订与优化可分两个阶段进行，第一阶段是多个备选方案的制订；第二阶段是方案的初评价并优化。

（1）决策方案设计阶段

如果说上一阶段的重点是化整为零的工作分解，那么决策方案设计阶段的重点则是化零为整的工作统筹。设计方案既需要思维创新，又需要技术支撑，需要多个主体从不同专业、组织和行业出发参与决策。设计阶段就是根据决策问题求解过程中明确的解决方法和书面报告，经过异步、同步的小组讨论，融合并协调各专家的经验和智慧，因地制宜地制定具体方案，并运用行业评价指标体系对各方案进行初步评价。

（2）决策方案对比阶段

在初步评选的基础上，项目主体可择其重点进行进一步评价，以敲定最优方案。为保证评价指标与评价方法的权威性，项目主体可参考专家群体对方案比选提出的建议，会同专家群体就重点方案的意见达成共识，以此作为方案比选的重要参考依据。

决策方案的比选实际上是一个综合评价过程，是一个包括评价目标、结构准则以及评价程序、评价方法等的评价体系。特别是对复杂问题，比选从单项评价变成了综合评价，或者出现多次比选，这样比选就呈现出迭代和逼近的特征。

从定性到定量的结合方法保证了比选的精密化和科学化。建立概念系统，确定改善状况路径，同时充分综合专家群体的经验、知识，发挥人机结合优势，都能够有效地保证逼近过程的正确方向。当然，由于问题的复杂性与主体认识上的局限性，在逼近的过程中可能会出现局部比选的失误与逼近的反复，但通过决策主体自身的学习以及决策过程的动态调整，这一反复是能够被修正的。

在实际工作中，方案的比选、逼近、收敛过程表现为专家经验、知识的集成以及多方主体共识的形成。比选阶段中的宝贵经验和心得、逼近阶段中的充分发挥专家群体知识以及确定收敛策略中人的思维革新等，都不是单纯的数据处理、工程实验及计算机技术能实现的。不同的分析方法面向同样的问题由于其影响因素的复杂性可能会产生不同的分析结果。这时就得靠共识的形成机制来收敛不同的观点与结论。

（3）决策方案的集结与融合

工程项目涉及许多柔性因素。各种因素和方案之间存在着密切的相互作用和耦合，交织成一个复杂的有机整体。前一阶段的决策可能伴随着新的决策问题产生，形成阶梯方案。如在方案论证阶段，为解决工期和进度问题，采用方案一，但此方案的实施可能带来工程质量风险。为了保证质量，提出了方案二，但方案二的实施可能会面临新的问题（如成本、安全等），从而形成阶梯方案，最终的完整方案需要阶梯方案的组装和融合。

4）群体共识形成阶段

根据论证机构对几个较优方案的深入研究，项目主体确定最终项目决策方案的阶段，称为群体共识形成阶段。在该阶段，项目主体组织专家群体评审决策方案的可行性，为政府部门对方案的审批提供重要的依据。然而，由于决策主体内部、决策主体之间可能会发生意见、利益冲突以及文化、价值观差异等问题，对于主体之间的意见不一致，项目主体可设置决策权重，尽可能顾及多方主体意见的同时优先参考权重高的意见；而对于群体利益冲突问题，项目主体则可通过决策博弈形成决策均衡。总之，该阶段需要各参与主体相互协调、研讨，既要达成群体内部的共识，也要达成各个主体之间的共识，以便形成最终的决策方案。

项目施工过程需要不断地实施决策，不同工序的决策同时也构成一个完整的决策序列。工程项目中的复杂决策问题通常需要组织大量的实验和关键技术来帮助解决问题。事实上，并不是所有的工程项目问题都能一次性彻底解决，但工程项目的建设也不能因为问题没有完全解决而停滞不前。此时，决策主体需要考虑现有能力和有限理性的双重约束，制订更具可行性的方案，并不断深化和完善。由此可见，复杂决策中的一个普遍现象是不能期望决策方案一蹴而就、一劳永逸。决策主体可能会受到各种限制，需要进行多次比较和调整才能进一步逼近。同时，项目决策的可行域也在不断变化，并随着决策序列中信息的完成，逐渐收敛到最优解。通过连续实验、模拟和反复论证，各阶段的决策形成一个开放的决策环，以螺旋上升的形式向优化方向收敛。

综上所述,鉴于工程项目决策的复杂性特征,决策主体既需要建立起对决策问题的复杂性的科学认识,又要发挥决策主体的智慧,从复杂系统的角度做出统筹决策。从决策任务的产生到决策方案的制订,决策主体的讨论和互动贯穿整个过程,形成 7 个螺旋向上的阶段,各个阶段相互联系、相互依存。该过程可能存在大圈套小圈,小圈之中还有圈的现象,也就是前面提到的决策过程的迭代。

思考题

1. 工程项目决策的内涵是什么？有哪些主要特点？
2. 工程决策涉及哪些主要决策主体？
3. 工程项目决策的主、客体分别有哪些？
4. 复杂决策需解决的关键问题是什么？
5. 请举例说明决策的迭代流程。
6. 工程项目决策的职业道德主要有哪些？

4

工程项目组织复杂性

4.1　工程项目组织复杂性相关概念

工程项目组织复杂性可以认为是不同层次、不同要素间的相互作用,使整个组织呈现出动态性、可变性、多样性和不可预测性的复杂特征。动态复杂性和结构复杂性是工程项目组织作为复杂系统的重要体现。具体来说,在工程项目中,组织系统的各元素均为一个复杂的子系统。由于子系统本身内部的动态作用,让整个组织体现出了多样性,因此也引申出整个组织中要素行为具有跟整个组织相同的多样性特性。而各个要素的相互关系中也体现出共同的特性,在要素与外部环境的相互作用中,会引起整个组织的动态变化。因此,工程项目组织复杂性的根源是组织中的个体行为差异和个体智能。

4.1.1　组织与工程项目组织

项目相关参与者通过契约关系联系在一起,形成了一个结构松散动态、控制机制协调的工程组织。以下是对工程组织的界定以及相关研究的综述。

1)组织概述

《辞海》对组织的解释是:作为动词,指按照一定的目的、任务和形式进行编纂;作为名词,指的是编制的集体。这说明组织包括3个基本要素:目标、主体和规则。组织存在于社会生活的各个方面,人们依靠各种组织来实现社会运行的功能。当我们从不同角度认识组织时,会有不同的看法,这时组织的定义也会发生一些变化。20世纪以来,相关专业人士对组织领域的研究从3个视角展开,即理性系统视角、自然系统视角和开放系统视角。

(1)理性系统视角

从机械论的角度来看,一个组织被理解为一个高度正式化的集体,在这个集体中,组织及其成员的行为是由理性和有目的性的规划驱动的。通过各种合理的手段,以最大的效率实现既定的目标。组织中每个角色的权利和责任可以被精确地陈述和定义,同一角色中不同的人之间没有差异。结构是组织实现有限理性的基本工具。基于这一视角的最具代表性的定义是德国政治经济学家和社会学家马克斯·韦伯对组织的定义,即组织是成员在追求共同目标、从事特定活动时相互作用的法定方式。

(2)自然系统视角

尽管组织有明确的目标,也制订了书面规则和正式的角色定义,但它们对成员的实际行为影响往往很小。自然系统的角度的焦点转向了成员的实际行为,而不是对其行为的期望。自然系统论对组织的定义是,组织是一种自然系统,是追求多重利益的参与者所组成的集体。利益既有共同利益,也有不同利益,但组织存在的价值却被共同认同。自然系统理论强调参与者的智慧和创造力,认为组织成员不仅仅是受雇的劳动者,他们在组织中的表现并不局限于遵守规章制度、工作和相应的行为规范。组织成员带着各自的信念以及对组织的期望进入到组织,能为组织带来与以往不同的价值观及独特的兴趣爱好和个人能力。

(3)开放系统视角

从开放系统的视角对组织的定义是,组织是相互关联、相互依存参与者之间关系变化的活动系统;系统不仅依赖运行的环境,也依赖与运行的环境之间的交换。因此,环境对整个组织的运行有着巨大的影响,而其中组织在环境的作用下,各个利益集合体整合出具有完整性质的利益联合体。开放系统的角度对正式结构和非正式结构不进行区分,无论什么样的结构都是相互依存的关系。组织依赖这些相互依存的资源(活动、人员、资源和信息流),连接着不断变化的参与组织的各个利益集合体,这些形成联合的利益集合体依赖更广的物质资源和制度环境。因此,从开放系统的视角来看,组织被视为相互依赖的活动系统。这些相互依赖的关系有些是高度相关的,有些则是非常松散的。然而,如果一个组织要想生存下去,这些关系必须不断地被激发,使其不断产生和再生。从开放系统的视角来看,它不再将单个组织作为首选的分析单元,而是将其视为一个更大的关系系统的组成要素,从而促进了对组织集合、组织群体等的研究。同时,文化因素的重要性也体现在开放制度观点中。

可以看出,前两个视角将组织视为一个封闭的系统,强调组织结构和组织行为,且都没有考虑组织环境。而开放系统视角拓展了组织的边界,强调组织与环境之间的互惠关系。开放系统视角将组织置于更大的组织网络中进行研究,认识到视角的发展是一个从静态到动态、从显性到隐性、从局部到整体,组织边界不断扩大的过程。开放系统观点的提出并不是对理性系统观和自然系统观的否定。从开放系统的视角可以比较容易辨别组织作为复杂系统的基本属性。理性系统理论和自然系统理论在开放系统理论的基础上得到了进一步的发展。

2) 工程项目组织概述

从本质上来说,工程项目组织是一个开放性的协作系统,因为随着工程的进展,众多的利益主体进入、退出,他们被调配、整合和协调。有很多文献对工程组织有过定义,如,有学者将工程项目组织定义为主要由完成项目分解结构图中各工作的人、部门组织、单位构成的集合,包括业主、设计方、施工方、供货方、咨询单位以及政府方建设监管部门等。也有学者将工程项目组织定义为是为完成特定的工程项目和从事具体项目工作而建立起来的集合,它是项目的参与者按照一定的顺序和规律构成的整体,是在项目生命周期内临时组建的一次性和暂时性的组织。还有学者将工程项目组织定义为是围绕建设目标,集合设计单位、施工单位、监理单位和咨询单位等主体,根据工程项目特征和外部环境因素来选择和设计组织参数,建构适宜性机制和结构来协同主体行为、实施组织战略,并在工程项目施工过程中根据环境变化进行调整,以完成组织的目标和任务。

与企业组织不同,工程项目组织更加开放和动态,工程项目目标的实现依赖于独立主体的相互依赖和合作。可以说,工程项目组织是由多个独立组织组成的组织网络,是典型的开放式组织体系。相比较而言,企业组织是由相互依存、目标统一的个体组成的单一系统,组织个体的行为受制于企业的组织目标;工程项目组织由多个独立的企业组织组成,是一个更高层次的多系统集合。企业组织和工程项目组织的特征差异如表4.1所示。

表4.1 企业组织与工程项目组织的特征差异

	企业组织	工程项目组织
构成要素	个人及其组织关系	组织系统及其交互
要素关系	相互依赖	相互独立并相互交互
组织目标	统一目标	同一目标下具有多元独立目标
组织结构	有序、稳定	动态演化
组织边界	确定的边界	不断变化的边界

由此可见,工程项目组织的本质不同于企业组织。与企业组织相比,工程项目组织更加开放、动态和多样化。有学者提出工程项目组织是一种中间组织,具有虚拟企业战略联盟、供应链等中间性组织的一些特征。但是,这些中间性组织是自组织的典型产物,虽然工程项目组织的成员都有自己独立的追求目标,但他们都统一于项目的总体目标,是一个他组织与自组织相结合的组织系统。

综上所述,我们将工程项目组织定义为是以工程建设目标为中心的开放式协作组织网络,工程项目参与者在一定的规则下从事工程建设活动及相关管理活动。工程项目组织的主体不仅包括建设方、管理方,还包括决策方。

4.1.2 工程项目组织的基本形式

工程项目目标会产生任务,任务决定承担者,承担者形成项目组织。依据系统结构分解和工程项目的范围管理,可以将工程项目工作分为两种性质,即专业性工作和项目管理工作。工程项目成员根据其需要完成的工作性质,形成相应的组织基本形式,如图4.1所示。

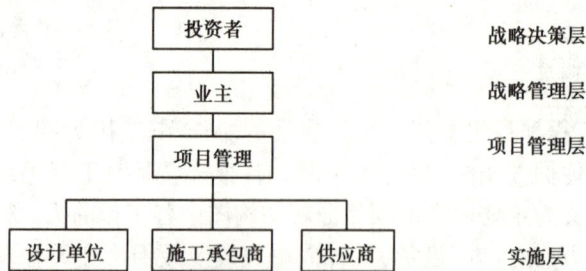

图4.1 工程项目组织的基本形式

由图4.1可知,工程项目组织的基本形式可以分为4个层次,即战略决策层、战略管理层、项目管理层和实施层。其中,前3个层面以项目管理工作为主,而实施层以专业性工作为主。

（1）战略决策层

战略决策层主要是指项目的投资者或发起人，通常包括项目投资银团、项目公司的母公司和参与项目融资的单位等。在项目组织中，战略决策层是整个组织的最高层次，在项目的决策和实施过程中，主要负责战略决策和宏观调控工作。项目的资本结构决定战略决策层的构成人员。通常战略决策层不参与项目的实施和管理，所以它通常不出现在项目组织中。

（2）战略管理层

战略管理层主要是指项目的业主，通常是项目建设负责人或投资者委托的项目主持人，对项目的全过程进行总体管理，以确保项目目标的实现。其主要承担如下工作：

①对工程项目的施工方案进行选择，确定工程项目的建设规模。

②对整个项目组织战略进行规划，确定总体实施计划。

③对工程项目的设计文件和项目目标进行审批，批准工程实施计划。

④对承包单位以及项目经理进行甄选，委托项目任务。

⑤对工程项目所用材料、设备以及工艺流程等进行甄选。

⑥提供必要的官方批准文件和项目必需的施工条件。

⑦对项目管理层予以持续的支持，确保宏观控制。

（3）项目管理层

项目实施过程中，项目管理层进行一系列项目管理任务，如规划、协调、监督和控制等。通常情况下，这是由业主委托的咨询公司或项目管理公司承担，也可以由总承包单位和监理公司通过共同制订项目管理规则，为业主提供有效的项目管理服务。其主要职责是实现战略决策层的投资目的，切实保护战略管理层的利益，确保项目总体目标的实现。

（4）实施层

实施层主要是负责工程项目的专业任务的实施，如工程设计、施工安装、材料设备供应、技术鉴定等工作。这些专业任务一般由设计单位、专门承包商、供应商和技术咨询单位等通过招标取得相应资格，按合同约定承担、完成工程任务。其在项目中的工作范围、职责和期限由有关合同规定。实施层在项目中的主要职责包括以下几个方面。

①负责完成合同规定范围内的工程设计、供应服务、施工和保修责任。

②按合同规定的工期、成本、质量完成相应的项目任务，包括为了完成自己的责任进行必要的管理工作，如做各种计划和实施控制，进行质量管理、安全管理、成本管理、进度管理等。

③定时向战略管理层和项目管理层提供信息和工作报告。

④遵守项目管理规则。

在不同阶段的工程项目，上诉4个层面承担的任务不一样，具体任务如下。

①在项目的前期策划阶段，主要是战略决策层对项目规划和目标进行决策，阶段后期（可行性研究阶段）会涉及战略管理层和项目管理层人员。

②在设计和招投标阶段，主要是项目管理层和实施层的设计单位，战略管理层也会参与方案的选择、审批和招标的决策工作。

③在施工阶段，项目管理层及实施层工作量巨大。

④在交工和试运行阶段，4个层面都有较大的投入。

⑤在运行阶段，项目通常会转交给专业的运行单位，这也是实施层的工作，但也可能是

由战略管理层的下属单位承担运行工作。

4.1.3　工程项目组织结构类型

实际生活中,并不存在某种特定的工程项目组织结构类型能够适用于所有情况。在工程项目组织结构类型的选择中,要考虑各种可变因素。常见的工程项目组织结构分为职能型组织结构、项目型组织结构和矩阵型组织机构3种。

(1)职能型组织结构

目前,最为普遍的工程项目组织结构类型是职能型组织结构。其采用标准的金字塔型组织形式,确保组织中每一个职能人员只有一个上级。人员的划分是按照各职能部门性质进行划分,如投标、采购、财务等职能部门,具体结构如图4.2所示。

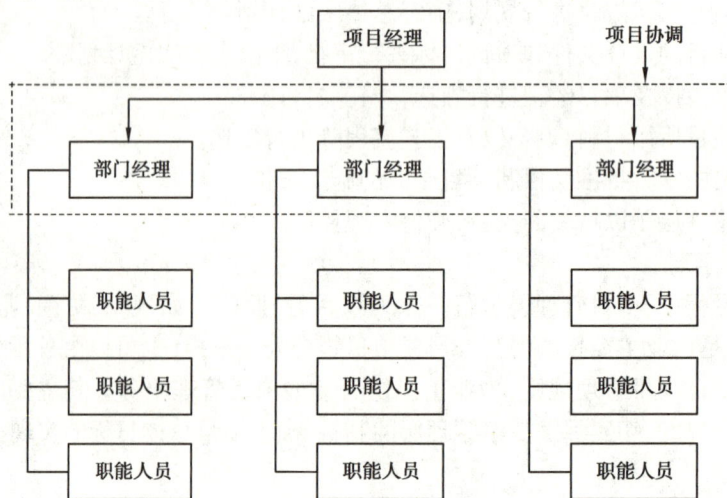

图4.2　职能型组织结构

职能型组织结构是一种常规的线型组织结构。在通常情况下,采用这种线性组织结构的项目,均以职能部门为主体来承担项目。每一个项目均由一个或多个不同的职能部门管理、承担,抑或多个项目由一个职能部门为主体进行管理、承担。这种多项目管理的职能部门普遍会有两个负责人——部门经理和项目经理。职能型组织结构适用的项目范围为项目由一个或多个部门管理、承担或者相关技术成熟的项目。

①职能型组织结构的优点如下。

a.以职能部门为主体承担项目任务能充分发挥职能部门的资源集中的优势,这有利于保证资源供应所需的项目和项目可交付成果的质量,并能灵活地使用人员。

b.一个职能部门内部的任何技术专家,均可以为该部门承担的不同项目提供技术支持,从而实现技术人力资源的共享,达到节约特殊专业性人力资源,减少资源的浪费。

c.同一个职能部门内的专业人员能够相互进行融洽的沟通和各自的技术支持,能够助推项目中困难的技术问题得到创造性的解决。各部门中的专业人员能够融洽地交流专业知识和各自独特的项目经验,确保项目顺利完成。

d.当项目中有成员需要从项目中调离或离开公司时,其职能部门能够保证能够随时增派相关工作的专业人员,以确保项目能够顺利进行以及项目相关技术的连续性。

e.项目中的成员可以将本职工作的职能属性与项目中所完成的进度相融合,达到减少因为项目的临时性给相关项目工作人员带来的各种不确定的影响因素,以确保项目能够顺利完成。

②职能型组织结构的缺点如下。

a.当职能部门与客户发生利益冲突时,各个职能部门为了自身利益往往将客户利益抛到一边,将自身利益放到首位,忽略客户需求,从而导致工程项目与客户的利益没有达到预期的效果。

b.当项目需要多个职能部门共同完成,或者一个职能部门内部有多个项目需要完成时,就会出现资源的平衡问题。

c.当项目复杂程度较高时,需要多个职能部门协同完成,但是各职能部门的权力划分严重,导致相关部门之间沟通交流不顺畅,从而没有默契的团队协作能力,同时对项目经理进行架空,让整个项目的进展与完成度没有达到理想状态。

d.由于职能型组织结构的特殊性,各个成员均有自己的直系领导,各职能部门的领导有权管理和干涉项目成员,这使得项目经理对项目缺乏掌控权,项目中成员也会由于直系领导和项目经理之间的指挥不同而感到困扰。因此,各职能部门领导需要与项目经理进行有效沟通,消除权利干扰,确保项目能够顺利完成。

(2)项目型组织结构

项目按照单目标的垂直组织方式进行设置,这就是项目型组织结构,如图4.3所示。

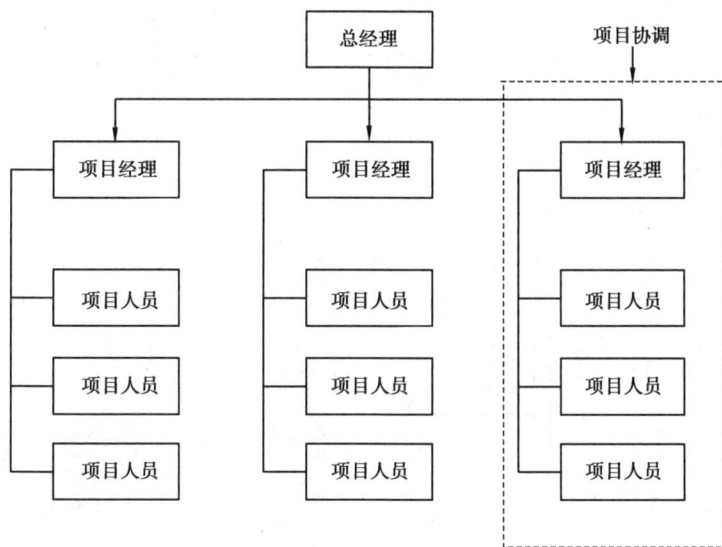

图4.3 项目型组织结构

单目标的垂直组织方式组成的项目管理组织结构,使项目团队成员通常是一个单独的团体,其他职能部门没有交涉和干扰的权利。项目经理能够直接管理和指挥团队成员,拥有足够的权力控制项目的资源、把握项目进度。但是由于项目成员只有唯一的一个领导,这种组织结构不适合人才匮乏或规模小的企业项目,适合大型项目。垂直管理可以使项目的进度、成本、质量等指标能够如期完成。

①项目型组织结构的优点如下。

a.项目经理根据项目的需要,对项目相关的所有资源能够迅速调动,保证对整个项目的全权负责。

b.项目型组织结构目标单一,完全以项目为中心,加快决策速度,能及时响应客户的需求,充分发挥项目团队的团队精神,有利于项目的顺利完成。

c.项目经理对项目成员拥有全部权利,项目成员只对项目经理负责,避免了项目成员在多个领导下不知所措的情况。项目经理是项目真正且唯一的领导者。

d.项目型组织结构简单,易于管理。确保同部门的项目成员之间的沟通效率,能够加快项目经理对项目进度的掌控。

②项目型组织结构的缺点如下。

a.对于每个面向项目的组织,资源是不能共享的。即使一个项目的资源是空闲的,它们也不能应用到另一个正在同时执行的类似项目。人员、设施、设备的重复配置会造成一定程度的资源浪费。

b.由于独特的组织结构,导致每一个项目组织都处于封闭的环境,项目之间没有相互交流、沟通,这使得公司决策层在制定宏观政策和方针方面存在困难,缺乏开放性质的交流环境会影响公司的长远发展。

c.项目成员对公司规划的职业生涯缺乏连续性和安全感,因为在完成一个项目后会被立刻调往其他项目。

d.项目处于分离状态,造成项目之间缺乏信息交流,不同的项目组难以分享知识和经验,项目成员工作不均衡的现象。

(3)矩阵型组织结构

职能型组织结构和项目型组织结构的混合产生了矩阵型组织结构,其具备前2个类型各自的特征,如图4.4所示。

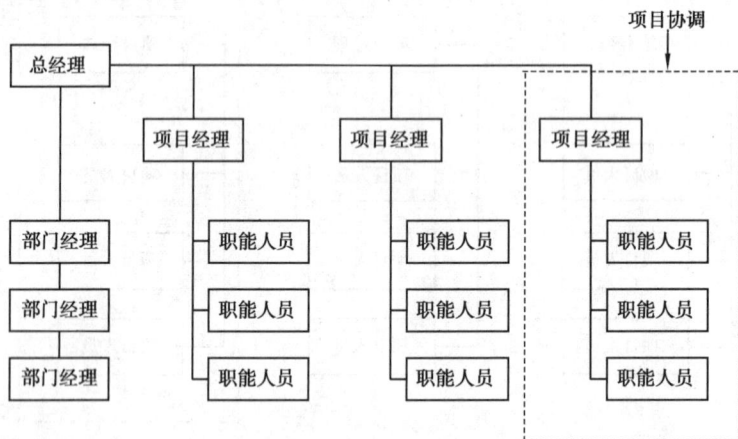

图4.4 矩阵型组织结构

项目经理根据项目需要,从不同部门选择合适的项目人员进行重组,组成一个临时的项目组。在该项目完成后,各成员重新调回原部门,临时的项目组也随之解散。这种特殊性质,使得在临时项目组中的各成员均需要向原企业领导汇报工作进度。因此,项目经理需要具备良好的谈判能力和沟通技巧,以此来适应混合产生的矩阵型组织结构。

①矩阵型组织结构的优点如下。

a.项目经理负责整个项目,专注于项目,能够快速解决问题。在最短的时间内分配人才,组建团队,将不同职能的人才集中在一起。

b.由于组织结构的特殊性质,使得在矩阵型组织结构中,各个部门能够共享其他职能部门的资源,在某种程度上,提高了项目经理对项目资源的利用率。

c.运用这种特殊的组织结构,项目经理不仅可以贯彻公司的目标方针,还能掌控项目目标实现的进度。

d.减少了项目成员的顾虑,在项目完成之后,仍然可以调回原职能部门,不仅不用担心被解散,还能有更多的机会联系企业的不同部门。

②矩阵型组织结构的缺点如下。

a.职能经理与项目经理之间容易产生权力冲突。

b.资源共享可能会导致项目之间的冲突。

c.项目需要导致该项目中有多个领导者,即该项目员工必须接受双重领导,会导致项目员工产生不必要的焦虑和压力。

4.1.4　工程项目组织结构分析

工程项目组织结构主要包括职能型组织结构、项目型组织结构和矩阵型组织结构。虽然各自有自身的特点,但它们的本质仍可归纳为项目按照 WBS 进行分解,项目成员依据部门进行管理,项目管理的一级组织单位是部门,项目管理仍需依靠企业进行管理。由于科学技术的发展,时代的进步,在目前的新形势下,对于复杂的工程项目,职能型组织结构、项目型组织结构以及矩阵型组织结构存在一定的局限性。

(1)缺乏全局意识

在 3 种组织结构中,虽然不同部门的成员为了项目目标加入一个组织中,但是由于项目仍然是按照技术领域或者技术部门进行分解,各部门成员仍然按照自身的专业技术能力负责相应技术领域的项目任务,这会导致成员的市场意识和产品意识薄弱甚至欠缺,导致技术领域之间的不协调、不匹配,制造出的项目不能满足市场需求或者不适配。

(2)工程项目组织结构不支持并行工程

并行工程是运用系统工程的思想,对项目及制造过程进行集成化、并行的系统方法。3种组织结构是将项目制造过程机械性地分成多个功能部门,按时间顺序在各部门之间传递任务,这种方式使各部门之间易缺乏沟通,衔接较难,部门独立性很强,不利于完成项目目标。同时,3 种组织结构不利于项目成员的协同工作,不能满足并行工程中多方协作的要求,不能支持并行工程。

(3)工程项目组织权责难统一

3 种组织结构内部环境存在冲突。一般来说,项目组织结构中参与者众多,项目成员来自不同部门,其成员仍受各自部门领导的考核,处于双重领导的尴尬境地,从而导致项目成员对项目目标的专注度不够。而且当部门利益与项目利益冲突时,容易产生由于部门不支持而导致项目团队有责无权或者由于部门过多干预而导致项目团队有权无利的情况。

(4)不利于成员全面成长

成员是项目成功、企业持续发展的决定性因素。3 种组织结构当中,成员虽然参与多个项目的制造过程,但大多局限于自身专业技术领域当中,对其他领域了解甚少,对其个人综合能力的提升有限,不利于其全面发展。

4.2 工程项目组织复杂性内涵及特征

4.2.1 工程项目组织复杂性的内涵

不同视角下,对于工程项目组织复杂性的界定和内涵有所不同,通常分为结构、行为和认知 3 种。

(1)结构视角下的工程项目组织复杂性内涵

在结构视角下,工程项目组织复杂性表现为结构的错综复杂,它是一种组织结构层面上的复杂性,也是真正意义上的客观复杂性。结构视角的特点是,基于传统的机械论、结构论者将组织理解为由大量正式化的控制机制所引起的等级森严的层级结构。在这种理解下,组织可以分为不同的结构单元,只要分析结构单元的复杂性就能整合出总体的工程项目组织的复杂性观点。在结构视角下,工程项目组织的复杂性一般从结构单元数量和它们之间的相互关系来研究。

(2)行为视角下的工程项目组织复杂性内涵

在行为视角下,工程项目组织复杂性可以理解成由于环境影响导致组织内部各主体表现出来的复杂性,它是一种由个体延伸到整体的复杂性。这主要是基于复杂系统理论和行为主义理论,关注的是主体之间的相互作用所引发的复杂性。在行为视角下,行为主体为适应环境而作出的自适应、自组织等复杂行为特征共同作用于复杂组织特征。在行为视角下,工程项目组织的复杂性可以从主体行为的复杂性和由于主体行为复杂性影响组织整体复杂性两个方面来研究。

(3)认知视角下的工程项目组织复杂性内涵

在认知视角下,工程项目组织复杂性表现为认知的困难性、不确定性、变化性和不可预见性。在认知视角下,认知工程项目组织复杂性不应根据复杂性的客观产生原因(组织结构或主体行为),而是应该根据决策主体对其的主观认知,即工程项目组织复杂性不应该是一种客观表现,而是一种决策主体面对不同问题时的不同表现。因此,在认知视角下,强调工程项目组织复杂性的形成的决定性因素是人的复杂性,结构复杂性只是原因之一。

4.2.2 工程项目组织复杂性特征

工程项目组织复杂性特征主要包括以下几个方面。

(1)内部组织结构复杂

复杂工程项目组织结构庞大,涉及众多的职能部门,内部结构也烦冗复杂。工程项目所涉及的利益相关者以及所组成的组织结构形式等特征决定了组织结构的复杂性程度。从组织结构出发,工程项目的组织复杂性可以由横向复杂性、纵向复杂性和区域分布差异 3 个方面进行描述。一个组织的职能部门数量表示横向复杂的程度,其与参与者数量和职能部门数量呈正相关。纵向复杂程度是指组织层级的数量,与组织层级数量呈正相关。区域分布差异是指组织的空间和区域分布的复杂性,与地理上分散的活动数量呈正相关。

（2）组织行为复杂

复杂工程项目是一个复杂且庞大的系统，其具备的组织系统复杂性体现在各个方面，如工程环境、工程技术、施工难度、工程规模等。其本身具备的特性也能够引起更深层次的复杂性。整个组织的内部复杂性是由每个成员的复杂行为及相互作用引起的，这主要体现在组织自身的动态性、适应性、需求和信任关系上。

（3）信息沟通难度大

在项目过程中，组织信息的复杂性是组织复杂性的另一种表现形式。信息来自多个利益相关者和整个管理过程，涉及各种复杂的契约关系。不同参与者、不同流程和流程之间的信息依赖性和相关性逐渐增加，导致信息复杂性增加。

复杂工程项目通常具有建设周期长、技术工艺复杂、参与者众多等特点，在施工建设过程中会产生大量的不确定性信息。从组织内部来说，不确定性信息可能来自业主、施工、监理、设计等参与者；从组织外部来说，不确定性信息可能来自政府和环境等方面。同时，由于工程项目与外界进行各种物质及信息交换，以及外部环境因素的不确定性，信息交换过程会不断受到影响，也会增加信息的复杂性。

（4）内、外部环境影响大

环境对组织复杂性有着不可忽视的重要的影响力。任何项目组织都存在于一定的社会历史阶段，存在于一定的时间和空间。环境不仅是社会环境，也是项目所在的政治环境、法律环境、经济环境、国家政策等。内、外部环境的不确定性是间接增加项目组织复杂性的主要原因，同时也增加了项目风险。项目组织的环境分为内部环境和外部环境，内部环境主要是指组织价值观和文化，外部环境主要是指自然、社会、文化、经济、政治环境。当这些环境发生变化时，组织运行的不确定性增加，组织复杂性也由此增加。

（5）组织目标复杂多样

目标的复杂性通常是由各种项目参与者的需求和项目任务的复杂性造成的。复杂工程项目涉及的项目参与方众多，各参与方的目标不一，要想项目完成良好，必须考虑目标之间的平衡，这导致了项目组织复杂性的增加。

4.3　工程项目组织复杂性形成原因

适应性创造复杂性，从复杂适应系统的角度来看，工程项目组织为了适应外部及内部复杂多变的环境，变革了内部的各种因素，由此产生了工程项目组织复杂性。如果将组织视为一个生命体，那么这种为适应环境而产生的变革实际上可以视为一个组织变异的过程。因此，不同类型的适应性变异会使组织凸显出多样的复杂性。工程项目组织复杂性是由组织外部环境和组织内部的各种因素（内部环境）共同作用产生的。

4.3.1　复杂多变的外部环境是工程项目组织复杂性形成的外部原因

长期来看，工程项目组织的生存必须和外部环境不断地进行人力、物力以及信息交换，外部环境在工程项目组织的产生和进化过程中起着重要的作用。可以以此来描述外部环境和工程项目组织的关系，即每个工程项目组织必然处于某个外部环境当中，但是又独立于它所处的外部环境。当外部环境发生变化时，工程项目组织为了维护自身的完整性、保持自身的规则完善,往往会不断地与外界环境进行信息的交换,以此来增强自身的适应性,保持自身结构稳定,同时借此来与外界环境进行博弈,以获取成功。

在此过程中,工程项目组织需要不断地改变自身状态去适应外界环境,通常会进行一些原先并未预期的变革。这确保了工程项目组织能够在复杂多变的外部环境中得以生存,工程项目组织复杂性也因此诞生。当工程项目组织能更多地感知外部环境复杂变化时,就会由此产生更多的行为模式来应对,继而产生更多的工程项目组织复杂性,而且这一过程将随着工程项目组织的不断学习、进化而更加智能、快速。不过,工程项目组织作为它所处环境的一部分,其行为的复杂性也势必会造成外部环境的进一步复杂化。

换言之,工程项目组织复杂性与外部环境复杂性是相互关联的,从已有的历史来看,工程项目组织复杂性和外部环境复杂性有不断增加的趋势。当工程项目组织复杂性低于所处的外部环境复杂性时,该工程项目组织岌岌可危,其生存受到严重威胁,如不及时调整,最终会导致整个工程项目失败;当工程项目组织复杂性高于所处的外部环境复杂性时,该工程项目组织能够很好地适应环境并得到良好的发展。总而言之,外部环境的变化会使工程项目组织呈现多样的甚至是冲突的复杂性,同时,工程项目组织复杂性和外部环境相互影响并且共同演化。

4.3.2　各种因素相互作用的内部环境是工程项目组织复杂性形成的内部原因

组织类型、组织结构、组织规模、组织文化、组织战略、组织决策、组织变革及领导人的领导能力都会使工程项目组织产生组织复杂性。就组织类型及组织规模而言,相同组织类型的工程项目组织复杂性会随着组织规模的增加而逐渐下降,而在相同组织规模下不同组织类型的工程项目组织复杂性一般不同。此外,充满冲突与复杂的组织文化会产生组织文化复杂性。组织决策不仅可能产生信息传递过程的复杂性,也可能会导致组织信息存储的无序。对于工程项目决策而言,决策层数越多,决策判断点越多,那么决策结构就越复杂。信息传递的渠道因此增多,信息的通畅程度就越低,信息流量的损失率增大,管理的复杂性越大。组织变革的阶段和组织变革的类型也会影响工程项目组织复杂性。此外,产品变革、技术变革或者某种具体变革的实施也会影响工程项目组织结构复杂性。总而言之,工程项目组织复杂性的产生受工程项目的内部环境的影响。

4.3.3　外部环境和内部环境共同驱动工程项目组织复杂性的产生

影响工程项目组织复杂性的不确定性有 3 种,①外部环境的不确定性,它使工程项目组织无法完全理解其所处于外部环境的位置,也就是无法预测其所处的行业和市场;②工程项目组织影响的不确定性,它使工程项目组织无法预测外部环境的状态变化或者某个事件会对工程项目造成的影响,这会导致管理者对影响市场变化的知识、资源和技术的感知变得迟钝;③决策反应的不确定性,这可以理解为个人的决策存在风险或者联动效应,这使得工程项目组织无法预测其决策的具体实施结果。

总结上述 3 种不确定性对工程项目组织复杂性的影响,即外部环境的不确定性产生了工程项目的冲突和变化,工程项目组织影响和对决策的反应的不确定性阻碍了这种冲突和变化的发生,这两种作用相互影响使工程项目组织复杂性进一步增加。也就是说,外部环境的复杂状况和工程项目组织内部结构各因素的相互作用都是影响工程项目组织复杂性产生的原因,工程项目组织为应对复杂的内外环境变化而具有了复杂的特征。

工程项目组织复杂性取决于工程项目自身构成的复杂性、工程项目外部环境的复杂性和人对工程项目认识上的局限性。从热力学角度,运用管理熵的思想分析工程项目组织复杂性的成因,组织结构、环境变化、政策因素、信息渠道、文化因素、人的因素等工程项目内部因素不断运动并且相互作用,使工程项目组织表现出复杂性的趋势增加。

因此,外部环境的复杂性、组织结构的复杂性、组织规模的复杂性、组织决策的复杂性、组织文化的不确定性以及不确定性的复杂性等都可以理解为工程项目组织复杂性的根源。通常,现实中的工程项目组织复杂性是多种因素共同作用的结果,而不是某一单独因素作用的结果。

4.4 工程项目组织复杂性类型

根据不同的分类标准,工程项目组织复杂性的类型有很多,如表4.2所示。

表4.2 工程项目组织复杂性类型

分类标准	工程项目组织复杂性类型
构成要素	垂直差异、水平差异、劳动分工、个人的专业化水平
	垂直复杂性、水平复杂性、地理位置复杂性
	外部复杂性、内部复杂性
主体间信息流动内容和相互作用结构	认知复杂性、关系复杂性
要素参与程度	活跃复杂性、潜在复杂性
形成原因	结构复杂性、动力复杂性
管理复杂性角度	制度复杂性、个人复杂性

通常,人们会按照工程项目组织复杂性的构成要素进行分类。尽管都是按照构成要素分类,但不同的学者对工程项目组织复杂性的分类不尽相同。Blau 将工程项目组织复杂性分为垂直差异、水平差异、劳动分工和个人的专业化水平;Daft(1992)将工程项目组织复杂性分为垂直复杂性、水平复杂性和地理位置(空间)复杂性。Ashmos(1996)将环境的复杂性纳入工程项目组织复杂性中,认为工程项目组织复杂性可以简单地分为外部复杂性和内部复杂性。其中,外部复杂性是指工程项目组织外部组织环境的复杂性,通常通过许多与工程项目组织相关的变量和变量间的复杂关系来刻画;而内部复杂性是指工程项目组织内部的复杂性,通常被认为具有流动性过程、分散的网络结构和多重(或冲突)目标等特征,因此,可以被细分为结构复杂性、战略复杂性、决策复杂性和目标复杂性。

除了按照构成要素分类,也有其他的分类方法。按照工程项目组织各主体之间的相互作用结构和信息流动内容将工程项目组织复杂性分为认知复杂性和关系复杂性。按照在工程项目组织日常事务中各要素的参与程度将工程项目组织复杂性分为活跃复杂性和潜在复杂性。活跃复杂性需要不断投资要素和结构,并且不断消耗资源,而潜在复杂性是那些还没被组织日常化运作的活动。按照工程项目组织复杂性的形成原因分为结构复杂性和动力学复杂性。结构复杂性是静态的，是由大量要素及其之间的相互影响产生的，而动力学复杂性是动态的，它是由非线性行为、动态性和反馈机制引起的。从管理复杂性的角度，工程项目组织复杂性可以分为制度复杂性和个人复杂性。制度复杂性是组织内部相互作用的结果，而个人复杂性是组织内部的人所引起的复杂性。

4.5　工程项目组织复杂性要素识别

本书将工程项目组织复杂性分为工程项目组织结构复杂性、工程项目组织行为复杂性、工程项目组织信息复杂性、工程项目组织环境复杂性以及工程项目组织目标复杂性，其对应的要素识别如表4.3所示。

表4.3　工程项目组织复杂性要素识别

分类	要素识别	要素解释
工程项目组织结构复杂性	垂直结构	垂直层级的种类数量
	水平结构	水平层级的种类数量
	地域空间结构	地域空间分布
	依赖性	各单元之间的关联程度
	职能分配	相应占比的工作
	职权分配	部门的权责划分
工程项目组织行为复杂性	组织动态性	组织内部个体或群体调动频率
	成员需求多样性	人际需求、经济需求、成长发展需求
	适应性	对周围改变的适应和学习能力
	组织信任度	不同组织部门间的相互配合程度
工程项目组织信息复杂性	信息获取	获取来源于各渠道的信息
	信息传递	在内、外部环境中进行信息传递
	信息处理	根据信息作出判断与决策
工程项目组织环境复杂性	自然环境	地理位置、地质、气候及自然资源
	经济环境	利率、供求关系、物价、税收、汇率
	政治环境	政策指导、法律法规文件
	市场竞争环境	竞争者的类型和数量
	技术环境	技术的先进性、成熟度以及创新性
	组织文化和价值观	组织价值观念是否正确
工程项目组织目标复杂性	目标多样性	各层面所要达到目标的数量
	目标动态性	目标随项目阶段的发展而变化
	目标不一致性	各参与方对目标的利益诉求不同

4.5.1 工程项目组织结构复杂性要素识别

工程项目组织复杂性的核心是指工程项目组织结构的错综复杂。工程项目组织结构是组织内的所有成员为了达到预期目标，通过适当分工，确定自己的职责范围的结构体系。工程项目组织结构的差异将会影响工程项目组织运作的有效性。通常认为，工程项目组织结构复杂性包括水平复杂性、垂直复杂性和地域分布差异性，同时，工程项目组织内部各因素间的相互作用（如依赖性和职能职权分配）也会对工程项目组织结构造成影响。

工程项目组织结构复杂性要素按照来源可以分为垂直结构、水平结构、地域空间结构、依赖性、职能分配和职权分配等复杂性要素。

（1）垂直结构

垂直结构是工程项目组织结构的竖直方向的各层级部门，其数量的多少将会直接影响工程项目组织结构复杂性程度。通常，一个工程项目的组织结构，从项目顶端的业主到底层的施工人员之间存在多个层级，这就是层级结构，这将会极大地挑战工程项目组织的管理能力。因此，工程项目组织内部的协调合作及信息传递等会随着垂直结构层数的增加而变难，工程项目组织复杂性程度越高。

（2）水平结构

水平结构是工程项目组织结构内部同一层的职能部门的数量。工程项目组织活动会根据不同目标设立不同的职能部门。随着工程项目的进展，项目会逐渐细化，分工越来越多，也就导致了职能部门越来越多。因此，从水平结构出发，随着工程项目分工的细化，内部设置的职能部门会增多，工程项目组织复杂性程度会增加。通常，水平结构取决于承发包模式。

（3）地域空间结构

地域空间结构是工程项目组织地域分布的差异。通常，工程项目的参与各方会分隔各地或者是工程项目本身就会跨越大范围的地域空间，这会导致工程项目内部人员或各参与方的沟通管理存在很大阻碍。因此，从地域空间结构出发，随着地域空间差异的增大，工程项目组织复杂性程度会增加。

（4）依赖性

依赖性体现了工程项目组织各元素之间关系的紧密程度。工程项目组织内部结构之间都是相互制约、相互影响同时相互协作的，这使得工程项目组织成为一个有机整体，也保证了任何结构都不会独立于整体之外。依赖性从弱到强可以分为联合型、顺序型和交叉型。工程项目组织中这3种关系相互影响、相互制约，增加了工程项目组织复杂性。

（5）职能分配

职能分配是工程项目组织为达到预期目标给项目组织成员分配相应占比的工作。合理的职能分配可以有效地调动工程项目组织成员的工作积极性，从而提高工程项目组织的工作效率。反之，若不能合理进行职能分配，会导致职能缺失、职能重叠等问题，增加工程项目组织复杂性。

（6）职权分配

职权分配是对工程项目组织各部门的职权和相应责任的明确划分。明确各层级部门的权责能够使工程项目组织成员各司其职，促进工程项目组织的有序和谐。反之，不确定的或者不对等的部门权责会造成部门矛盾或冲突，给项目组织带来混乱，增加工程项目组织复杂性。通常,职权分配体现在合同中,表现为合同中的权利与义务。

4.5.2　工程项目组织行为复杂性要素识别

工程项目组织行为复杂性是在复杂动态机理下,组织行为主体之间相互作用、相互影响而导致的整体复杂性特征。它是工程项目组织的行为主体受到内、外环境影响时,由于主体之间的相互作用而表现出来的工程项目组织客观复杂性特征。

工程项目组织行为复杂性要素按照来源可以分为组织动态性、成员需求多样性、适应性和组织信任度等。

（1）组织动态性

工程项目施工周期长,工程项目组织在工程项目全生命周期的各个阶段伴随始终,并根据工程项目的各个阶段进行调整。工程项目的不同主体随着项目阶段的始终而不断进出,主要表现为工程项目内部的个体或群体反复调动,这也体现了工程项目组织一直处于动态变化中。通常,工程项目组织内部人事调动越频繁,工程项目组织越复杂。

（2）成员需求多样性

由于有很多影响工程项目组织发展的因素,在工程项目组织的发展过程中,工程项目组织成员的行为方式和心理状态会根据其遭遇的境况而不断发生变化。个体自身的差异与其所处内、外环境的差异的共同作用,使得成员需求多样,如人际需求、经济需求、成长发展需求等。通常,成员需求越多样,工程项目组织越复杂。

（3）适应性

适应性是当工程项目所处的环境发生变化时,工程项目组织能够及时进行调整以适应环境的改变,确保自身的生存。工程项目组织适应性来源于各成员的学习能力和主观能动性,适应性越好的工程项目组织,成员的学习能力越强,主观能动性越高。由于内、外部环境复杂变化而引起的组织适应性的复杂多变,增加了工程项目组织复杂性。

（4）组织信任度

组织信任度是工程项目组织之间的信任程度和合作意识,体现为工程项目组织内的不同部门在共同工作时的相互配合程度,相互配合程度越高,部门协同能力越好。

4.5.3　工程项目组织信息复杂性要素识别

由于各种复杂的合同关系,工程项目的整个实施和管理过程会涉及多个项目主体间的交流沟通,这是工程项目组织信息复杂性的来源。工程项目的参与方众多,所处环境复杂,各参与方不可避免地会受外界环境的影响,信息获取、传递和处理都可能导致信息的流失,同时也可能会导致信息沟通不及时甚至信息沟通障碍的情况。

工程项目组织信息复杂性要素按照来源可以分为信息获取、信息传递、信息处理等。

（1）信息获取

从外部环境来看,工程项目组织信息主要来自政府、银行、区域环境、市场状况、税收、社会文化等;从内部环境来看,工程项目组织信息主要来源于业主、施工单位、设计单位、监理单位和材料供应单位等各个部门,也来源于项目的立项、科研、设计、招标和施工等各阶段的各环节,还来源于合同管理、成本控制、质量控制和进度控制各方面。外部环境和内部环境都要求工程项目组织信息获取及时、快速。

（2）信息传递

工程项目时刻与内、外环境进行着人力、物力以及信息的交换。工程项目组织信息传递的有效性受内、外环境因素的不断影响。信息传递能力对项目决策有着直接影响,要求工程项目组织信息传递及时、高效。

（3）信息处理

决策主体根据来源于内、外部环境的各方信息,结合自身的知识对信息进行处理,并以此作出指示与判断。工程项目信息的处理能力影响工程项目的进程,要求工程项目组织对信息处理快速而准确。

4.5.4　工程项目组织环境复杂性要素识别

工程项目组织环境复杂性是工程项目建设过程中环境复杂程度的体现。工程项目处于一个动态变化的环境中,有很多影响工程项目顺利进行的不确定因素,这些因素都会影响工程项目组织的正常发展。

工程项目组织环境复杂性要素按照来源可以分为自然环境、经济环境、政治环境、市场竞争环境、技术环境、组织文化和价值观等。

（1）自然环境

自然环境包括工程项目组织所在地的地理位置、地质、气候及自然资源等。复杂的自然环境,如复杂的地质条件会造成施工困难,工程项目组织也要进行相应调整,通常自然环境越复杂,工程项目组织越复杂。

（2）经济环境

良好的经济环境会促进地区发展,这也保证了工程项目组织能够稳定。经济环境主要体现为当前经济形势和未来几年的发展走向,包括利率、供求关系、物价状况、税收、汇率等。这些因素的不断变动导致了经济环境的不断变动,增加了工程项目组织的复杂性。

（3）政治环境

政治环境是国家现行的政策指导、法律法规等对工程项目组织的影响。通常政治环境越复杂,说明工程项目所涉及的公共利益越多,要求越严格,工程项目组织越复杂。

（4）市场竞争环境

在市场经济条件下,各主体为了获取更多的市场资源,通过公平竞争、优胜劣汰来实现市场的优化配置。市场竞争环境体现了竞争者的类型和数量,市场竞争环境的复杂多变,增加了工程项目组织的复杂性。

（5）技术环境

技术环境是工程项目组织将资源转化为产品的方法。一个好的工程项目组织离不开技术的支持,技术的先进性、成熟度以及创新性对工程项目的成功有重要影响。

（6）组织文化和价值观

工程项目组织文化是体现工程项目组织信念、价值观、态度等方面的文化形象,能够反映工程项目组织的优良品质。是否正确和积极向上的工程项目组织价值观将直接影响工程项目组织未来的存亡和竞争力,要求工程项目组织文化和价值观完整且积极向上。

4.5.5　工程项目组织目标复杂性要素识别

工程项目组织目标复杂性通常是由于项目目标的复杂和工程项目各参与方对项目的不

同需求产生的。项目的目标随着项目阶段的发展而发生变化,与此同时,不同的参与方对于项目的利益追求不尽相同,有的甚至相互冲突,从而导致了工程项目组织的复杂性。

工程项目组织目标复杂性要素按照来源可以分为目标多样性、目标动态性和目标不一致性等。

(1)目标多样性

目标多样性体现了工程项目组织目标的种类和数量的多样性。对工程项目组织来说,其既需要满足如进度、质量、成本等的管理层目标,又需要满足如经济、舒适、安全等的功能层目标,还需要满足社会功能、国家城市整体规划等诸多目标,这些增加了工程项目组织的复杂性。

(2)目标动态性

随着项目阶段的发展,工程项目组织的目标发生变化,不同项目阶段的目标的重点是不同的,同时还伴随着不同参与方的进出变化,增加了工程项目组织的复杂性。

(3)目标不一致性

工程项目的参与方众多,如业主、设计方、承包方、监理方等,虽然他们有完成项目这一共同目标,但在具体问题上,又有着各自不同的利益与目标,有的甚至会产生冲突,他们彼此之间的关系因此变得错综复杂,从而增加了工程项目组织的复杂性。

4.6　典型案例

2010年5月1日至10月31日,第41届世界博览会在中国上海市举行,取得了巨大成功。此次世博会共有246个国家和国家组织参展,有7 308万人次参观展览。参展规模和参观人次都创造了新的世博会记录。

上海世博会规模巨大,涉及利益相关者众多,投资巨大,社会价值极高,是一个典型的、大型的复杂项目,它的成功是多方面共同作用的结果。上海世博会项目组织的复杂性也成了经典案例。

上海世博会工程占地5.28 km^2,主要包括场馆及配套服务设施和市政及配套工程两个部分,其中场馆及配套服务设施包含40余项,包括以中国馆、主题馆、世博中心、演艺中心为主的永久性展馆和以外国国家馆、国际组织馆、企业馆为主的临时性展馆;市政及配套工程主要包括公园、绿化、道路、水工项目,水、电、气、通信、雨污水系统,以及越江隧道和轨道交通等市政项目,同时还包括世博轴、城市最佳实践区、世博村、物流仓库、高架步道以及其他配套服务设施。上海世博会总投资(不含轨道交通等市政、自建馆等)约233亿元,工程建设要求在2009年底全部结束,2010年年初试运营。

4.6.1　上海世博会面临的挑战

上海世博会面临的挑战主要包括以下方面。

(1)建设规模及数量庞大

上海世博会园区总建筑面积约230万 m^2,工程单体项目300多个,涉及多种建筑类型。据统计,由上海世博会组织方负责建造的工程,与400多家单位签订了近千份合同。庞大的建设数量,多种建筑类型,多家投资建设主体,多种技术要求,都增加了工程项目组织的复杂性。

（2）时间紧迫

上海世博会的总建设工期仅1 000余天，但需要建设的项目包括市政设施、各种永久性和临时性展馆以及配套设施的建筑面积近240万 m²。因此，进度目标是上海世博会最首要的目标，也是最硬性的目标。紧迫的建设工期导致园区建设的高度集中、交叉作业多、项目相互影响大等问题，高峰时期的并行建筑单体甚至超过了100个，大大地增加了工程项目组织的复杂性。

（3）投资主体多，协调难度大

上海世博会工程的投资建设主体除了世博会组织，还有上海世博（集团）有限公司、上海世博土地控股有限公司、上海世博文化中心有限公司、上海世博会有限公司和轨道交通、越江隧道、水、电、气、通信配套项目建设单位，以及外国自建馆、企业自建馆、国际组织馆、外国城市参展方等建设方，管理幅度大，协调难度高。再加上世界各国工程建设规范、标准和管理体制的差异，导致在方案审核、行政许可、配套服务支持、过程监管等几乎所有环节都需要与自建馆建设方进行大量的各个环节的协调，工程总体协调难度极大。

4.6.2　上海世博会组织面临的挑战

根据上海世博会面临的挑战，可以从中提出上海世博会项目组织将面临的挑战，主要包括以下几个方面。

①项目规模大，构成复杂，并行项目众多且普遍，项目间的相互影响大。

②时间有限，空间有限，资源有限。

③项目国内、国际影响大，投资和参与主体众多，利益相关者也极多。

④项目目标要求严格。

⑤不确定因素极多，变化因素多。

4.6.3　上海世博会组织模式

依据组织论的基本原理，目标决定组织，组织是目标能否实现的决定性因素。在项目管理的三维视角中，项目对象和工作目标的维度是刚性的，如拟建场馆的规模和数量不能改变，2010年5月1日必须开幕的工期目标不能改变，但是可以改变组织结构和管理模式，可以经过主观努力而优化。传统的组织工具，无论是直线型组织结构、职能型组织结构还是矩阵型组织结构，都难以在复杂性质较高的项目中准确地表达巨系统的复杂组织结构。

组织模式的分析主要是解决组织结构设计和组织关系梳理两大问题。组织结构设计需要明确组织内部的任务分工、管理职能分工以及指令关系；组织关系梳理需要界定组织内部的信息流程和合同关系。

根据指令关系，2010年上海世博会，为了统筹世博会工程建设管理，采用矩阵型组织结构，工程建设指挥部办公室下设10个职能处室、10个项目部，大体结构如图4.5所示。

需要说明的是，图4.5中工程建设指挥部矩阵式的管理模式并未准确地反映整个园区项目管理的真实情况。根据工程建设指挥部办公室的基本定位，工程建设指挥部应统领世博会工程建设项目的各项工作，确保整个世博会项目管理的全面覆盖。横向的职能部门除了对其他投资主体项目监督和检查，还负责指挥部办公室直接投资的项目管理，此外，还要

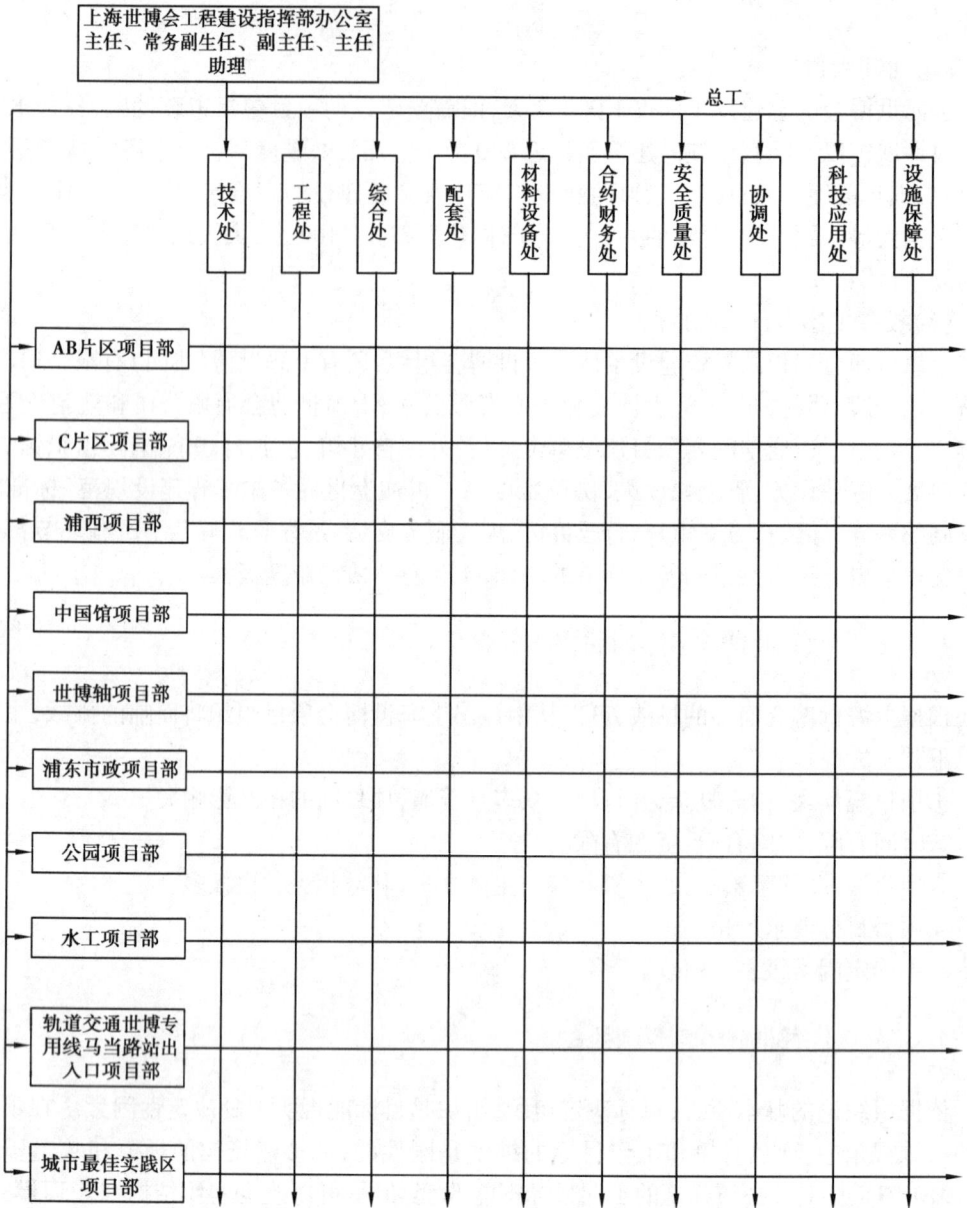

图 4.5　上海世博会工程建设指挥部办公室组织结构

协调交通项目。与横向职能部门不同的是，纵向项目部仅包括指挥部办公室直接投资建设的项目，不包括其他投资主体和大市政项目，由于矩阵图的局限，图 4.5 并没有体现。

在图 4.6 中，工程建设指挥部办公室分为职能处室、项目实体和项目部。项目部的管辖范围只有指挥部办公室直接投资兴建的部分，而职能部门应对世博会工程建设管理的实现全覆盖。在全覆盖的项目范围中，三大不同类型项目的管理内容、管理办法和管理深度都不同，应事先做出严格规定，区别对待。

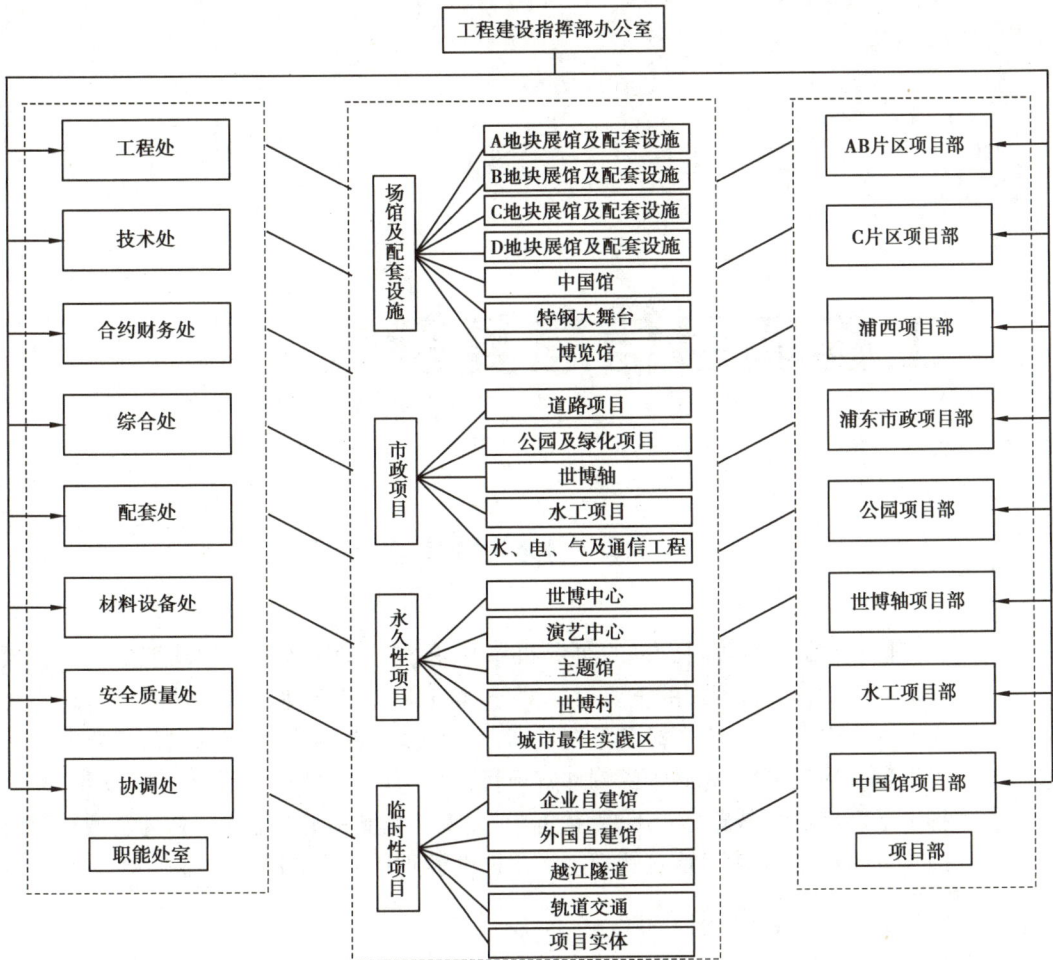

图 4.6　工程建设指挥部办公室全局管控职能的组织结构

思考题

1. 请简要说明工程项目组织的基本形式。

2. 工程项目组织复杂性的内涵是什么？有哪些主要特点？

3. 工程项目组织复杂性形成原因有哪些？

4. 工程项目组织结构复杂性要素有哪些？如何分类？

5. 请通过典型案例说明工程项目组织复杂性的管理措施。

5

工程项目信息复杂性

5.1　工程项目信息概述

信息作为工程项目管理的纽带和基础,是充分发挥各种管理功能的前提。项目信息是工程项目管理的重要组成部分,而工程项目管理可以说是通过信息协调系统的内部资源、外部资源和系统目标,从而实现项目系统功能的过程。要做好项目信息管理工作,首先必须深刻理解项目信息的内涵、特征和类型。2020 年,国家推出了"新基建"战略,将 5G、大数据中心、人工智能和工业互联网列为新型基础设施建设的重点,为项目信息管理进一步提供了便利条件和技术基础。

5.1.1　工程项目信息的内涵

信息通常被定义为客观存在的事物通过物质载体将发生的消息、指令、信号等经传送交换的知识,经过记载、加工和处理,信息得以被交流和使用。人类社会正在演变成为信息化的社会,这意味着在各种社会活动中,人们都必将面临大量的信息。面对多元而庞大的信息量,人们利用普遍认可的符号加以组合,从而有效地记载信息的内容,这些符号及其组合就是数据。作为表现信息的一种反映客观事物的属性,数据以数字、文字、声音、图像或图形的形式存在。

数据与信息之间既有区别也有联系。数据本身只是一个中性的概念,没有固定的意义,表示记录事物特征、形态的符号;而信息是指蕴含了一定含义的,数据经过处理后的产物,如报表、账册和图纸等。换言之,信息是能够通过数据处理产生并呈现的直接反映现实的内容,但并非所有数据都能表达信息。根据美国科学家诺伯特·维纳(Norbert Weiner)的控制论,信息既非物质也不是能量,而是与二者并列,共同构成现实世界的第三大要素。在如今的信息化时代,信息资源甚至已具备了取代物质和能力的势头和无可比拟的地位,肩负着高效推动社会生产力发展的伟大使命。

作为项目重要管理内容之一,工程项目信息是指在项目全生命周期内,为开展计划、组织、协调和控制等项目管理活动而发生的记录工程项目管理活动的内容。

对于任何一个工程建设项目,从项目立项至项目结束不仅仅是建筑物质的生产过程,更伴随着信息的涌出、留存、交换和应用,在整个过程中无时无刻不在产生、传递和处理大量的数据、文档及其他类别的信息。项目的前期阶段包含项目报建、项目策划、项目可研、工程设计等工作环节,在这些工作环节中的主要任务之一就是获取、有效处理和运用优质可靠的信息,并以信息的方式将得到相应的工作成果传递给下一个阶段的管理人员;项目开工后至项目竣工的项目实施阶段,重点则关注在物质生产过程中,施工信息的进一步产生及传递,为工程项目的物质生产过程的顺利实现提供了保证。

5.1.2　工程项目信息的特征

工程项目信息是对工程项目管理人员而言至关重要的资源,因为工程建设项目的投资大、内容多,使工程项目信息相对其他领域的信息影响范围更广、变化更大。在项目管理过程中,管理人员能够利用信息将人、组织、社会关系网络同自身相互联系起来,完成方案决策、现场调度等工作。要做好信息管理,一个重要前提就是要把握好工程项目信息的特征。一般来说,工程项目信息具备真实性、时效性、层次性、不完全性、系统性、依存性、价值性、可分享性、可处理性、可存储性、可传输性等基本特征。

(1)真实性

工程项目信息有优劣之分。准确、客观的工程项目信息能够帮助管理人员做出正确的决策,而虚假、错误的信息可能是造成管理人员做出错误决策的罪魁祸首。对工程项目信息而言,更应注重信息来源的真实、可靠及传输、处理和储存的保真性。

(2)时效性

从信息源发送工程项目信息及接收、加工、传递、利用的过程中产生的时间间隔及其效率称为信息的时效性。在工程实际中,事前管理是基于不断产生、不断变化的信息进行的,如果不能及时得到信息、及时处理数据,就会使决策和工程管理工作具有明显的滞后性,在某些时候甚至可能会导致巨大的经济损失或严重事故的发生。

(3)层次性

工程项目信息根据不同管理要求分为战略级、策略级和执行级。以某水利工程项目为例,国家主管部门关心战略级信息,如工程规模、资金来源、投资控制等;设计、监理单位关心策略级信息,如技术方案、经济效果、工程安全、进度控制、施工成本等;而承包商则关心执行级信息,如具体的管理内容等基层信息。当所担负的项目目标发生变化时,相应的管理层次和信息层次也将发生变化。

(4)不完全性

对工程项目而言,由于不同主体对项目的认识程度和目的不同,基于客观事实的信息是很难全部获得的。在对工程项目信息的收集和转换中,各方需要具有主观思路,为契合各方的意图,需要抓住信息的主要部分进行分析和判断,去粗存精、去伪存真,选取有用的信息。

(5)系统性

工程项目信息的收集、存储、处理、传递及反馈等各个环节构成的连续闭合环路,体现了信息的系统性。若工程实际中不考虑其系统性,片面地处理数据,片面地产生、使用信息,就会导致信息的冗余和应用低效的现象,甚至给工程带来不利后果。

（6）依存性

工程项目信息是依附于一定物质形式,如信件、录音、文档等形式存在的,不可能脱离物质单独存在。要定期对储存工程项目信息的载体进行归纳、整理,同时,确保在将信息在物质载体中进行转换时,不因记录手段的改变而产生变化和歧义。

（7）价值性

工程项目信息能够对工程决策等工程建设重要环节产生影响,因此是极具价值的。市场价格情报的发售、数据库中付费获取的文献、向业主方购买的工程项目信息所付费用等都是信息价值的部分体现。通常,信息的价值要经过一系列的转换和使用才能得到。

（8）可分享性

信息可以被共同占有和使用,工程项目信息的共享具有两面性:一方面,它有利于充分利用信息资源,确保每个部门使用的信息的统一性,保证决策的一致性;另一方面,过度分享也可能导致信息的滥用和贬值,不利于保密工作的进行。因此,在现代工程项目信息系统的建设中,除了要使用先进的网络和通信设备来促进信息的共享,还要采取良好的安全措施来防止机密信息的泄露。

（9）可处理性

通过对信息进行处理和加工,人们能够把信息以各种形式进行转换,同时保证信息传递的内容得以保留。信息可以被扩散和被压缩。信息扩散指的是信息往往能够突破保密的非自然约束,通过各种渠道快速向四面八方传播。信息扩散速度与信息内容影响力及信源和接受者之间的距离相关,一般越耸人听闻的信息的传播速度和扩散程度越大。根据不同信息的应用目的,既要利用其扩散加快信息的传播,又要防止由于扩散造成的价值损失。同时,信息也能被压缩,即对信息进行集中、综合与概括,使信息得到精简却又不至于丢失,从而能够更高效地利用信息,例如针对不同工种对设计图进行精简,使得施工人员能快速了解工作内容,高效地完成工作。

（10）可存储性

信息存储的可能程度称为信息的可存储性。工程项目信息的形式多种多样,它的可存储性表现在能存储信息的真实内容而不产生变化和歧义,对信息内容的存储具备安全性、可靠性,并提高信息空间比,即在尽量小的存储空间中存放更多的内容,满足高效的检索需求并能够简便地在不同的形式之间进行转换。建筑行业的计算机信息协同技术为工程项目信息的可存储提供了条件。

（11）可传输性

工程项目信息可以通过各式各样的方式进行传输,依存性说明了信息依存于一定的媒介,同样,信息的传输也要借助这些媒介实现。一条完整的信息传输过程一共包含了4个基本要素,一是信息的发出方信源,二是作为接收方的信宿,三是信息的依存和传输媒介信道,四是传输信息的具体内容数据。

5.1.3 工程项目信息的分类

在当前的理论研究中,不同学者基于对工程项目信息不同的研究角度和探索目的,提出了有关工程项目信息几十种不同的分类方式,此处以5种主流的分类方式为例。

1）按信息的存在形式和格式分类

工程项目信息的数据存储主要有结构化形式（Structured Form）和非结构化形式（Unstructured Form）两种表现形式以及专用格式（Proprietary Form）和标准格式（Standard Form）两种格式。其中，格式决定了工程信息的保存能力的优劣、传递效率的高低及使用寿命的长短。工程信息的形式或格式决定了工程信息可以被重复利用的能力，如图5.1所示。因此，科学地选择信息形式和格式能有效提高信息的利用率。

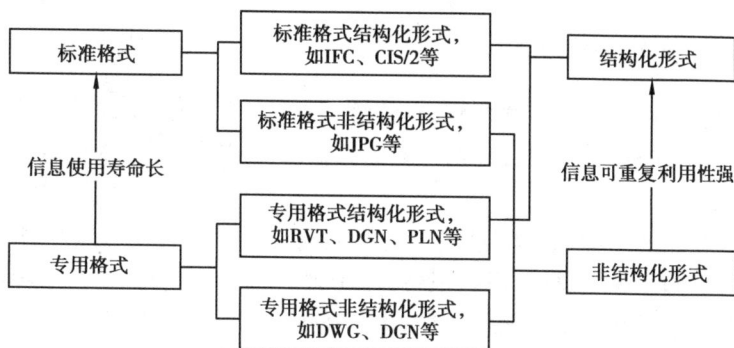

图 5.1　不同形式和格式的信息特点差异

（1）非结构化形式

非结构化数据指的是数据结构相对不完整或不规则，没有预先定义的数据模型，不方便运用数据库二维的逻辑表来表现的数据类型。非结构化信息指文字、图像、声音中的内容，它们为非数据信息，不能保存在数据库中而是以文件形式保存在文件容器中的。常见的非结构化数据有各种格式的办公文档、文本、图片、XML、HTML、报表、图像、音频或视频信息。非结构化信息的一个直观特征就是对信息的修改和更新只能依靠人工手段进行。目前的研究进程尚未达到能让计算机或者软件完全自动地进行信息修改和更新的程度。

（2）结构化形式

与非结构化形式相对的结构化形式数据也称作行数据，是由二维表结构进行逻辑地表达和实现的数据，在结构化形式数据严格地遵循数据格式与长度规范，利用关系型数据库进行存储和管理，如投资数据、成本数据、财务数据、价格数据、进度数据等，这些数据被保存在数据库的数据表中，比如企业的 ERP、财务系统等。当前，应用的工程项目协同软件针对项目信息的储存方式多为结构化形式的储存。结构化信息的优势在于可以更好地提高信息的利用率、减少出错率，从而提高工程项目的生产效率。结构化形式的信息是实现设计优化、施工效率提升、运营维护阶段成本降低的关键因素。

（3）专用格式

专用格式是指专业化软件使用的特有存储格式，这种专用存储格式内的信息往往无法进行软件间的直接共享。由于专用格式信息的特殊性，其呈现形式既可以是结构化的，也可以是非结构化的。常用的建筑信息模型软件产生的是集成信息的模型，基于此发展的平行层和后续阶段就能够重复利用这些信息，专用格式能够提高信息存储和重复利用的效率。而针对需要大规模专业信息的情形，由于信息量很大，在各个阶段的工作中就需要考虑软件的兼容性问题，否则很容易出现信息的交叉、混乱和流失，尤其是大型复杂工程设计，施工阶段中易产生多次的工程信息交换，此时，使用专用格式的信息能够最大限度地避免产生不必要的信息断层现象。

（4）标准格式

标准格式有两类,分别为实施标准（Fact Standards）及法律标准（Law Standards）。工程项目从立项到建成运营往往具有长期的特点,其中产生的项目信息往往需要长期存储并能够随时供所需人员查询。在工程项目建设初期就确立明确的信息标准格式能够通过格式标准的设定,实现软件的最大精简化和项目文件的可读性。国内的一些房地产企业甚至制订了针对公司具体的格式标准,从而实现独一无二的精细化管理。

2）按主要信息存在形态分类

工程项目信息的存在形式多种多样,在传统工程信息管理向现代工程信息管理的发展过程中,主要有以下 3 种存在形式,分别为图文信息、语言信息、新技术信息。

（1）图文信息

以图文形式存在的工程项目信息主要包括勘察、测绘、设计图纸及说明书、计算书、合同、工作条例规定、施工组织设计、情况报告、原始记录、统计图表、报表、信函等一系列的工程项目信息。图文信息是传统工程最主要的应用信息,也是工程必需的信息形式。

（2）语言信息

语言信息主要包括项目过程中各个阶段通过口头分配的任务、指示、汇报、工作检查、谈判交涉、建议、批评、工作讨论和研究、会议等信息。通常情况下,重要的语言信息也需要通过其他形式进行简要的记录存储,如会议记录等。

（3）新技术信息

新技术信息主要指通过网络、电话、电报、电传、计算机、电视、录像、录音、广播等现代化手段收集及处理的部分信息。在信息化时代,尤其针对大型工程项目,新技术信息的应用范围正在逐渐拓展。

3）按信息内容属性分类

依照信息内容属性分类,工程项目信息可分为法律类信息、技术类信息、经济类信息与管理类信息 4 种类型。

（1）法律类信息

法律类信息是指与工程项目相关的法律法规及建设行政主管部门规章,如《中华人民共和国建筑法》《中华人民共和国环境保护法》《中华人民共和国安全生产法》《建设工程质量管理条例》《建设工程安全生产管理条例》《房屋建筑与市政基础设施工程质量监督质量规定》《建筑工程施工许可管理办法》等,在项目全生命周期中,工程项目始终需要遵循相应的法律类信息的指导。

（2）技术类信息

技术类信息是指在工程建设过程中的技术相关信息。例如前期的勘察、调研等技术信息,设计阶段的各专业设计图纸等技术信息、质量安全控制技术信息,施工过程涉及的各专业技术信息、材料设备技术信息,竣工验收技术信息等。其中,工程设计与施工过程中由企业或相关方自行设置的需要遵守的有关的标准、规范、规程等是技术类信息的一大重要内容,如《建筑工程施工质量验收统一标准》《建筑工程施工质量评价标准》《混凝土质量控制标准》《建筑抗震设计规范》《地下工程防水技术规范》《建筑地基基础工程施工质量验收规范》《混凝土结构工程施工质量验收规范》《混凝土泵送施工技术规程》《建筑工程冬期施工规程》和《混凝土结构施工图平面整体表示方法制图规则和构造详图》等,作为技术类信息的标准规程必须基于法律类信息的标准、规程之上。

（3）经济类信息

经济类信息是指在工程项目全生命周期与工程成本、投资及工程量相关的信息,包括但不限于工程合同、工程预算、材料设备价格、各工种的劳动力价格、项目财务资料和现金流情况等。经济类信息很大程度上影响着项目的收益情况,因此,往往被作为决策过程中各方关注的重点信息。

（4）管理类信息

管理类信息是指有关项目组织管理的信息,如项目组织结构、各岗位职责规定、管理流程、管理制度及工程实施过程中监理工程师指令、工程协调会纪要等。

4）按项目全生命周期中各阶段分类

依照建设项目全生命周期阶段,工程项目的主要信息可划分为项目决策阶段信息、设计准备与设计阶段信息、招投标阶段信息、施工阶段信息、项目运维阶段信息。

（1）项目决策阶段信息

项目决策阶段信息大多为宏观层面的信息,如项目可行性研究报告、项目立项报告、项目审批报告、项目任务计划书等综合性文件。项目决策阶段确定了项目的主要目标及技术参数,项目决策阶段信息为项目针对各个目标进行预测,提供服务。

（2）设计准备与设计阶段信息

设计准备与设计阶段信息主要包括有关设计技术与经济方面的信息,如设计要求、设计标准规范、设计方案、设计图纸、设计说明、造价估算等。

（3）招投标阶段信息

招投标阶段信息主要包括招投标阶段应遵守的如《中华人民共和国招投标法》等国家法律法规、建设行政主管部门的有关规定,以及招投标过程产生的信息,如招标书、投标书、工程合同条款等。

（4）施工阶段信息

施工阶段产生的信息量是项目全生命周期中最庞大的部分,包含有关工程施工的国家法律法规、部门规章,施工部位技术规范标准、操作流程及工艺,现场施工组织设计、资源管理计划,各种材料设备供货商与价格,财务资金信息等。项目施工阶段信息主要构成如表5.1 所示。

表 5.1　项目施工阶段信息主要构成

信息类型	主要内容
项目公共信息	法律法规和部门规章;工程所需的建筑标准、规范、规程;材料、设备、施工周转工具供应商及市场价格;劳务承包商及劳动力市场价格;项目所在地政治、经济、文化、气候、地质信息
设计信息	设计任务书、设计图纸、设计变更
工程协调信息	项目协调会议记录、工作联系单、监理通知、业主通知、工程洽商记录
商务信息	投标书、合同、施工图预算、财务、索赔

续表

信息类型	主要内容
进度计划与资源需求计划信息	施工总进度计划、月(周)进度计划、劳动力计划、原材料(构件)计划、施工机具计划、工程设备进场计划、资金使用计划
材料设备信息	材料设备供应商信息、材料设备进场记录、材料试验报告、设备检测报告、材料分放记录
施工记录信息	施工日志、混凝土浇筑记录、地基钎探记录、防水工程闭水试验记录、设备调试记录
施工技术资料信息	施工过程检验记录、预检记录;隐蔽工程验收记录、基础、主体结构验收记录;设备安装记录、施工组织设计、技术交底;分部工程质量检验评定表、分项工程质量检验评定表
项目成本信息	承包成本、责任目标成本、实际成本、降低成本计划、成本分析
质量、安全文明施工信息	质量计划、质量检查记录、安全施工方案、安全用品质量检验记录、大型施工机械检测报告、安全教育培训记录、安全检查记录、安全隐患、复查整改、安全事故处置方案与记录
竣工验收信息	竣工图、单位工程竣工质量核定表、保修书、竣工验收证明书、项目质量合格证书、施工技术资料移交表、施工项目结算
行政管理信息	项目人员信息、会议通知、会议记录

(5)项目运营与维护阶段信息

项目运营与维护阶段的信息是指在项目竣工、验收以后,在进行工程项目实际运行中的设备维护、结构维护、人员管理等过程中所记录的信息,该阶段产生的信息内容多种多样,应根据工程项目具体情况而异。

5)按项目重点控制目标分类

建设工程项目管理的4大控制目标为投资(成本)、进度、质量、安全,可以将以4大目标实现为目的的输入及输出信息分为以下4个类别。

(1)投资(成本)管理信息

与工程项目投资或成本直接相关的信息称为投资(成本)管理信息,包括市场指标,如建筑材料价格、施工机械租赁价格、周转工具购置与租赁价格、机械台班费、劳动力价格等;工程清单及概预算,如设计概预算定额、施工图概预算定额、投资估算、工程量清单等;施工过程中的设计变更、工程洽商记录、人工费材料设备价格调整、工程量变动表、索赔费用表等;以及各期工程款、材料设备款人工费支付凭证,已完工程结算、竣工结算等。

(2)进度管理信息

进度管理信息是指与进度控制相关的一系列技术管理信息,如工期定额、工期目标、工期目标分解、施工总进度计划及阶段进度计划(年、季、月、周)、进度优化技术、进度保证措施、每周工程监理例会会议记录、施工日志、各种施工记录等内容。

(3)质量管理信息

质量管理信息是指与工程建设质量有关的各类信息,包括与质量控制相关的国家法律法规、部门规章及技术标准、规范、规程、图集、设计文件；质量目标体系与质量目标分解；质量控制技术和方法、质量管理制度、质量管理工作流程；质量检查数据及统计分析方法；工作质量信息；工程质量信息，包括材料设备合格证、试验报告及检测报告，分项工程、分部工程验评表，单位工程质量核定表，竣工验收记录等。

（4）安全管理信息

安全管理信息是指与工程项目安全有关的各类信息，主要包括安全施工方案、安全用品质量检验记录、大型施工机械检测报告、安全教育培训记录、安全检查记录、安全隐患登记、复查整改记录、安全事故处置方案与记录等。

5.2 工程项目信息复杂性

工程项目的每一个子系统或主题都处在与其他子系统或主题相互作用进而构成的一个系统环境中，在此之间形成了繁复的信息流交互。工程项目信息复杂性是指在信息产生、传递及处理等一系列交互过程中，由于各方基于利益产生的竞争协同，从而对工程项目管理造成的复杂性。自工程项目设计阶段信息的产生开始，便涉及众多不同的项目参与方及各个不同利益主体，从而产生了各种复杂的合同关系。在不同参与方之间、工程项目全生命周期不同阶段和不同组织流程之间，信息互用性和共享性随着工程建设项目的进展而逐渐增强，使得信息复杂性也逐步增加。

5.2.1 工程项目信息复杂性特征

通过对工程项目信息的影响因素的研究，归纳工程信息复杂性主要特征有以下7点，即信息来源广泛、信息数量庞大、信息类型复杂、信息存储分散、信息动态性、信息应用环境复杂、信息不对称。

（1）信息来源广泛

工程项目信息主要来自项目系统内部的业主、设计单位、承包单位、施工单位、供应单位、销售单位、监理组织等多个利益相关方以及项目系统外部的政府、银行、税收、区域环境、社会文化、市场状况等各个因素；同时来自规划阶段、设计阶段、施工阶段、运维阶段等各阶段；还来自安全控制、质量控制、成本控制、进度控制等各个控制环节，如图5.2所示。

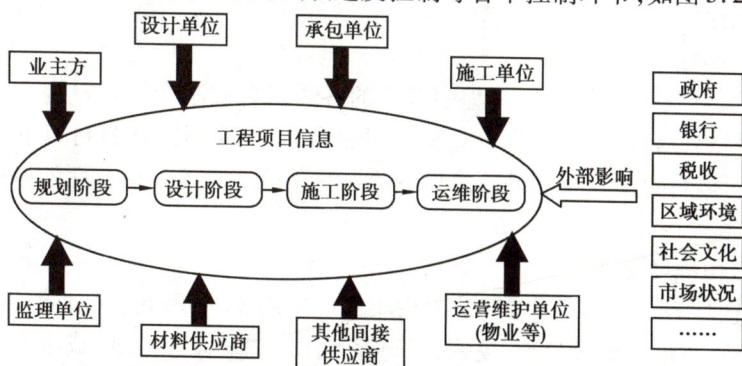

图5.2 工程项目信息的直接来源与外部影响

对于信息的不同来源,参与各个阶段的项目合作方往往有着迥异的自身文化、行为模式和偏好。项目一次性的特点使各参与方之间缺乏必要的了解,极易产生对其他参与方的行为预期的偏差和沟通的障碍。

(2)信息数量庞大

现代工程项目规模大、涉及面广、协作关系复杂,在工程项目的管理中,工程参建方对信息在不同时期有不同的需要,由于侧重点的不同,使得不同的规范信息行为产生。因此,在工程项目管理过程中往往涉及大量的信息输入,尤其是复杂工程项目及大型复杂工程项目群,其信息数量呈现指数上升的趋势而不断增加。基于庞大冗杂的信息输入,项目活动会产生大量的信息输出,信息量随着复杂性呈现指数增长。因此,利用计算机系统对复杂建设工程项目信息进行记录,即实现信息电子化是十分必要的。

(3)信息类型复杂

作为一项集体活动,工程项目的规划、设计、施工及运营维护阶段涉及几十大类的参与方和利益相关方,包括但不限于业主、设计单位、政府工程师、建筑企业、消防部门、政府主管部门,甚至是环境保护部门等。由于当前技术限制,没有一个通用的应用软件,并且在工程前期各方存在信息壁垒,有时也没有针对工程项目的全生命周期管理形成明确的软件使用要求。因此,不同参与方基于人员能力和自身条件,很有可能采用不同的通用或专业软件辅助完成协同作业,而不同的软件往往具备专属的储存工程信息的专用格式。工程信息中大部分信息都属于非结构化形式的信息,根据前文对信息的分类,这些信息可以按多种形式进行分类,类型十分复杂。建筑行业中常用的文件格式有文本文档格式,如 TXT、DOC、XLS;图像格式,如 JPG、PIC、PNG;二维向量格式,如 DXF、DWG、AI、EMF、IGS;三维表面和形状格式,如 3DS、DWG、DWF、PDF、OBJ。此外,当前大型复杂工程项目的不断增多推动了更多的工程管理软件的发展,在未来的工程信息管理过程中还可能有更多种类的文件格式,使信息的类型复杂特征进一步发展。

(4)信息存储分散

工程项目涉及的参与方,甚至不同项目阶段的参与方都可能不尽相同。工程项目有自己的总体目标与要求,由于专业和社会的分工,不同企业承担工程项目的不同任务,造成了项目组织的分割、组织目标不一致和组织责任的离散现象。项目参与方之间由于阶段控制目标往往会针对自己所在方进行信息的处理工作,并因为项目目标不一致而必然产生信息壁垒。信息存储分散,但不同参与方、不同过程之间的信息依赖度和相关度的增加,导致了信息复杂性的增加。

(5)信息动态性

工程项目是一个动态的过程,过程中涉及的各类信息如法律、法规、规章、技术标准、规范、设计图纸、材料设备的市场价格等会实时更新完善,更新后的信息可以继续供下一阶段使用,同时,也可以将更新完善后的信息反馈给上一阶段。对信息动态性的有效控制是信息管理的重要内容。

(6)信息应用环境复杂

同样的信息对不同的部门及参与方有着不同的应用要求,因此,要对同一信息进行相应要求的信息处理,对信息进行分类、提炼、编码等工作。如对设计图纸,成本部门需要确认使用的材料编制大概预算,施工人员需要注意工艺细节,而营销部门则可以根据设计图纸对卖点进行具象化的确定,可以说各个部门对同一信息的关注点不同,使得一类信息往往具有便于不同部门理解的不同形式,从而增加了信息的复杂程度。

(7)信息不对称

信息不对称在工程项目中是一个普遍现象,工程信息协同的过程就是信息通过管理从而能够及时地收集、流畅地传递、准确地发送给信息需求者,降低信息不对称性的过程。当代信息共享网络平台的搭建,为信息集成、组织协调工作提供了便利,但尽管依托计算机技术和网络技术,信息反馈机制仍存在许多不足,产生不足的根本原因是网络平台和原始信息的获取和录入方式仍然需要通过"人"这个基本单位实现。因此,信息共享平台只能作为技术手段,减少人们"愿意",减少信息的不对称部分。

信息的不对称产生了大量的延迟信息、夸大信息甚至虚假信息,这些信息在传播、使用中往往需要额外补充、纠正,加速了信息繁殖增长。此外,基于失真信息所作的不当决策也会产生大量的更正信息。如此循环往复,信息不对称性逐渐放大。在大型复杂工程项目群组织建设中,由于组织的大型化和复杂化,信息的不对称性体现得更为明显。

5.2.2 工程项目信息复杂性程度影响因素

根据之前学习的内容可以了解到,信息复杂性是基于很多信息特征的,而对于一个具体工程项目,影响信息复杂性程度并直接影响工程信息管理难度的是该项目的信息获取程度、信息处理水平和信息传递能力。

(1)信息获取程度

信息流的分布在项目的不同阶段而不同,信息的交织会对项目产生不同的影响,信息分布区域、密集程度、呈现方式都会随着项目的进展和实时变化情况而发生变化。信息的来源广、数量大、类型杂等复杂特点使信息的获取难度大幅增加。信息获取程度可以从信息的完整度、准确度、及时性等多个方面进行评判。面对不同的信息获取程度,管理人员需要有的放矢地通过市场调研、现场考察、预审、后审等方式获取和调控信息,掌握的信息越多,对项目情况的判断就越准确。

(2)信息处理水平

建设项目涉及面广、周期长,而信息的存储分散、类型复杂加大了信息分析处理的难度。信息的处理水平是项目信息复杂度的一个影响因素。如何快速、高效地对信息进行相应的处理,使信息内容能够发挥最大价值,在工程进行过程中遇到突发事件能否快速响应和应急处置是考验信息管理人员能力的一大重点。提高信息处理水平,能降低一部分信息的复杂程度。

(3)信息传递能力

由于工程项目受到各种外部因素的影响,项目及其任务与外界环境随时进行着物质、能量和信息的交换。项目在实施过程中会不断受到内部因素和外界因素的影响,快速和通畅、信息的透明和共享等信息传递能力会影响项目的复杂性程度。

5.3　工程项目信息复杂性管理

工程项目信息复杂性管理是针对信息的复杂性特征和复杂性影响因素,对工程项目信息的收集、整理、储存、传递和应用等一系列实务工作的总称。其根本作用在于为各级管理人员及决策人员提供所需要的各类信息。

5.3.1　信息复杂性管理的内容

工程项目信息复杂性管理主要分为信息的确定与采集、信息的传递、信息的处理、信息的应用和储存 4 个方面,其管理意义如表 5.2 所示。

表 5.2　工程项目信息复杂性的管理意义

管理程序	管理意义
信息的确定与采集	信息管理的依据,反映信息源的原始性与分散性
信息的传递	信息管理的核心内容,反映信息量及其广泛性
信息的处理	信息管理的加工手段,影响信息管理的正确性
信息的应用和储存	信息管理的最终目的,反映信息在管理中的价值

（1）信息的确定与采集

但凡和项目相关的信息,都需要管理人员对其进行准确采集,信息的采集要达到完整而全面的效果。因此,要建设合理的规章并依据各项条例的需求,由项目负责人带头,明确信息的管理职责,在必要的时候,设立专职部门或专职人员进行信息的采集工作。

（2）信息的传递

工程项目信息传递要遵循项目管控规定及项目组织和工作有效开展,在传递时要注意项目内部的协调工作。信息传递最重要的内容是维持传递通道的通畅性,信息共享的完整性、准确性。信息传递能连接各部门及不同层级的信息,使其保持一致性,防止管理人员由于远离现场信息而降低控制根基,缺失决策依据和调整基础,出现"空口说白话"的现象,导致工程建设项目无法正常运转。

（3）信息的处理

依照管理原则,从使用目的出发对采集到的初始信息进行解析、调整并进一步完善,得到可保存、可使用以及有价值的信息档案即为信息的处理。建设方所收集的信息要经过系统方式进行处理后,才能整合、移交项目负责部门,起到信息筛查、目的导向的作用。需要注意的是,在信息处理之前,要注意建立高效可行的系统方法验证采集信息的正确性、资料的完整性、收集方式的可行性等性质。

（4）信息的应用和储存

筹建完整的数据中心是工程项目信息存储的重点。在工程建设的全生命周期,各类数据信息均要以合规的方式汇总存档。信息的存储方法可以依照项目特点和内容自行归纳,例如既能够依照工程来进行归纳,也可以通过数量、品质、规章、完成度进行归纳。对处理完成的信息文档,能采编成文档的就要采编成文档,能组装成册页的就要组装成书册,最后按照规定的方式建档完善,帮助项目处理和管控等环节的应用。

5.3.2 信息复杂性管理存在的问题

从信息复杂性管理内容出发,对项目管理中各环节主要存在的问题进行总结,主要有工程信息严重流失,工程信息互用性效率低下,工程信息交流方式落后,建设过程中参与方之间的"信息孤岛",工程信息关联性差、无法有效集成 5 个部分。其中,在项目的传播过程中体现的问题最为严重。

(1)工程信息严重流失

传统建筑业通常采用独立式或阶段性的管理方式,因此,工程项目信息在传递时,会在短暂的过渡阶段产生严重的流失现象,导致各参与方之间存在不同程度的交流、沟通缺失,妨碍了各方的良好协同。除了管理方式产生的信息丢失问题,人为失误也在信息传递过程中时常发生。例如,当前还不能全自动进行信息管理的非结构化信息,在操作过程中就可能由于人员粗心大意或者不熟悉软件操作等偶发原因,造成输入错误信息或重复输入,产生工程信息缺失。

(2)工程信息互用性效率低下

不同阶段工程项目信息的"割裂性"使信息共享的有效性受到了限制,缺乏了对信息标准化和协同分析,造成了工程信息互用性效率低下。互用性效率低下导致信息需要方要额外花费大量的时间和费用对信息进行分析和利用。在工程建设项目中,各阶段关注的管理任务常忽视与上阶段的有效衔接以及与下阶段的价值延续。信息共享使用的局限性还会让规划、设计、施工和运营维护阶段缺乏有效的沟通手段和方法,信息传递过程变长,很难对工程进行动态化管理,造成工程信息的不全面和传递的低效。例如,勘察信息要供设计阶段工程师使用,因此,应当考虑其实际需要编制信息,以此增加信息的传递效果,降低重复勘察或后续设计资料不足的返工现象。

(3)工程信息交流方式落后

传统的信息交流方式主要有两种。一是点对点的形式,这种交流方式无法避免会在一系列转述的过程中产生误解和错误,也使得时间延滞,无法保证每个参与方之间都存在有效沟通。二是开展工程会议的形式,这种交流方式增加了各方的参与成本,难以实现各参与方实时分享动态化信息的要求。工程的建设作为动态的过程,对工程信息实时性的把控可以给企业带来巨大的利益,传统的信息沟通方式不能及时将变更后的信息传递到相关参与方,容易产生信息冲突和错误,影响后续阶段建设的正常进行。

(4)建设过程中参与方之间的"信息孤岛"

各参与方都会产生和拥有一些项目信息,但参与方之间基于利益的相互博弈,让信息各为所用,导致了工程项目信息在参与方之间的离散性。这样的离散性即"信息孤岛",会使项目决策、建造和运营与维护 3 个阶段之间信息的共享渠道断裂,形成阶段隔离,最终导致各方在实际工作中的工作界面冲突、工序衔接冲突及设计遗漏与专业冲突等实际问题。

(5)工程信息关联性差、无法有效集成

因为没有统一的信息管理平台且缺乏统一标准,目前工程信息管理中,创建、传递和共享信息多采用参与方各自的信息管理系统,这种信息管理系统数据异构性强,资源共享率很低,使工程信息不能有效地关联集成,其格式兼容性也增加了软件与软件之间、软件与人工之间不能实现信息动态关联的可实现性。举例来说,土建和安装图纸之间没有关联性,导致经验相对没有那么丰富的技术人员很难发现其中存在的矛盾和错误的信息,后续也需要通过人工修改的方式在其他各层面进行修复操作,这种情况导致工程项目的成本增加,引起信息的二次传递错误的可能性。

5.4 面向工程项目信息复杂性的协同技术

现代工程的规模不断扩张,存在单位多、联系复杂、沟通网络交错的特征,只有让项目的多目标、全过程的各类信息在参与方之间沟通共享的效率提升,才能促进工程项目效益的实现,这也意味着信息协同的管理需求得以增加。在工程项目管理手段上,为了满足现代工程项目建设和管理的需求,需要借助先进的协同技术实现信息管理,从而保障项目的顺利实施。

结合5.3.2中对信息复杂性管理问题的分析,当前应用最广泛的解决方法是开发统一信息协同软件,标准化处理项目信息,协同化管理各方关系,让业主、承包商和供应商之间,各职能部门和人员之间,政府部门和社会组织之间都能在一个统一的信息平台获得沟通渠道,加强互用性效率,减少沟通壁垒。工程项目信息管理系统对项目各方的信息进行集中管理,并共用数据库和文档系统,使各方对公开信息能够快速获取,降低由于信息壁垒带来的双方博弈成本。传统的点对点信息交流与基于协同软件的信息交流方式对比,如图5.3所示。利用网络技术,项目参与方可以应用权限,浏览、更新或创建统一存放于中央数据库的各种信息,为工程项目信息提供开放、协同、个性化的环境,从而实现共享与传播。

图5.3 传统的点对点信息交流与基于协同软件的信息交流方式对比

5.4.1 建筑信息模型

1)BIM 技术概述

建筑信息模型(Building Information Modeling, BIM)是以工程项目相关的信息作为模型基础,通过数字信息仿真模拟建筑物真实信息的建筑模型。根据美国国家标准(NBIMS)对BIM 的定义,BIM 被认为是工程项目的物理和功能特性的数字化定量表达。作为共享的知识资源,模型能够完美一致地表现项目的信息,为工程项目从立项概念到拆除回收的全生命周期的各种决策提供可靠依据;在不同阶段,各不同利益相关方通过在 BIM 中对信息进行输入、提取、更新和修改的方式,完成各岗位的协同作业。BIM 的出现,让工程技术人员对建筑信息作出正确的理解和高效的应对,为建设行业工程项目协同管理提供了技术平台,尤其为复杂工程项目中协同管理的顺利进行奠定了基础,在提高效率、节约成本和缩短工期方面发挥了重要作用。

BIM 通过建立虚拟建筑三维模型,以三维数字技术为基础核心,是数字在建筑工程中的直接应用。BIM 是基于 CAD 技术发展而来的多维模型信息集成技术,从诞生到现在,业内研究人员一直在积极开拓基于 BIM 平台的新应用场景。

2)BIM 技术特性

根据 BIM 20 多年的技术发展和论证,BIM 作为基于可视化建筑信息模型的信息集成和管理技术,具有不可比拟的技术特性和先天优势,主要包括以下几个方面。

(1)可视化

可视化即"所见即所得",对工程来说,可视化的应用非常重要。线条描绘的构建信息作为表现形式,在当前建筑形态各异、复杂造型层出不穷的建筑行业,显然是对从业人员的一大挑战。BIM 提供的可视化思路,能将设计以三维立体图形展示在人们面前。从前,建筑行业也能够形成这样的效果图,但大多需要专业效果制作团队通过对简单线条图纸进行识读制作,成本高昂,且构件之间缺少反馈和实际应用意义。

(2)集成性

BIM 能够实现贯穿工程项目全生命周期的集成性、一体化管理。一个工程项目往往涉及决策设计、主体施工、给排水、暖通管线、运营维护、维修拆除等多个程序;在整个过程中涉及咨询公司、设计院、业主、施工总包、施工分包、施工监理等各个单位;资料种类繁多,来源渠道广,不同阶段会产生不同的但又有关联的资料信息,总之信息的集成具有多层次、多渠道、多环节等特质。BIM 能够通过计算机三维模型的数据库将这些资料集于一身,统一管理。

(3)模拟性

BIM 具有强大的模拟作用,模拟不仅能模拟设计的建筑物模型,还能对现实世界无法操作的模型进行模拟。例如,在设计阶段可以对节能节水、紧急疏散、季节日照、热能传导等过程进行模拟,并作为设计依据对设计进行调整;在招标和施工阶段可以进行 4D 和 5D 模拟实际施工,从而确定合理的施工方案及成本控制方案等。

(4)统一性

由于工程项目信息来源复杂,格式难以统一,导致很长一段时间工程项目信息化管理进展不佳。BIM 完全围绕工程项目模型信息开展,可囊括项目从设计到建成使用,甚至使用终结的全过程信息,且信息质量高,格式统一,便于未来的调用或进行其他的优化模拟试验。

(5)海量性

工程项目规模的大型化使工程项目的各个阶段都会产生大量的信息。一般规模的工程信息量接入都采用纸质文件,难以量化,这无疑增加了管理上的难度。而 BIM 将工程项目的信息数字化,包括工程项目全生命周期所涉及的所有信息,且随着工程项目不同阶段对模型进行不断更新。

(6)关联性

BIM 的应用原理就是对模型中相关的信息作出定义,把具有关联性的信息协同设计。业主可以说是 BIM 技术的最大受益者,在项目早期的模拟、对比、分析中,业主可以利用 BIM

确定最佳的建设方案,起到节约资本、保证工程进度的作用,还可以为竣工后的运营、维护、管理提供有效的数据支撑。

（7）全面性

BIM 的应用领域由地下延伸到地上,包括建筑物、构筑物和线性基础设施。BIM 有能力储存工程项目的所有信息,整个建筑工程项目的相关信息、工程项目的前期设计文档、施工过程中的文档、运营维护的文档都存储在集中数据库中,所有信息实现电子化、关联化。工程项目全生命周期的各个阶段的管理,BIM 都有相应的应用手段进行管理对接。BIM 适用的工程项目范围如图 5.4 所示。

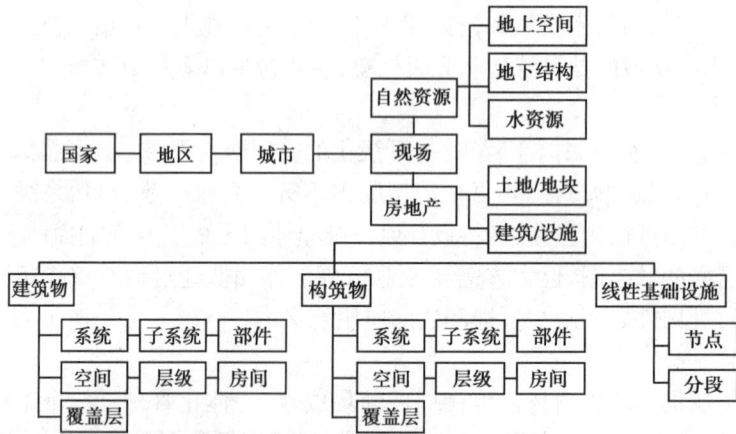

图 5.4　BIM 适用的工程项目范围

3）BIM 技术应用架构

基于 BIM 管理的应用,平行承发包模式下 BIM 管理参与设计—招标—建造信息流程如图 5.5 所示。

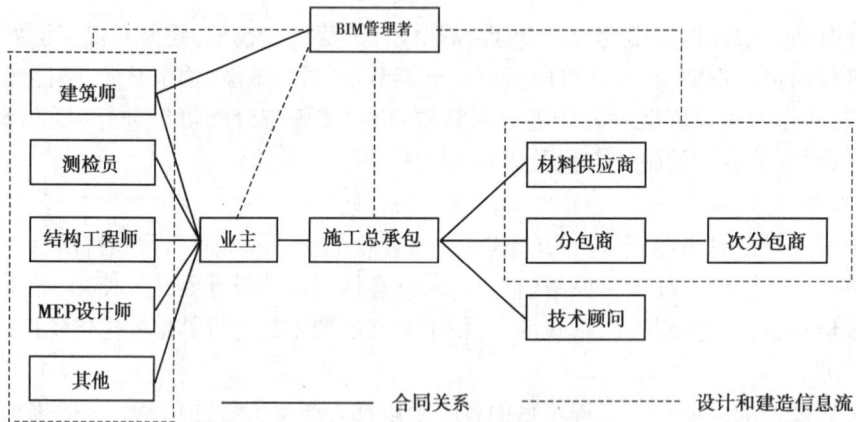

图 5.5　BIM 管理下设计—招标—建造信息流程图

由图 5.5 可知,BIM 管理者与施工总承包企业之间没有合同约束关系,与施工现场各参建方有设计信息和建造信息的传达路径;但是现场各参方建彼此之间没有约束作用,仅依靠管理人员的协调沟通了解建设信息。该模式较好地体现了协同的思想,但是 BIM 管理者作为项目协同者工作量会十分繁重。此外,国内没有统一的 BIM 标准和 BIM 管理的施工合同。此外,如果考虑软件本土化、前期投资及人员培训等问题,BIM 管理也难以在短时间内大面积推广。

4)BIM 主要功能价值

BIM 自 2003 年引入我国建筑行业工程项目管理以来得到了迅速的发展,越来越多的工程项目,尤其是大型复杂项目对 BIM 的应用十分普遍。利用 BIM 能够实现项目全生命周期过程中各专业信息的集成,并且能依照实际情况对信息进行及时更新,促进各参与方的沟通、交流,有效地保证了项目协同管理的正常实施。

采用 BIM 的项目主要在可视化展示、冲突分析、建设管理、全寿命期分析及设施维护等过程中发挥优势,如表 5.3 所示。

表 5.3　BIM 的主要功能及优势

功能	功能说明	优势	优势说明
可视化展示	通过 3D 模拟建筑模型的制作和渲染效果,能够达到身临其境的效果	改进工作方式	利用 BIM 技术减少了由于交流不充分带来的一些不足和壁垒问题,沟通与协作更加便捷有效,提高决策效率和水平、减少重复劳动,为新技术、新工艺的实施提供有效帮助
冲突分析	对工程的各个专业之间的冲突进行检测,减少返工		
建设管理	工料估算、工程施工管理、指导先进的施工方法、协助进度管理的整个过程	缩短工期优化成本	利用 BIM 技术改善传统的建设项目管理模式和实施流程,通过加强伙伴协作、建筑工业化、优化供应链等方式,缩短工期与二维 CAD 相比,在资源配置方面省时、省力,更加精确
全生命周期分析	舒适度分析、耗能模拟分析、生命期成本控制、环境评估等	提高成果质量	在项目建成之后,对项目的各项性能指标进行检测,实现可持续
设施维护	对建筑物中的设备等进行有效的检修、管理等,提供相应的性能报告,尽可能地增加其使用寿命	方便运营管理	在竣工之后利用 BIM 技术仍能够进行实时跟踪,帮助有效解决投入使用后出现的问题

针对工程项目信息管理问题,BIM 的价值主要体现在以下几个方面。

(1)减少了工程信息的流失

BIM 很大程度上减少了工程信息的流失,保证了信息的完备性。首先,信息是随着时间逐步积累的,如图 5.6 所示,针对工程信息流失严重的特点,BIM 减少了信息在各阶段的遗漏和重复收集的过程。其次,BIM 构建的数字化三维模型中对工程对象进行了 3D 几何信息和拓扑关系的描述,每一个构件都集成了应包含的几何尺寸、造价、材料、供货商等信息,作为程序计算的依据,通过自动计算提供查询者所需要的处理信息,这为绿色环保设计奠定了基础。最后,在工程运营与维护阶段,BIM 还可以累积项目信息,从而将信息价值利用发挥到最大化，实现数字化的空间管理、资产管理、能源管理、设备管理和应急管理。

（2）提高了信息互用性效率

基于工程项目全生命周期，BIM 的核心就是信息的高效共享与交互应用。因此，依托于 BIM 技术开发的各类应用软件，一般都支持针对 BIM 技术制定的数据交换标准——IFC 数据交换标准或其他 open BIM 数据格式，即具有良好的公开性，数据描述的全面性，能够实现不同 BIM 软件之间的数据转换，提供了交互操作性的开放式协作作为支撑，保证了数据传输的稳定性。因此，在进行工

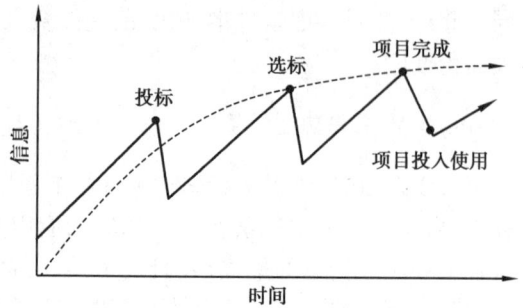

图5.6　各阶段的信息累积示意

注:实线表示传统建筑业信息在不同阶段传递时的信息遗失和重新获取，虚线表示基于 BIM 的信息累计。

程信息存储、交换和共享的过程中利用 BIM 可以流畅地实现信息的交互。工程全生命周期主、客体工程信息传递及互用如图 5.7 所示，工程信息在工程项目全生命周期是一个循环的过程，在不同阶段，任何参与方都可以从 BIM 信息库中取得所需的工程信息，从而达到工程全生命周期信息集成、管理组织信息集成、工程产品信息集成三大集成，增加工程信息在不同客体、不同阶段的互用性效率。

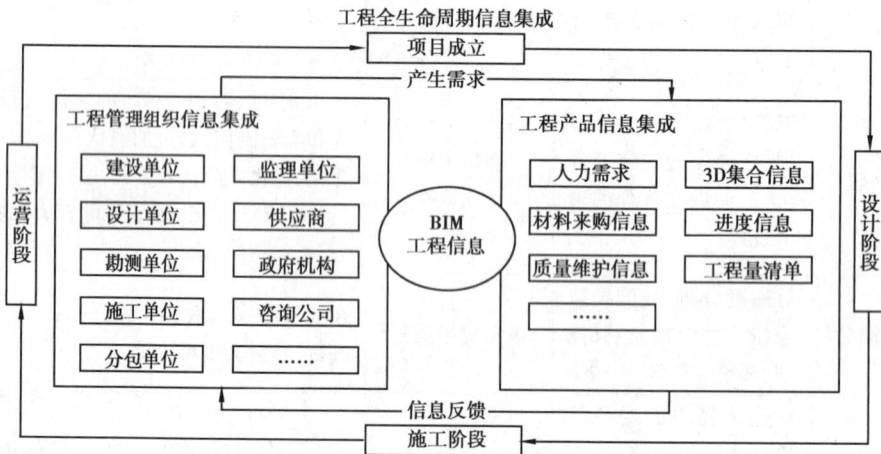

图5.7　工程全生命周期主、客体工程信息传递及互用

（3）提供新的沟通方式，减少各方信息冲突

基于 BIM 的多维 CAD 软件设计的基本元素不再是二维 CAD 中的点、线、弧、图块等基本几何图元，而是墙、门窗、梁柱、管线、设备等建筑构件。BIM 数据库中存储的数据具有可精确计量的特点，与工程相关的信息都可以为工程提供精确、完善的数据后台的稳固支撑，三维的立体图和透视图，可以进行直观的碰撞检查，及时发现设计中的空间冲突，实现建筑、结构、给排水、暖通空调等机电安装专业间的协同，减少专业冲突，消除专业隔阂。

（4）有效集成相关信息的功能实现

传统建筑行业根据 CAD 图纸进行施工的模式的弊端是显而易见的，通常会因为某一处的变更而需要投入大量的人力、物力和财力进行修改。借助 BIM 及相应软件提供的 5D 关联数据库，可以准确且快速、精准地计算工程量，并根据提供支撑管理所需的数据信息进行实时的协同修改和有效集成，也就是修改后仅需少量的工作甚至全自动便可实现工程量、成

本、施工组织等内容的快速调整。如此一来,BIM 利用其快速算量、提升精度的特点,提高了工程项目不同阶段、不同参与方之间信息的利用效率,从根本上减少了成本,增加了建设工程的利润。

(5)工程项目信息价值的充分利用

工程项目具有持久和不可逆的特点,一旦项目开始实施就意味着大量的、不可逆的资源投入,实现精细化管理是最大化工程项目利益的一大措施。而限制企业实现精细化管理的根本原因是管理人员难以在海量的工程数据中快速、精准地获取重点信息支持决策计划,导致经验主义的盛行。BIM 的应用使这个问题迎刃而解。首先,相关管理人员可以利用 BIM 固定路径高效地获取工程基础数据,制订良好的人材机计划,从根源上减少资源环节、物流环节和仓储环节造成的不必要的支出及资源浪费,为实现限额领料、消耗控制提供技术支撑。其次,BIM 的数据库可以实现任一时点上对工程基础信息的快速获取,通过合同、计划与实际施工的消耗量、分项单价、分项合价等数据的测算对比,可以有效地了解项目运营的盈亏情况,消耗量超标情况和进货分包单价是否受控等问题,实现对项目成本风险的有效管控。

5)BIM 技术代表性软件

当前主流 BIM 管理平台产品如表5.4 所示。

表5.4　当前主流 BIM 管理平台产品

提供平台的企业	主流 BIM 管理平台产品
Autodesk	Revit、3DSmax、Lumion、Showcase、Maya&Rhino、Ecotect、Green building studio、Navisworks、Recap、Inventor Cicil 3D
Dassault systems	Catia、Digital project、3Dvia 系列、Delmia
Bentely	AssetWise 技术平台系列、Microstation 技术平台系列、ProjectWise 技术平台系列
鲁班 BIM	鲁班 BIMworks 系列、鲁班算量系列、鲁班 BE-BIM
Tekla	Tekla structures、Tekla BTMsight
广联达 BIM	广联达 GBIM-5D、广联达审图、广联达算量系列
Nemetschek	Archi CAD、Vectorworks 系列、Virtual Building xplorer、Allplan 系列

5.4.2　物联网

1)物联网技术概述

1999 年,物联网(Internet of Things, IoT)的概念被提出,近几年取得了突飞猛进的研究进展,对建筑行业管理体制的革命提供了技术支持。依托物联网技术,智慧建筑得以实现;同时,将智能技术与建筑进行紧密联合,为人们对建筑整体的管理和控制奠定了基础。可以说,物联网技术是在现代信息技术、传感技术等基础上,将具备智能特征的设备以一个互联网环境串联起来,以"物联"为核心,形成的一种新型网络控制模式。

物联网要建立以"物联"为核心的新型网络控制模式,在建筑领域的具体实施中,指的是在建筑物上构建相应的信息标识,这些标识可以被传感器识别,从而使静态物体能够连入互联网,实现新的应用意义。建立的电子化标识将作为网络媒介,通过无线网络连接建筑物本身和物联网环境,从而实现智慧建筑的综合管控。智慧建筑的管理者能通过在控制终端的简单操控,对建筑内的具体事物发布指令,指令沿着无线网络的路径传输到电子标签,最终完成对控制管理指令数据的接收、解析和运行,完成物联网环境中的建筑管控目标。

在工程项目的实施中,优化建筑设计、改善施工流程和管理建筑运营也能通过物联网技术利用实时数据来实现,达到控制建筑的环境影响和增强项目可持续性的目的。物联网的应用经历了一系列的发展过程,最初,物联网通过控件,即传感器实现房间温度调节、电功率测量和加热通风制冷等功能;后来通过自动控制,即可编程的逻辑控制器(PLC)的应用能更准确地控制建筑物环境,节省能源的同时提高居住舒适度,并在应用过程中减少了由于信息来源广泛、实时动态化等信息复杂性所带来的管理难度,同时也降低了信息传递过程中的不对称和信息流失;现在,物联网设备通过 UIDs,即具有唯一标识符号的设备对实时数据进行跟踪和收集,建筑的管理者能够根据这些数据来进行决策,已经达到可以精确管理的目的。

2) 物联网系统架构

目前设想的物联网在智能应用的最终目标是能够实现构件在各种情况下的连接,使人类对物理世界能够有全面的感知力、透彻的认知力和智慧的处理力。如图 5.8 所示,物联网架构通常由感知层、网络层和应用层 3 个层次构成。各层之间,信息往往不呈现简单的单向传递规律,而具有交互、反馈、控制等环节。通过物联网传输的信息丰富多彩,最重要的是基于物理世界的物品信息,如特定应用系统范围内能唯一标识物品的识别码和物品的静态与动态信息。

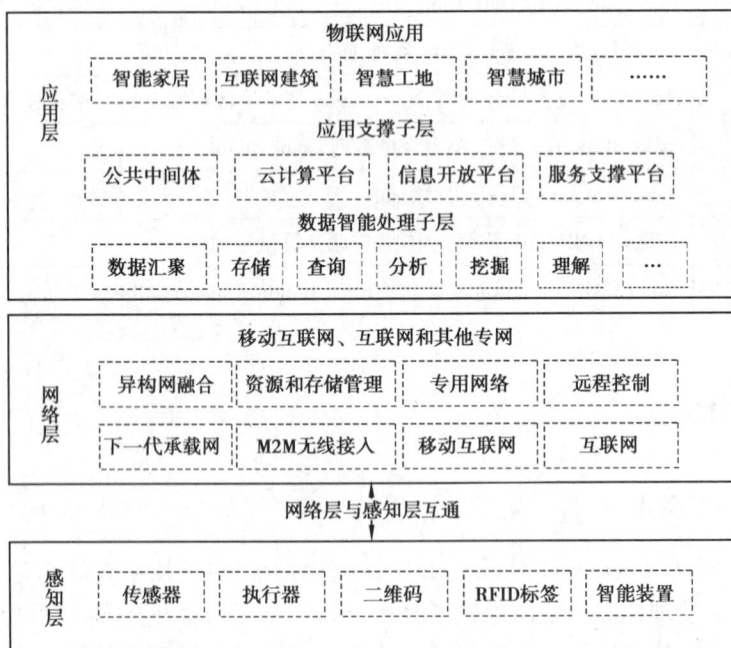

图 5.8　智能建筑物联网架构

（1）感知层

作为物联网系统的核心,感知层完成的是整个系统的关键工作——信息采集,信息采集初步解决了人类世界与物理世界的数据转换和获取的问题。就如同我们使用皮肤、五官感知外部世界一样,感知层就是物联网的皮肤和五官,即各种传感器、执行器、二维码和识读器、RFID 标签和读写器、摄像头、GPS、M2M 终端、传感器网关和智能装置等设备,凭借它们的"视觉、嗅觉、听觉、味觉和触觉"来感知外部世界,起到物体识别和信息采集的作用。此外,智能建筑的接口还有各个智能子系统的执行器和传感器。检测技术和短距离无线通信技术作为当前感知层的关键技术,支撑了感知层的应用理论发展。

（2）网络层

网络层也被称作传输层,相当于人类中枢神经的功能,解决的是将从感知层获得的数据如何在一定范围内进行传输的问题。通过传感网络结合互联网、4G/5G 移动网、专网等现有网络混合的结构体系,应用统一通信协议,在该层实现了数据的进一步处理和传送。该层内具有很多的物联网节点,这些节点是具有数据转发功能的"内在智能"网关,不同物理世界的物体连接的感知层传感器就是通过这些节点接入互联网中,再与其设定好的云端服务器进行互联互通。网络层主要应用的理论技术,包括长距离通信技术等。

（3）应用层

应用层是信息实际应用的最终环节,它解决的是信息最终处理和人机互动的问题。简单来说,物联网发展的根本目标是提供丰富的应用,应用层的主要意义就是利用经过分析、处理的感知数据,为用户提供丰富的特定服务,也就是整个物联网系统应用的最终目的。物联网的应用层能针对不同用户和行业,提供合适的管理平台和运行平台,从而作为物联网和用户的接口实现准确的智能化精细管理。

应用层按照功能可以看为 3 个子层,分别为应用支撑子层、数据智能处理子层和各种具体的物联网应用。应用支撑子层为物联网应用提供通用的支撑服务和能力调用对应接口;数据智能处理子层是实现以数据为中心的物联网开发技术和核心技术,包括数据汇聚、存储、查询、分析、挖掘、理解以及基于感知数据决策和行为的理论与技术;具体的物联网应用除了实现人机交互外,还能将实时、非实时物联网业务数据汇总后存放到数据库中,方便后续数据挖掘、专家分析、决策支持和智能处理。

物联网系统的应用层也可按形态直观地划分为两个子层。一个是应用程序层,主要的功能是进行数据处理,它涵盖了国民经济和社会的每一领域,不仅包括电力、医疗、银行、交通、环保、物流、工业、农业、城市管理、家居生活等,而且包括支付、监控、安保、定位、盘点、预测等,可用于政府、企业、社会组织、家庭、个人等,深刻体现了物联网的深度信息化。另一个是终端设备层,提供人机界面。虽然作为"物物相连的网",物联网始终应当做到"以人为本",但物联网的人机交互不仅仅局限于字面意思,指人与计算机的交互,而是对人反馈于各类与应用程序相连接的设备的泛指。因此,针对工程项目管理而设置的物联网应用层,除了部署一般的 web 应用、数据库、web 服务组件等,还配置有大数据的分析平台,从而提供数据挖掘、机器学习等高级应用的算法和模型,并依照服务接口,实现如建筑节能和设备运维等多维度的建筑分析。

3）物联网主要功能价值

物联网最基本的功能价值是提供物物无处不在的连接和控制事务的在线服务,其基本功能如表5.5所示。

建筑物内的事物的各类物理参量能够通过物联网快速获得全面的感知,利用相应的技术手段实现信息汇聚、异构网络融合、决策诊断、在线控制、大数据分析,底层设备到上层应用形成一体化的服务管理体系,满足数据共享、协同工作等新需求,解决传统智能建筑的数据大量流失、资源低效利用、运维成本高昂等问题,改变了传统智能建筑运维方式,真正实现了建筑全生命周期节能、舒适、安全、健康等多目标的综合优化管理。

表5.5　物联网的基本功能

功能	功能说明
在线监测	在线监测是物联网最基本的功能,物联网业务一般以集中监测为主、控制为辅
定位追溯	基于 GPS(或其他卫星定位)和无线通信技术,或只依赖于无线通信技术的定位,如基于移动基站的定位、RTLS 等
报警联动	提供事件报警和提示,有时还会提供基于工作流或规则引擎的联动功能
指挥调度	基于时间排程和事件相应规则的指挥、调度和派遣功能
预案管理	基于预先设定的规则或法规对事物产生的事件进行处置
安全隐私	由于物联网所有权属性和隐私保护的重要性,物联网系统必须提供相应的安全保障机制
在线升级	在线升级既是保证物联网系统本身能够正常运行的手段,也是企业产品售后自动服务手段之一
领导桌面	领导桌面主要指 Dashboard 或 BI 个性化门户,经过多层过滤、提炼的实时资讯,可供管理负责人实现对全局的一目了然
统计决策	统计决策是指基于对联网信息的数据挖掘和统计分析,提供决策支持和统计报表功能

4) 物联网技术应用

物联网技术应用于建筑工程项目,就相当于给原有的静态建筑及建筑管理过程配备了智慧的"大脑",让建筑具备动态的执行能力成为可能。在传统建筑体系中,在工程项目的全生命周期内,所有的管理、控制工作包括前期准备、设计规划、项目实施及后期运维,都必须依赖人工去实践和完成,这不仅与现代建筑快速发展的目标无法匹配,其信息复杂性还大大增加了建筑管理控制的难度。利用物联网技术,可以通过全面准确地信息采集、传输、分析、处理和执行等手段,构建起现代化的智慧建筑体系,为人们提供一个高效、便捷的建筑管理渠道。

（1）建筑设施自动化控制

通过传感器获得大型建筑安全特征的相关参数,实现数据的自动采集与传输,在专业软件的辅助下,完成对大型建筑安全状况的评估和预警,实现大型建筑工程项目远程实时监控的目标。

（2）施工现场人员管理

通过物联网技术,可实现对现场人员的高速、实时的动态监控。安全帽与标签整合,可以强制进入现场人员佩戴安全帽。将工地入口的考勤及门禁设备与项目管理系统进行集成应用,能够快速采集项目劳务工人的数据信息,实现劳务实名制管理。此外,通过项目管理系统、移动终端设备,配合现场施工人员身份 RFID 识别,可定位和跟踪现场施工人员,掌握现场运动轨迹和作业区人员情况,从而让管理人员精准定位掌握非作业区或隐患位置人员情况,及时采取措施,避免安全事故的发生。

（3）进场材料和构件管理

场外模块化、建筑构件预制的运输便利性是建筑公司当前常用的方式,这样方便稍后转移到建筑工地。在预制构件的制造流程中,物联网技术的应用可以优化流程、实时监控、调整供应链,如工厂预制加工时对钢构件、风管等进行标识,通过标识读取和系统提示实现现场快速拼装,从而实现时间、资源的节约,使施工流程更具持续性。此外,对装配式建筑每个部件的设计、生产、仓储、运输、安装、运维,直至拆除进行全生命周期的质量追踪管理,保证项目建设过程的质量监督与控制。对施工过程中的物料运输、进场、出入库、盘点领料等都可以采用 RFID 电子标签,实现物料跟踪和监控。相关数据可直接进入项目管理系统中,根据电子标签中传递的信息,将 BIM 数据对比材料设备各项参数指标,检查是否满足设计要求、使用是否正确,完成对施工进度、重点部位、隐蔽工程等部位的材料设备校核工作。

（4）施工现场管理

利用安装在施工现场的前端智能传感设备可以采集视频数据、粉尘数据、噪声数据、升降机数据、塔吊数据、温湿度数据、RFID 数据、人员信息、其他传感数据,作为加工和分析的基础,发挥提升施工现场管理的作用。

5.4.3 信息物理系统

1）CPS 技术概述

信息物理系统(Cyber Physical System, CPS)是一种大型的嵌入式系统,但是又与传统的实时嵌入式系统以及数据采集系统存在着一定的区别。CPS 集成了感知、计算、通信和控制技术,以复杂系统的架构使物理空间和信息空间中的人、环境、事物形成相互映射和相互协同,以此实现系统内部的有效资源配置和实时迭代更新等功能。CPS 将通信技术与实物紧密联系起来,利用计算处理能力,使物理设备具有精确控制及远程协调功能。与物联网相比,CPS 技术还强调了控制,即利用网络化手段,通过人机交互接口进行实时的远程协作交互,实现物理进程的交互。

2）CPS 架构

CPS 的骨架和基础是系统架构。对工程项目而言,只有 CPS 满足建筑环境 CPS 体系结构,才能依靠感知获得的物理信息为基础,通过网络的实时传输和相应的分析、处理,达到对工程项目环境的控制,实现复杂信息管理的协同。

通常来说,建筑环境下构建的 CPS 架构自下而上分为 3 层,分别为物理层、计算层和交互层,如图 5.9 所示。

（1）物理层

物理层主要包含了 3 个内容,分别是物理对象、执行器和传感器。其中,物理对象是指在 CPS 中被监测或控制的对象,它可以是一个设备,也可以是一个生产过程。执行器是一种

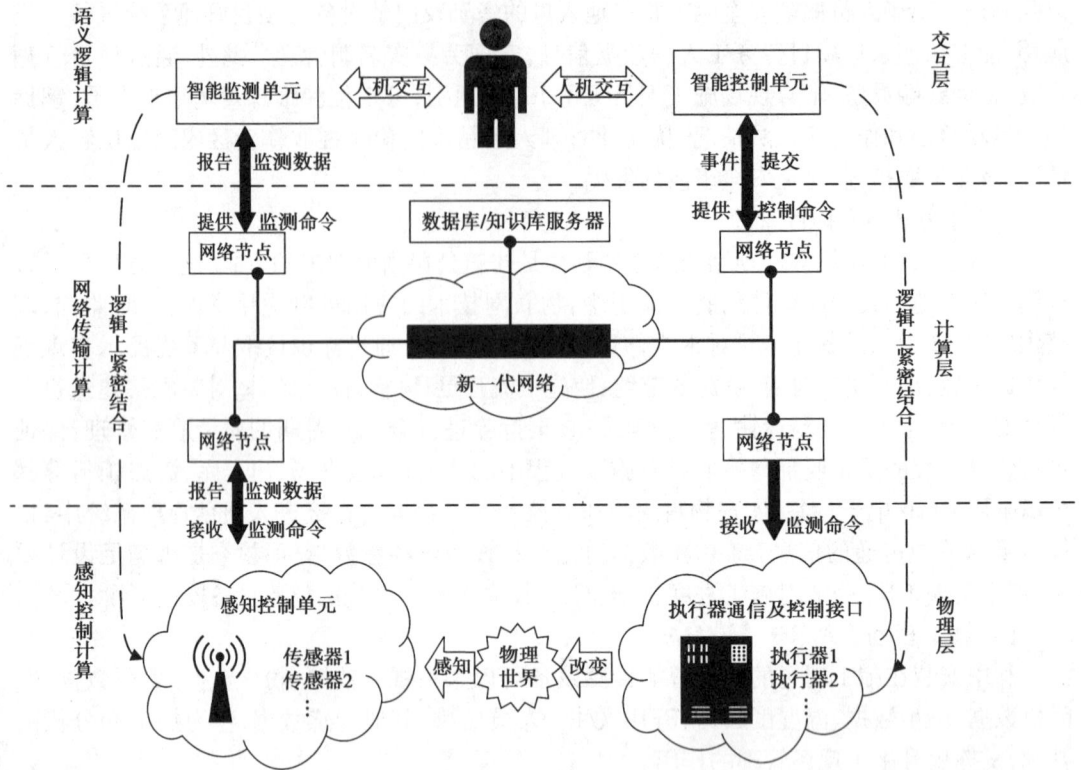

图 5.9　CPS 架构

嵌入式设备,它接收来自上层的控制指令进而操控物理对象。各类传感设备是物理层的重要构成,是系统获取物理世界信息的重要渠道。CPS 中负责数据采集的传感器主要分为两类。一类被称作定制传感器,其中包括无线传感器网络(Wireless Sensor Networks,WSN)中的微型廉价无线传感器节点和一些面向特定应用的定制传感器(如用于城市交通监测的摄像头)。另一类是人(用户)及其随身携带的集成了多种传感器(如麦克风、摄像头、GPS、陀螺仪、加速度计、地磁传感器等)的各种智能移动设备,例如现在我们生活中使用的智能手机、智能手环等。在 CPS 中,通过这两类传感器(可以统称为感知节点)的独立使用或相互协作可以实现对物理世界的状态感知。

(2)计算层

计算层是 CPS 的大脑,作为 CPS 的核心层,计算层由相应的服务器和数据库等部分构成,主要功能是利用底层上传的信息进行处理计算。因为大量的数据需要在该层进行计算工作,所以计算模块的硬件要求和运算技术是该层能够良好运行的一大重点。目前,常采用云计算技术来弥补这两点的不足。

(3)交互层

交互层也被一些学者称为服务层,是 CPS 的动作实施。交互层由便携式客户端及可视化模型构成,主要实现物理世界与信息世界的交互。其功能主要为将其他 4 层的工作情况及相应的信息通过硬件终端得以呈现,从而实现不同的目的。作为在 CPS 各层级中与人直接进行交互的层次,交互层是衡量整个系统性能实现的关键。

3)CPS 技术特性

在物联网技术发展的基础上,结合传感网络技术、系统融合技术和嵌入式技术,产生了 CPS,即信息物理系统。CPS 不完全等同于物联网,物联网实现的主要是对物理世界的感知功能和物物相连的作用,而 CPS 虽然也包括但不限于计算处理、通信、网络数据同步、实体物体控制的全部功能,在 CPS 中,人也作为一个不可或缺的组成部分。也就是说,物联网最擅长的是基于无线连接的感知功能,实现人与物、物与服务器之间的沟通、交流,而控制成分相对较少,对于大部分物与物之间不能完成通信,也不具有 CPS 的自适应性。除此之外,对于异构数据的存储功能和容错性也是 CPS 区别于物联网的一大特点,除实现信息的传递之外,其协调能力和计算能力也很强大,从而能够实现自治。

简单地说,物联网通过网络连接智能电饭煲和移动终端,那么我们在外可以通过移动终端的控制,让家中的智能电饭煲开始烹饪;通过 GPS,同样在外进行移动终端操控,家中的基于 GPS 的智能机器人就可以通过网络收集使用者的身体状况、饮食习惯、食品市场价格情况等,并依据相应的数据得出饭菜的种类,并最终实施。

物理信息融合系统不仅具有实时和高性能的主要特点,还兼顾了安全性、容错性、可靠性、自适应性、异构性和领域相关性等独特的性质。

(1)实时性

实时性不仅代表单纯的系统处理速度快,而且指在任意系统环境和应用目的中都能满足对实时性的不同响应时效要求。简而言之,CPS 的实时性是指能够通过计算机完成对系统内、外部的同步或异步事件的实时性要求作出响应的特点。

(2)安全性

CPS 的安全性需要体现在两个方面,不仅要对系统自身的安全进行保护,还要有防御外部攻击的能力。在 CPS 中,人处于辅助地位,主要由系统自主进行感知、计算、操作执行。在系统调试无误后,能够自主决策及运行,因此往往具有较高的安全性。

(3)容错性

由于在应用过程中,物理层中常常出现一些不确定性因素,可能会致使 CPS 的应用崩溃,同时,数据在 CPS 各层相互传输的过程中必然会带来一定程度的失真或随机产生的不确定因素对数据的准确性造成影响,使得最终不能达成 CPS 的应用目的。因此,容错性成为保障 CPS 正常工作的重要特性。在 CPS 中需要设定一些容错机制,从而确保在数据流失或错误的情况下,系统能够维持高效地运转。

(4)可靠性

可靠性让 CPS 能够用异构传感器从各个方面稳定地对物理环境进行实时数据采集。除此之外,在 CPS 的各种应用中对 CPS 的可靠性有很高的要求,只有满足高可靠性,才能保证在一些实际应用中,例如在智能建筑、智能交通和智能卫生健康的系统中,得到良好的应用效果。由于物理层的变化是不可预知的,在设计 CPS 时,要具备应对各种突发情况和排除系统与子系统故障的能力。

(5)自适应性

CPS 具有海量的物理设备数量,从规模上划分,GPS 甚至可以达到覆盖城市、地区甚至整个国家的广度,庞大的规模给管理带来了巨大的挑战。为了解决带来的管理难题,CPS 促使生成了融合多种技术的混合系统,即嵌入式系统。嵌入式系统能够实现计算组件和物理环境之间信息的灵活交换,能够在没人干预的情况下自主完成,具备自感知、自优化、自保护的功能,让 CPS 能够根据情况作出合适的判断和反应,实时调节系统的运行状态。

(6)异构性

作为分布式系统,顾名思义,CPS 由多种异构的通信网络、异构的计算操作系统、异构的控制系统和异构的物理设备组成。因此,海量的异构数据需要通过 CPS 处理。其软件系统本身也是由各种功能和结构各不相同的计算系统和控制系统组成,依靠通信网络结构进行相互协调。

(7)领域相关性

当前研究的 CPS 都是针对某个领域提出的相应模型,不具备普遍的适用性,因此具有一定的局限性,CPS 的构造和领域的具体使用目的有着密切的关系。

4)CPS 工作原理

CPS 的基础工作原理如图 5.10 所示,其流程主要分为感知、融合、计算、执行 4 步,其中感知是 CPS 中最基本的功能,是其他功能实现的基础。感知即利用相应的传感器与物理世界建立一定的联系,通过感知数据的分析处理还能够对执行的反馈信息作出进一步的感知,为评判系统性能提供依据。融合则是指传感器

图 5.10　CPS 的基础工作原理

为获得初始信息进行的去除冗余、融合精华的处理,为之后的计算步骤做准备。经过处理的数据信息进入计算层进行逻辑的推理和计算,为最终的执行提供判定规则和依据。最后通过执行器的控制命令,实现对物理世界的改变。

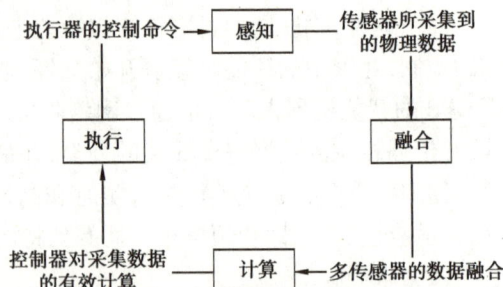

5)CPS 技术应用

智慧工地是当前最热门的 CPS 的技术应用之一。基于 CPS,可以对"人、机、料、法、环"等施工现场的关键要素进行完全感知和实时互联,映射到云端虚拟工地,从而构建出虚实融合的智慧工地。在此基础上,结合智能机械设备和应用软件等对实际的施工现场执行联动协同作业,提升作业效能,实现工程现场的精细化管控。

基于 CPS 的实施工人状态甚至现场移动和作业信息当是当今智慧工地的普遍应用之一,常见的应用方式有刷卡闸机、智能安全帽、单兵设备等;机械控制方面,目前,施工现场绝大多数机械设备,如塔吊、卸料平台等,都可以实现数据的记录、采集和分析;物料、材料方面,利用进出场的自动称重和点验环节,可以实现物料和材料的动态监测;施工工法方面,通过与 BIM 的结合,可以方便地完成各专业相关工艺、工法的模拟、优化和交底;环保方面,场地内环境的数字化记录、处理和反馈都能高效地完成,具体应用如图 5.11 所示。

5.4.4　项目信息管理系统和项目信息门户

1)PMIS、PIP 概述

(1)PMIS 概述

项目信息管理系统(Project Management Information System,PMIS)作为一种辅助工程项

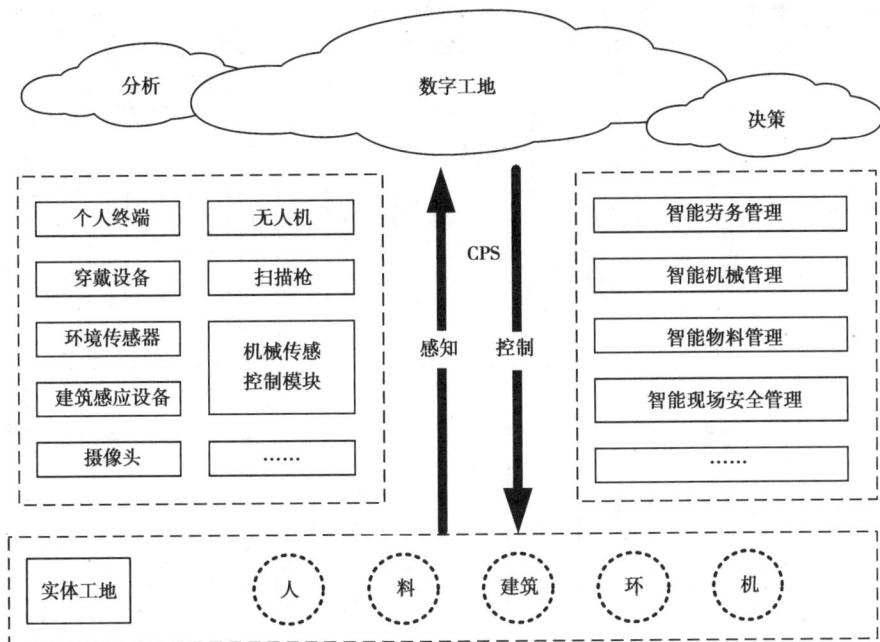

图 5.11　基于 CPS 技术的智慧工地应用

目管理的工具,在互联网技术应用于工程项目之前已经在建筑行业得到应用,能够为项目的参与方实现管控目标提供信息处理的结果和依据,也因此成为优秀管理人员必须掌握的信息管理手段之一。项目信息管理系统与企业信息管理系统有着本质区别,企业信息管理系统主要是对企业内部的产、供、销以及人员和财务进行管理,形成的支持各层决策控制和运作的人机系统。而 PMIS 则是针对项目的成本、进度、质量的偏差以及合同管理和系统维护的进程等模块进行管理并产生有效的控制效果。

（2）PIP 概述

项目信息门户(Project Information Portal, PIP)是基于网络形成的便于项目参与方信息互换、项目文档管理和协同交流的管理平台,作为一种基于因特网技术标准的、以项目组织为中心的工程项目信息管理与协同工作解决方案,具有开放、协作、个性化等特点,具有广泛的应用前景。

PSWS 模式(Project Specific Website)与 ASP 模式(Application Service Provider)是项目信息门户的两种主要模式。其中,PSWS 是指专门为单个项目而建立的网站门户,由项目主要负责单位购买其使用许可证和支持门户运行的服务器等相关硬件设施,并完成门户网址申请工作;ASP 则是指一种通用的信息门户支持服务,服务由专业的服务供应商进行提供,提供的内容不再具有项目的针对性,而是具有良好的普适性,各公司可以根据自己的需要进行使用,总体来说,由于开发成本低廉,项目主持单位需要的费用也相对较低。

项目门户网站的主要工作包括以下几个部分,首先,项目门户网站为每一个项目文件都专门提供了相应的储存空间,数字化文件从此易于整理归纳和检索,同时也不易发生信息流失。其次,项目门户网站为多方的文件传递和信息反馈提供了可靠、稳定的平台,在传递信息的同时,平台能够起到追踪信息的作用,保证关键信息的准确性。成熟、典型的项目信息门户应当包括如图 5.12 所示的七大主要功能模块。

与传统的信息存储管理不同,项目信息门户有以下三大特点:①项目信息门户的使用增

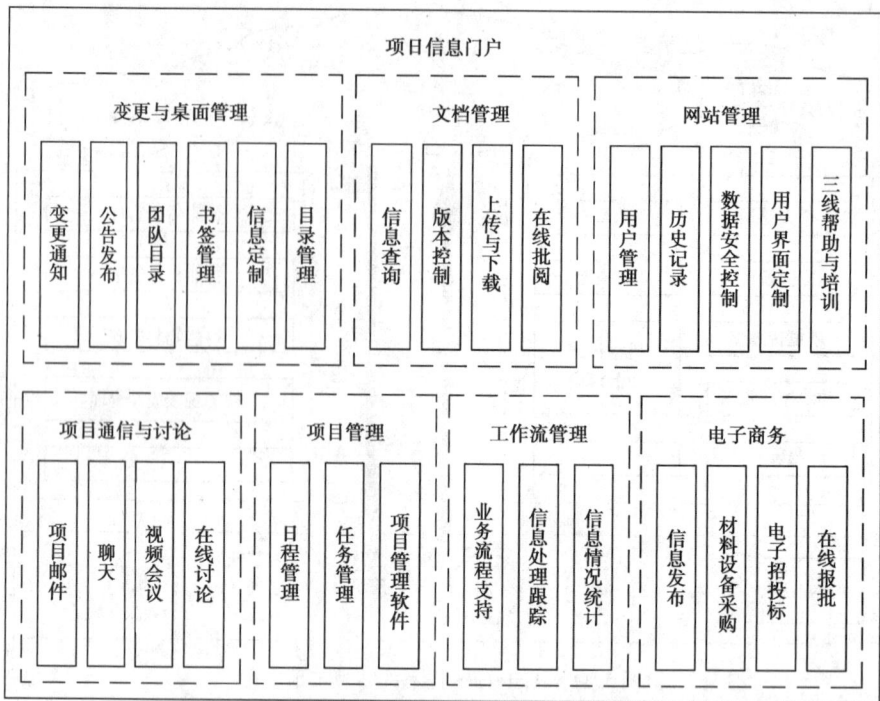

图 5.12　项目信息门户的功能结构

强了信息存储的稳定性和沟通的便利性；②项目信息门户改变了信息传递的媒介，增加了信息的获取途径，摆脱了传统信息存储方式的时空限制，有效地降低了信息流通成本，提高了信息传播的速度；③项目信息门户改变了信息的传播方式，使信息的获取摆脱了时间和空间上的限制，使有价值的信息能够在有决策需求的情况下得到，减少了各方信息超载、信息重复等现象，同时由于信息的简化存储，提高了决策时的信息利用效率。

2）PMIS 和 PIP 的主要功能

（1）PMIS 的主要功能

PMIS 的管理对象是工程项目，因此，其管理的核心目的是对项目的目标进行有效的控制。根据工程项目管理原则和管理方法，PMIS 应当具有对投资控制、进度控制、质量控制、合同管理和工程信息管理等基本功能的支撑和辅助作用，具体的功能结构如图 5.13 所示。

（2）PIP 的主要功能

PIP 是负责项目信息流通作用的辅助支撑。常规的 PIP 主要为项目提供文档管理、信息交流、协同工作以及工作流管理 4 个方面的基本功能。每个方面的具体功能结构如图 5.14 所示。

3）PMIS 结构及 PIP 系统结构

（1）PMIS 结构

项目信息管理系统作为一种以数据处理为主要功能的系统，采用统一的项目信息数据库集合不同功能的子系统的集成逻辑结构。要设计一个 PMIS，首先是对工程项目进行编码；其次根据需要确定并集合主要的子系统满足功能需求，如投资进度控制计划子系统，合同控制子系统，计划与实际数据偏差分析子系统等；最后集合所有的子系统安置于统一的数

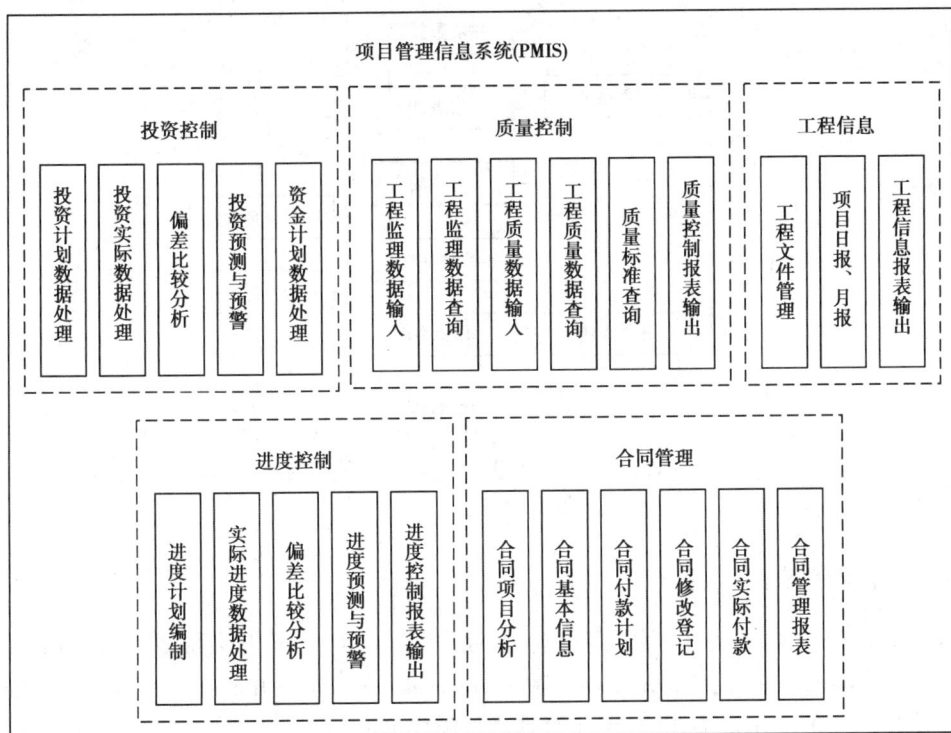

图 5.13　项目信息管理系统(PMIS)具体的功能结构

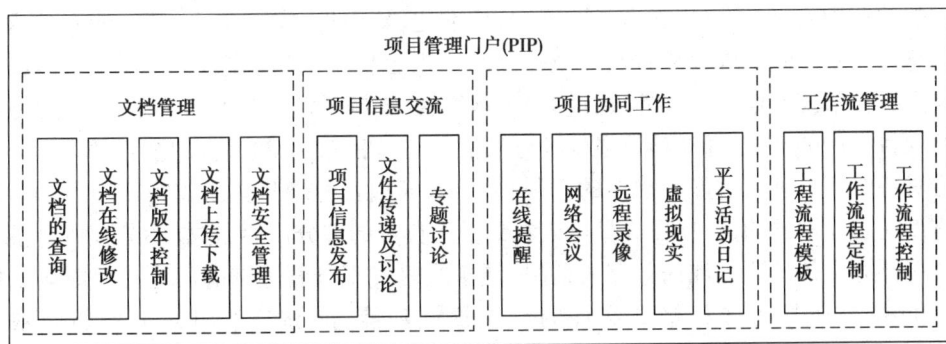

图 5.14　项目信息门户(PIP)的具体功能结构

据结构模型中。通常来说,从工程项目的内部信息管理需求来看,项目信息管理系统的内部应用功能结构应包括项目进度信息管理、项目财务(成本、造价和资金流等)信息管理、项目资源(设备、物资和物流等)信息管理、项目合同信息管理、项目质量信息管理监测、项目风险管理监测、项目图纸文档信息管理、项目办公与决策信息管理等内容。

(2)PIP 系统结构

项目信息门户由硬件和软件两个系统共同组成,其中软件系统是项目信息系统的核心部分,包含了实际项目实现信息交流自由的项目信息门户(PIP)、单个或集成多个专业化系统的应用工具软件、操作系统几个部分,如图 5.15 所示。

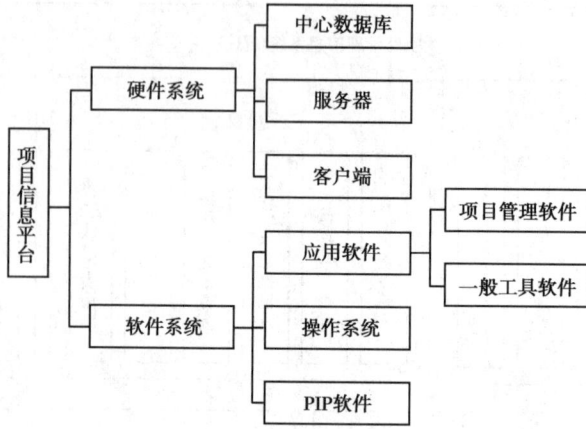

图5.15 项目信息门户(PIP)系统结构

4)PIP 代表性软件

项目信息门户在工程中的应用已经非常广泛,也发展了很多成熟的应用软件,如 Buzzsaw、Primavera、Prolog、Constructware 和 Projectwise 等。其中 Buzzsaw 和 Constructware 两个项目信息门户的应用最为普遍,因此对其进行简要的介绍。

Autodesk 公司开发的 Buzzsaw,不仅有 PIP 软件的一般功能,即为项目资料提供不被时空拘泥的储存中心,使项目资料有了数字化、标准化、集中性、完整一致(即对所有项目成员获得信息均完整一致)的存储可能,以及跨项目及内容检索的功能之外,还配备了 SSL 安全机制和多级权限控制监控。此外,通过 Buzzsaw,项目成员可以设置不同的语言,并分级别权限进行项目进展的追踪,即对项目事件进行从记录到追踪、汇报和报告的全自动处理。例如业主方具备对所有项目进展的动态的权限,而承包商项目经理只具备监管该项目部负责部分的进度动态显示的功能,项目成员可以看到个人负责的部分内容,这样的分权管理能够让各方明确己方主体的职责和任务完成情况,便于及时发现分管范围的问题并及时采取解决措施。Buzzsaw 还具有多种格式文件的红线批注功能,能够与常用的工程办公软件如 Microsoft Office、AutoCAD 等进行无缝连接。相较于其他 PIP 软件,Buzzsaw 独一无二的优点是能够明确项目的能见度,体现了强大的过程控制能力。

Constructware 也出自 Autodesk 公司,它的应用范围很广,可应用于工程项目过程中的设计、投标和施工环节等过程,进行工程项目的过程管理、风险管理、分包商与供货商管理以及项目成本控制等。集成多个项目的费用及成本信息是它的一大特色,为管理人员的决策提供了依据。在 Constructware 中,有着很多应用小模块,如 Dashboard 可以显示项目的总体情况,并根据管理人员的需求显示相应的性能指标;文件管理模块可以实现包括但不限于 PDF、Excel、CAD 等格式文件的在线浏览。为了方便管理人员的管理工作,Constructware 还为不同类型的文件提供了内置标准模板,仅需通过格式化的信息填写,就可自动生成报批资料、资料清单、设计审核、日常报告、标准信函等文件的 PDF 版本。Constructware 同样具有 Buzzsaw 的文件批复和追踪功能,即利用 Personal Organizer 模块进行文件编辑和修改批复,并为批复文件粘贴附件。除了以上的功能外,Constructware 还具备过程财务管理和项目成本控制的功能,可以对预算进行精确的编制并管理因设计变更引起的费用变化。

思考题

1. 工程项目信息管理的主要内容是什么?
2. 工程项目信息复杂性特征有哪些?
3. 请举例说明面向工程项目信息复杂性的协同技术。
4. PMIS 和 PIP 的主要功能是什么?
5. BIM 对于工程项目信息复杂性管理有哪些作用?
6. "新基建"可能对项目信息复杂性管理产生哪些影响?

6

工程项目环境影响复杂性

6.1 工程项目环境影响复杂性的内涵

6.1.1 环境影响识别的一般要求

（1）环境影响的概念

对建设项目环境影响评价而言，环境影响是指拟建项目与环境之间的相互作用，即：

$$[拟建项目] + [环境] \rightarrow \{变化的环境\}$$

根据拟建项目的特征和拟选厂址（或路由）周围的环境状况来预测环境变化是环境影响评价的基本任务。将拟建项目分解成各层"活动"，将环境分解成各个要素，则拟建项目和环境的相互影响关系为：

$[拟建项目] = (活动)_1, (活动)_2, \cdots, (活动)_m$；

$[环境] = (要素)_1, (要素)_2, \cdots, (要素)_n$；

$(活动)_i : (要素)_j \rightarrow (影响)_{ji}$；

$(影响)_{ji}$：表示第 i 项"活动"对 j 项要素的影响。

对于预测到的不利环境影响，通常需要采取一系列措施（包括防止、减轻、消除或补偿）来减缓。在采取了减缓措施后，环境影响表述为：$(活动)_i (要素)_j \rightarrow (影响)_{ji} \rightarrow (预测和评价) \rightarrow 减缓措施 \rightarrow (剩余影响)_{ji}$。

（2）环境影响识别的基本内容

环境影响识别是通过系统地检查拟建项目的各项"活动"与各环境要素之间的关系，来识别可能的环境影响。环境影响识别一般从社会影响、生态影响和污染影响 3 个方面考虑，在项目自身环境影响特点、区域环境特点和具体环境目标的基础上进行识别。按照拟建项目的"活动"对环境要素的作用属性，环境影响有不同的划分方法，包括有利影响，不利影响；直接影响，间接影响；短期影响，长期影响；可逆影响，不可逆影响等。环境影响的程度和显著性与拟建项目"活动"的特征、强度以及相关环境要素的承载能力有关。

有些环境影响可能是显著或者是非常显著的,因此,在对项目做出决策之前,需要进一步了解其影响程度,所需或可采取的减缓、保护措施以及防护后的效果等。有些环境影响可能是不重要的,或者对项目决策、项目管理的影响微乎其微。环境影响识别的任务就是要区分和筛选出显著的、可能影响项目决策和管理的、需要进一步评价的主要环境影响(或问题)。

在环境影响识别中,自然环境要素可以划分为地形、地貌、地质、水文、气候、地表水质、空气质量、土壤、森林、草场、陆生生物和水生生物等;社会环境要素可以划分为城市(镇)、土地利用、人口、居民区、交通、文物古迹、风景名胜、自然保护区、健康以及重要的基础设施等。各环境要素可以由表征该要素特性的各相关环境因子具体描述,构成了一个有结构、分层次的环境因子序列。

构造的环境因子序列应能描述评价对象的主要环境影响,表达环境质量状态,并便于度量和监测。

在环境影响识别中,可以使用一些定性的、具有程度判断的词语来表征环境影响的程度,如重大影响、轻度影响和微小影响等。这种表达没有统一的标准,通常与评价人员的文化、环境价值取向和当地环境状况有关。这种表述对给影响排序,制订其相对重要性或显著性是非常有用的。

在环境影响程度的识别中,通常按3个等级或5个等级来定性地划分影响程度。不利环境影响按5个等级划分,可分为极端不利、非常不利、中度不利、轻度不利和微弱不利。

①极端不利。外界压力引起某个环境因子无法替代、恢复或重建的损失,此种损失是永久的、不可逆的。如使某濒危的生物种群或某有限的不可再生资源遭受绝灭威胁,对人群健康有致命的危害以及对独一无二的历史古迹造成不可弥补的损失等。

②非常不利。外界压力引起某个环境因子严重而长期的损害或损失,其代替、恢复或重建非常困难且昂贵,并需要很长的时间。如造成某稀少的生物种群濒危或某有限的、不易得到的可再生资源严重损失,对大多数人健康严重危害或者造成相当多的人群经济贫困。

③中度不利。外界压力引起某个环境因子的损害或破坏,其替代或恢复是可能的,但相当困难且可能要付出较高的代价,并需要比较长的时间。对正在减少或有限供应的资源造成相当损失,使当地优势生物种群的生存条件产生重大变化或严重减少。

④轻度不利。外界压力引起某个环境因子的轻微损失或暂时性破坏,其再生、恢复与重建可以实现,但需要一定的时间。

⑤微弱不利。外界压力引起某个环境因子暂时性破坏或受干扰,此影响程度中的各项是人类能够忍受的,环境的破坏或干扰能较快地自动恢复或再生,或者其替代与重建比较容易实现。

不同类型的建设项目对环境产生影响的方式是不同的。对于以工业污染物排放影响为主的工业类项目,有明确的有害气体和污染物产生,利用其产生的影响可追踪识别其影响方式。对于以生态影响为主的非污染类项目,可能没有明确的有害气体和污染物产生,需要仔细分析建设"活动"与各环境要素、环境因子之间的关系来识别影响过程。

拟建项目"活动"一般按4个阶段划分,即建设前期(勘探、选址选线、可研与方案设计)、建设期、运行期和服务期满后,需要识别不同阶段各"活动"可能带来的影响。

(3)建设影响识别的一般技术考虑

在建设项目的环境影响识别中,技术上一般应考虑以下方面的问题。

①项目的特性(如项目类型、规模等)。

②项目涉及的当地环境特性及环境保护要求(如自然环境、社会环境、环境保护功能区划、环境保护规划等)。

③识别主要的环境敏感区和环境敏感目标。

④从自然环境和社会环境两方面识别环境影响。

⑤突出对重要的或社会关注的环境要素的识别。

应识别出有可能导致的主要环境影响(影响对象),主要环境影响因子(项目中主要环境影响者),说明环境影响属性(性质),判断影响程度、影响范围和可能的时间跨度。

6.1.2　环境影响识别方法

环境影响识别方法主要包括清单法、矩阵法和其他识别方法。

(1)清单法

清单法又称为核查表法。早在1971年就有专家提出了将可能受开发方案影响的环境因子和可能产生的影响性质,通过核查在一张表上一一列出的识别方法,也称列表清单法或一览表法。该法虽是较早发展起来的方法,但现在还在普遍使用,并有多种形式。

①简单型清单。简单型清单仅是一个可能受影响的环境因子表,不作其他说明,可作定性的环境影响识别分析,但不能作为决策依据。

②描述型清单。描述型清单较简单型清单增加了环境因子如何度量的准则。

③分级型清单。分级型清单在描述型清单的基础上又增加了对环境影响程度的分级。

环境影响识别常用的是描述型清单。目前有两种类型的描述型清单。一类是比较流行的环境资源分类清单,即对受影响的环境因素(环境资源)先作简单的划分,以突出有价值的环境因子。通过环境影响识别,将具有显著性影响的环境因子作为后续评价的主要内容。该类清单已按工业类、能源类、水利工程类、交通类、农业工程、森林资源、市政工程等编制了主要环境影响识别表,在世界银行《环境评价资源手册》等文件中均可查获。这些编制成册的环境影响识别表可供具体建设项目环境影响识别时参考。另一类是传统的问卷式清单。在清单中仔细地列出有关项目——环境影响要询问的问题,针对项目的各项"活动"和环境影响进行询问。答案可以是"有"或"没有"。如果回答为"有",则在表中的注解栏说明影响的程度、发生影响的条件以及环境影响的方式,而不是简单地回答某项活动将产生某种影响。

(2)矩阵法

矩阵法由清单法发展而来,不仅具有环境影响识别的功能,还有环境影响综合分析评价的功能。它将清单中所列内容系统地加以排列,把拟建项目的各项"活动"和受影响的环境要素组成一个矩阵,在拟建项目的各项"活动"和环境影响之间建立起直接的因果关系,以定性或半定量的方式说明拟建项目的环境影响。

该类方法主要有相关矩阵法和迭代矩阵法两种。在环境影响识别中,一般采用相关矩阵法。它是通过系统地列出拟建项目各阶段的各项"活动",以及可能受拟建项目各项"活动"影响的环境要素,构造矩阵确定各项"活动"和环境要素及环境因子的相互作用关系。

如果认为某项"活动"可能对某一环境要素产生影响,则在矩阵相应交叉的格点将环境影响标注出来。可以将各项"活动"对环境要素的影响程度,划分为若干个等级,如3个等级或5个等级。为了反映各个环境要素在环境中的重要性,通常还采用加权的方法,对不同的环境要素赋予不同的权重。可以通过各种符合环境要素的权重来表示环境影响的各种属性。

（3）其他识别方法

具有环境影响识别功能的方法还有叠图法（包括手工叠图法和 GIS 支持下的叠图法）和影响网络法。叠图法在环境影响评价中的应用包括通过应用一系列的环境、资源图件叠置来识别、预测环境影响，标示环境要素、不同区域的相对重要性以及表征对不同区域和不同环境要素的影响。叠图法用于涉及地理空间较大的建设项目，如线型影响项目（公路、铁道、管道等）和区域开发项目。网络法是采用因果关系分析网络来解释和描述拟建项目的各项"活动"和环境要素之间的关系。除了具有相关矩阵法的功能外，还可识别间接影响和累积影响。

6.1.3 环境影响评价因子的筛选方法

环境影响评价因子的筛选方法包括大气环境影响评价因子的筛选方法、水环境影响评价因子的筛选方法、土壤环境影响评价因子的筛选方法和生态环境影响评价因子的筛选方法。

（1）大气环境影响评价因子的筛选方法

按照《环境影响评价技术导则——总纲》（HJ 2.1—2016）的要求，在大气环境影响评价中应根据拟建项目的特点和当地大气污染状况，筛选评价因子。首先，应选择建设项目等标排放量 P_i 较大的污染物作为主要污染因子；其次，还应考虑在评价范围内已经造成严重污染的污染物；最后，列入国家主要污染物总量控制指标的污染物，亦应作为评价因子。

等标排放量 P_i 的计算公式为：

$$P_i = \frac{Q_i}{C_{oi}} \times 10^{12}$$

式中　Q_i——第 i 类污染物单位时间的排放量，单位为 t/h；

　　　C_{oi}——第 i 类污染物环境空气质量浓度标准，单位为 $\mu g/m$。

C_{oi} 按《环境空气质量标准》（GB 3095—2012）中二级标准的一次采样浓度允许值（或 1 h 平均值）计算，如已有地方环境空气质量标准，应选用地方标准中的浓度限值。对于该标准中未包含的项目，可参照《环境影响评价技术导则　大气环境》（H2.1—2018）中相应的浓度限值。对于上述标准中只规定了日平均容许浓度限值的大气污染物，C_{oi} 一般可取日平均容许浓度限值的 3 倍，对于致癌物质、毒性可积累或毒性较大的物质，如苯、汞、铅等，可直接取其日平均容许浓度限值。

大气环境影响评价因子主要为项目排放的基本污染物和其他污染物。当建设项目排放的 SO 和 NO 年排放量大于或等于 500 t/a 时，评价因子增加二次 PM2.5。

（2）水环境影响评价因子的筛选方法

① 地表水环境影响因素识别应按照《环境影响评价技术导则——地下水环境》（HJ 610—2016）的要求，分析建设项目生产运行阶段和服务期满后（可根据项目情况选择，下同）各阶段对地量、水文要素的影响行为。

② 水污染影响型建设项目评价因子的筛选应符合以下要求：

a. 按照《污染源源强核算技术指南准则》（HJ 884—2018），开展建设项目污染源与水污染因子识别，结合建设项目所在水环境控制单元或区域水环境质量现状，筛选出水环境现状调查评价与影响预测的评价因子。

b.行业污染物排放标准中涉及的水污染物应作为评价因子。

c.在车间或车间处理设施排放口排放的第一类污染物应作为评价因子。

d.水温应作为评价因子。

e.面源污染所含的主要污染物应作为评价因子。

f.建设项目排放的,且为建设项目所在控制单元的水质超标因子或潜在污染因子(近3年来水质浓度值呈上升趋势的水质因子),应作为评价因子。

③水文要素影响型建设项目评价因子,应根据建设项目对地表水体水文要素影响的特征确定。河流、湖泊及水库主要评价水面面积、水量、水温、径流过程、水位、水深、流速、水面宽、冲淤变化等因子;湖泊和水库需要重点关注湖底水域面积或蓄水量及水力停留时间等因子;感潮河段、入海河口及近岸海域主要评价流量、流向、潮区界、潮流界、纳潮量、水位、流速、水面宽、水深、冲淤变化等因子。

④建设项目可能导致受纳水体富营养化,评价因子还应包括与富营养化有关的因子,如总磷、总氮、叶绿素 a、高锰酸盐指数和透明度等。其中,叶绿素 a 为必须评价因子。

(3)土壤环境影响评价因子的筛选方法

①土壤环境影响因素识别应按照《环境影响评价技术导则土壤环境(试行)》(HJ 964—2018)的要求,分析建设项目生产运行阶段和服务期满后(可根据项目情况选择,下同)各阶段对土壤的物理、化学、生物等方面特性的影响行为。

②土壤污染影响型建设项目评价因子的筛选应符合以下要求:

a.按照《污染源源强核算技术指南准则》(HJ 884—2018),开展建设项目污染源与土壤污染因子识别,结合建设项目所在地土壤环境控制单元或区域土壤环境质量现状,筛选出土壤环境现状调查评价与影响预测的评价因子。

b.行业污染物排放标准中涉及的固体废弃物应作为评价因子。

c.土壤盐化、酸化、碱化应作为评价因子。

d.将土壤中某种物质的增量与土壤现状值进行叠加后,进行土壤环境影响评价因子识别。

③根据行业特征、工艺特点或规模大小等将建设项目类别分为Ⅰ类、Ⅱ类、Ⅲ类、Ⅳ类,详见《环境影响评价技术导则土壤环境(试行)》(HJ 964—2018)。其中,Ⅳ类建设项目可不开展土壤环境影响评价,自身为敏感目标的建设项目,可根据需要仅对土壤环境现状进行调查。

(4)生态环境影响评价因子的筛选方法

①主要依据评价区域与周边环境的生态完整性确定,对于Ⅰ类、Ⅱ类、Ⅲ类评价项目[见《环境影响评价技术导则生态影响》(HJ 19—2011)]要以重要评价因子受影响的方向扩展,距离一般不能小于 8 ~ 30 km、2 ~ 8 km 和 1 ~ 2 km。

②根据对拟建、在建项目潜在的环境问题分析,以及对项目性质和区域生态环境基本特征的分析,识别关键问题并用列表法对主要评价因子进行筛选,在完成现状评价后进一步确认主要的评价因子。

③土壤污染影响型建设项目评价因子的筛选应符合以下要求:

a.在区域生态环境基本特征调查的基础上对区域生态环境功能状况进行调查,筛选出生态环境现状调查评价与影响预测的评价因子。

b. 选用植被覆盖率、频率、密度、生物量、土壤侵蚀程度、荒漠化面积、物种数量等测算值、统计值作为评价因子。

c. 植被破坏,荒漠化,珍稀濒危动、植物种消失,自然灾害,土地生产能力下降等重大资源环境问题涉及的因素应作为评价因子。

d. 如果没有敏感的生态保护目标,要选取工程对评价区自然系统生态完整性的影响因素作为评价因子;如果存在敏感目标,还要增加对敏感生态保护目标影响的评价因子。

6.1.4 环境影响复杂性的特点

(1)环境影响复杂性定义

工程环境影响复杂性是指一些相互依存、互相制约、不断变化的因素组成的一个系统带来的环境问题,是工程项目全生命周期中各种活动的现实因素对工程项目的影响交叉程度。

工程项目环境影响复杂性主要体现在自然演变和自然灾害引起的原生环境问题和人类活动引起的次生环境问题。工程项目从材料的生成到最终拆毁整个过程的各个阶段都与周围环境产生了大量的物质流动和能量交换,其全生命周期中所带来的环境影响与生态破坏将导致工程项目环境复杂化。同时,工程项目环境影响又会随着工程项目的存在与延续而一直呈现动态变化,从而在建造过程中形成复杂的负外部效应,影响工程项目的成本、进度、质量等目标的实现。工程项目所带来的环境影响是动态的、多样的,随着工程建设项目全生命周期的推动,在带来环境问题的同时,也在改变当时的环境现状,而此时的环境又会对工程建设项目全生命周期过程中的质量、进度、成本等产生影响。工程建设项目带来的环境影响与环境对工程建设的影响不断变化,彼此交错,造成工程项目环境影响复杂性的程度增强,并且还会随着工程项目的种类、地理位置、复杂程度呈现出不同程度的变化。

(2)工程项目的环境影响复杂性特征

工程建设项目的发展对区域经济发展起到了巨大的推动作用,但是,随着工程建设项目总面积的迅速增加,工程对环境的污染、生态的破坏等负面影响越来越明显。目前,工程建设项目引发的环境破坏和污染问题主要在施工期,环境问题主要表现为非污染型生态环境影响,一般为植被破坏、局部地貌破坏、土地侵蚀、自然资源影响(土地、草场、森林、野生动物等)、景观影响及生态敏感区影响(著名历史遗迹、自然保护区、风景名胜区和水源保护地等)等。工程建设项目的环境影响如表6.1所示。

表 6.1 工程建设项目的环境影响

环境影响	主要表现方式	原因
生态破坏	动植物栖息地的破坏、植被破坏与减少、水土流失、自然景观破坏	防护工程、环境工程养护管理的忽视,绿化养护不善,人为破坏,监督不到位
施工污染	有毒物质对大气、水质的污染,噪声,废水及垃圾等	
营运污染	危险品的水质污染、排水、生活服务区废水和垃圾	

6.2 工程项目环境影响复杂性评价方法

6.2.1 基于 LCA 的工程项目环境影响复杂性评价

生命周期评估(LCA)是一种工具,用于评估整个产品生命周期中潜在的环境影响和资源消耗。

产品是指作为商品提供给市场,被人们使用和消费,并能满足人们某种需求的任何东西,包括有形的物品,无形的服务、组织、观念或它们的组合。在生命周期评估中,根据对环境影响的大小,主要的产品研究对象一般分为工业产品和建筑产品。

生命周期一般指产品由最初的原材料提取到最终产品的生产、运输、销售、使用、废弃、循环阶段。在生命周期中,常见的表述有摇篮到坟墓(Cradle-to-grave)、摇篮到大门(Cradle-to-gate)、摇篮到摇篮(Cradle-to-cradle)、门到门(Gate-to-gate)等。

生命周期评价分为 4 个阶段,包括目标和范围的确定,生命周期清单分析(LCI),生命周期影响评价(LCIA)和解释。其框架如图 6.1 所示。

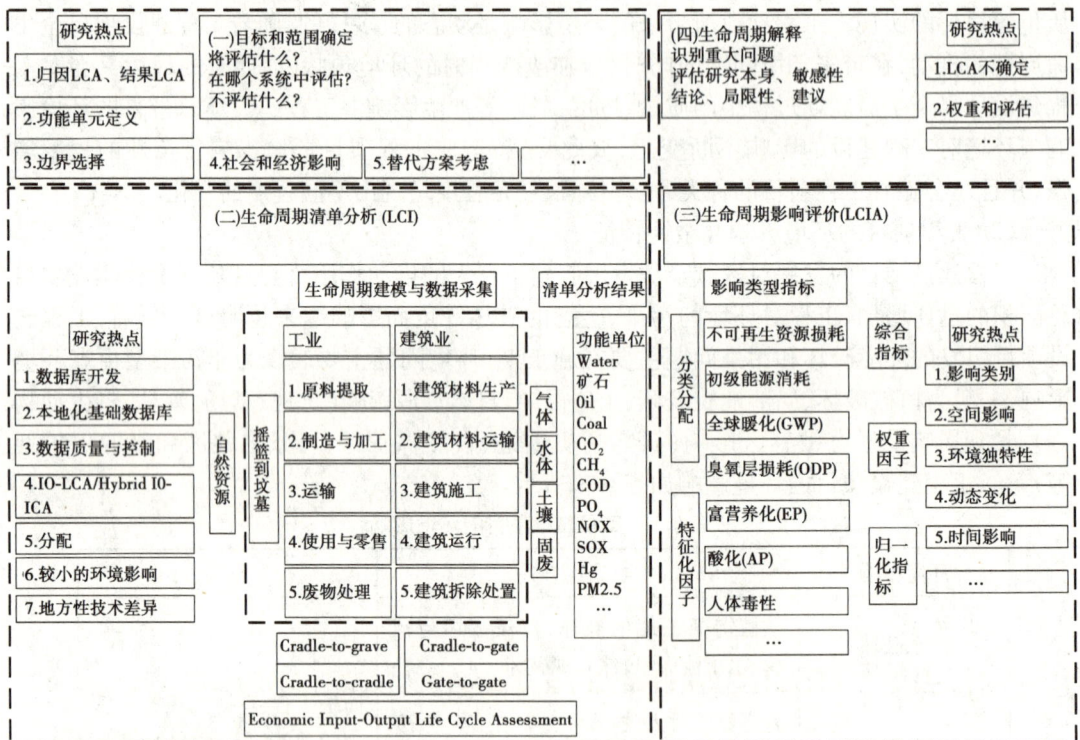

图 6.1　生命周期评价框架及研究热点分析

1) 目标和范围的确定

目标和范围的确定涉及对研究目标、接受人群和系统边界的确定,以满足潜在应用的要求。根据研究目的的不同,生命周期评价可分为 3 类:概念的、初步的和全面的产品生命周期评价。LCA 的研究目的必须明确陈述应用意图,进行该项研究的理由以及它的使用对象,即研究结果的预期交流对象。另外,随着对数据和信息的收集,可能要对研究范围的各个方面加以修改,以满足原定的研究目的。在某些情况下,由于未曾预知的局限、制约或获得了新的信息,可能要对研究目的本身加以修改,并将这些修改及其论证及时形成文件。

2)生命周期清单分析

生命周期清单分析涉及对每一个功能单元相关投入、产出数据的收集,这些数据主要是产品自身内部以及产品与外部自然环境系统间的物质流和能量流。该步骤包括对产品系统物质和能量投入与产出的定量计算,所得出的结果将用于生命周期能源环境影响评估。当前,生命周期清单分析的方法主要有 3 种:过程生命周期清单分析,投入—产出生命周期清单分析和混合生命周期清单分析,这 3 种清单分析方法也决定了生命周期评价的 3 种模型形式。

3)生命周期影响评价

生命周期影响评价主要涉及对模型系统的潜在环境影响、资源使用和能源消耗情况进行评估和分析,说明各阶段对环境、能源影响的相对重要性以及每个生产阶段或产品每个组成部分的环境、能源影响量大小。主要包括 3 个要素:选择影响类型、将清单分析结果分配到影响类型中(分类)、对影响类型因子建立模型(特征化)。对清单分析结果的分类涉及将空气排放物、固体排放物和使用的资源分配到选择的影响类型中,如将大气排放物中所有能造成全球变暖的气体归为一类。特征化则是将同属一类的清单结果汇总到特征化因子的过程。特征化因子是引起某种环境影响变化的具体表现,如对温室效应,全球变暖潜力(Global Warming Potential,GWP)通常作为该环境类型的特征化因子。同时,ISO 14042 标准中除上述 3 个必备要素外,还将归一化、分组、加权以及数据质量评价作为可选步骤。需要注意的是生命周期评价阶段存在主观性,主要表现为影响类型的选择和进行模式化及评价过程。因此,在影响评价时,应尽量保证数据的准确性。

4)生命周期解释

生命周期解释阶段是将清单分析和影响评估的结果形成结论与建议的过程。

从上述框架和研究热点可以看出,关于生命周期环境影响复杂性评价理论的研究已经较为成熟。这种成熟体现在理论方面,首先,研究框架较为明确,"LCA 四阶段"已经形成学界和业界的广泛认识;其次,研究对象较为广泛,从农业等第一产业,到建筑业、制造业等第二产业,到服务业等第三产业,LCA 都可以应用到各类研究对象上;然后,研究方法较多,在研究方法上,对于数据质量的不确定性问题,发展蒙特卡洛分析、随机检验、贝叶斯分布等统计学方法。对于特征化过程,采用特征化因子方法等;对于数据库的建立,综合运用多种方法,能实地监测统计的数据,进行实地统计,对于不确定的数据,综合采用专家经验法、统计估计法、神经网络模型法进行估计。还开发了较多的 LCA 工具,由 BREMAN(英国)、LEED(美国)、SEDA(澳大利亚)等方法组成的"整个建筑评估框架或系统",由 LISA(澳大利亚)、Ecoquantum(荷兰)、Envest(英国)、ATHENA(加拿大)、BEE(FIN)等构成的"整个建筑设计决策或决策支持工具",由 Gabi(GER)、SimaPro(NL)、TEAM(Fra)、LCAiT(SE)等组成的"产品比较工具"。另外,针对不同的研究对象与研究范围,发展出不同的研究模型,例如过程生命周期评价、投入产出生命周期评价、混合生命周期评价等。

生命周期影响评价不仅是一种评价方法,本质是一种对可持续性发展理念的反映。随着对人与自然关系认识的加深,人类逐渐意识到,人类活动对自然界造成的影响往往是长期的,需要以一种全生命周期的视角去认识,才能全面、准确地评估人类活动的影响的复杂性。

(1)过程模型

基于过程的生命周期评价模型是生命周期评价模型的最初、最基本形式。基于过程模型的全生命周期评价本质上即是一般意义上的 LCA,被称作基于过程模型,主要是与基于投入产出模型、基于混合模型作对比而提出。它将拟研究产品的生产过程分解成不同阶段,研究每个阶段与外部环境的物质、能量交换和环境影响,最后将各阶段数据归纳汇总,从而得到该产品的能源消耗和环境污染总量,以及对经济、社会的总体影响表现。

需要注意的是,产品的生产过程是一个无限向外拓展的过程。如在房屋的建造过程中,施工机械在施工活动中产生的各种能源消耗和环境影响处于建筑产品生产过程影响源的最底层。但施工机械本身的生产和制造对于建筑产品的成型与实现必不可少,因此,也应被纳入建筑产品的生产过程中加以考虑。以此类推,施工机械生产所需设备的生产也属于建筑产品的生产过程,这便形成了一个无限向外拓展的关系树,如图 6.2 所示。

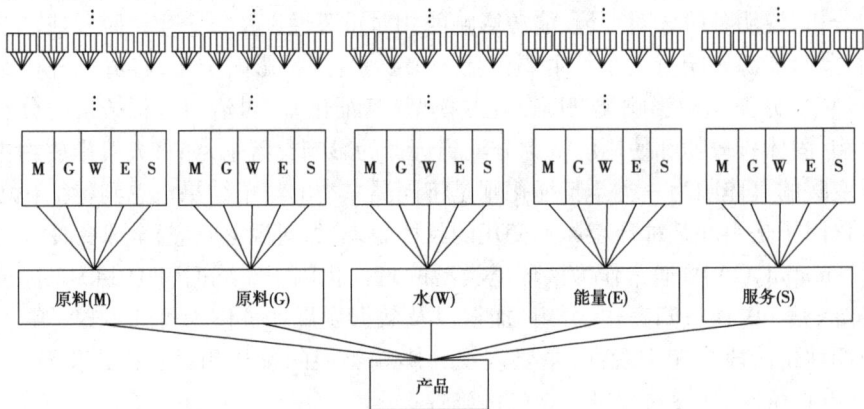

图 6.2　部门间关系树状图

产品生产部门间的关系构成一个无限的树状图,但由于过程数据、研究时间和经费等条件的制约,过程生命周期评价只能在系统内有限环节、有限层次(经常为第一层)展开。因此,在过程生命周期评价时,研究人员需要对产品的生产系统划定边界,使研究范围明确、可行。

基于过程生命周期评价模型的优点在于对产品全生命周期阶段的详尽划分,得到针对性强、精确度高的模型结果,同时方便产品之间的比较。由于建筑产品具有复杂性和独特性的特点,运用生命周期评价模型能够更准确地计算出建筑产品的能源和环境影响效果。但另一方面,主观划分的系统边界往往会干扰研究结果的客观性。同时,建筑产品是一个复杂的系统工程,涉及的建筑材料、部品、运输车辆、施工机械等种类繁多,导致对相关数据的收集是一个费时、费力的过程。此外,不同建筑产品在结构设计、材料选用、施工方法等方面也不尽相同,某一建筑产品的过程生命周期评价结果难以在其他建筑中推广和复制。

基于对过程模型的全生命周期评价,本文应用环境影响——碳排放作为研究对象,举例介绍。

第一步:确定分析目标和系统边界。

以建筑业生命周期碳排放作为分析目标,建筑业系统边界的确定如图 6.3 所示。

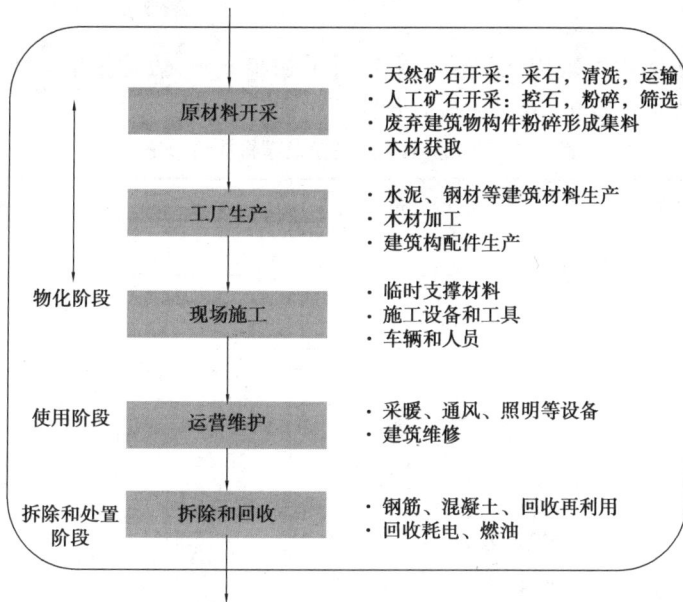

图 6.3　建筑业生命周期碳排放评价系统边界

图 6.3 显示,建筑业生命周期碳排放在原材料开采、工厂生产、现场施工、运营维护和拆除回收阶段都有所涉及。这些阶段是较大范围的系统边界,在这些阶段中,还存在较小的单元过程。例如,在原材料开采阶段,存在天然矿石开采过程。

确定系统边界,即确定要纳入待模型化系统的单元过程。在理想情况下,建立产品系统的模型时,应使边界上的输入和输出均为基本流。但在现实情况下,没有充足的时间、数据或资源来进行这样全面的研究,因而必须决定在研究中对哪些单元过程建立模型,并决定对这些单元过程研究的详略程度。不必为量化那些对总体结论影响不大的输入和输出而耗费资源。

在确定范围时,初步选定用于清单的一组输入和输出。在此过程中,将所有输入和输出都纳入产品系统进行模拟分析是不实际的。识别应追溯到环境的输入和输出,亦即识别应纳入所研究的产品系统内,产生上述输入或承受上述输出的单元过程,这是一个反复的过程。一般都是先利用现有数据作出初步识别,并随着研究进程中数据的积累对输入和输出作出更充分的识别,最后通过敏感性分析加以验证。

第二步:数据清单分析。

LCA 研究的范围确定后,单元过程和有关的数据类型也就初步确定了。由于数据的收集可能覆盖若干个报送地点和多种出版物,下列步骤有助于保证对模型化产品系统的统一和一致理解。

这些步骤包括:

①绘制具体的过程流程图,描绘所有需要建立模型的单元过程和它们之间的相互关系。

②详细表述每个单元过程并列出与之相关的数据类型。

③编制计量单位清单。

④针对每种数据类型,进行数据收集技术和计算技术的表述,使报送地点的人员理解该项 LCA 研究需要哪些信息。

⑤对报送地点发布指令,要求将涉及所报送数据的特殊情况、异常点和其他问题予以明

确的文件记录。

表 6.2 对这种各阶段碳排放清单结果进行了初步显示,表达了清单分析的大致含义。按照人、材、机 3 方面的分类,对各阶段进行如下过程分析。

表 6.2　建筑生命周期各阶段碳排放清单结果

建筑阶段	清单分析	清单类型	清单结果
原材料开采	人工	工作时长	××
	机械	运行时长	
	采石机		
	粉碎机		
	···		·
工厂生产	人工	工作时长	
	机械设备	运行时长	
	振捣机		
	轧钢机		
	···		
现场施工	人工	工作时长	
	机械设备	运行时长	
	打桩机		
	塔吊		
	···		
	材料		
	混凝土		
	钢材		
	···		
运营维护	通风空调	运行时长	
	照明		·
	···		
拆除和回收	装载机	运行时长	
	吊车		

其中,在现场施工阶段关于材料用量的清单分析,具体展开如表 6.3 所示。

表 6.3　现场施工阶段材料用量的清单分析

工程项目	混凝土体积/m³	钢材质量/t	木材/t	玻璃/m²	涂料/m²	···
基础						
梁						

续表

工程项目	混凝土体积/m³	钢材质量/t	木材/t	玻璃/m²	涂料/m²	…
板						
柱						
墙						
阳台						
楼梯						
…						
合计	××	××	××	××	××	×

第三步:影响评价。

LCIA 和其他技术,例如环境绩效评价、环境影响评价和风险评价等不同,因为它是一种基于功能单位的方法。LCIA 可以使用来自这些其他技术的信息。

应对 LCIA 进行精心计划以满足 LCA 的目的和范围。LCIA 阶段应同 LCA 的其他阶段相协调。LCIA 包括必备和可选两类要素。

LCIA 阶段应包括下列必备要素:

①影响类型、类型参数和特征化模型的选择。

②将 LCI 结果划分到所选的影响类型中(分类)。

③类型参数结果的计算(特征化)。

除 LCIA 要素外,还可根据 LCA 的目的和范围,列出如下可选要素和信息:

①归一化:根据基准信息对类型参数结果的大小进行计算。

②分组:对影响类型进行分类并尽可能排序。

③加权:使用基于价值选择所得到的数值因子对不同的影响类型的参数结果进行转化和尽可能地合并,加权前的数据宜保留。

④数据质量分析:更好的理解参数结果收集的可靠性以及 LCIA 结果。

这些 LCIA 的可选要素可以使用来自 LCIA 框架外的信息。对这些信息的使用宜作出解释,并将这些解释予以记载。

归一化、分组和加权方法的应用应与 LCA 研究的目的和范围保持一致,并且应是全部透明的。所有采用的方法和计算都应作出书面说明以提供透明性。

表6.4 对建筑碳排放影响评价进行了初步显示,表达了碳排放影响评价阶段的大致含义。更多的详细过程并未充分展示。

表6.4 建筑碳排放影响评价

过程/材料/构件	计算类型	碳排放系数	碳排放
运输	距离	××	××
采石机	运行时长	…	…
板	体积		
柱	体积		

续表

过程/材料/构件	计算类型	碳排放系数	碳排放
混凝土	体积		
钢材	质量		
人工	工作时长		
照明	运行时长		
…	…		

第四步：结果分析。

LCA 和 LCI 研究中的生命周期解释阶段由以下几个要素组成。

①以 LCA 中 LCI 和 LCIA 阶段的结果为基础对重大问题的识别。

②评估，包括完整性、敏感性和一致性检查。

③结论、局限和建议。

（2）投入产出模型

大部分对投入产出基本框架的扩展都是为了将经济活动中的更多详细信息包括进来，如时间和空间方面的信息，以解决可获得的数据的局限性问题，或者将投入产出模型与其他种类的经济分析工具相结合。而环境经济投入产出分析方法则是将经济活动中关于环境的信息包括进来，依靠投入产出模型分析对环境问题进行分析。

自 20 世纪 60 年代以来，不少研究者已经通过扩展投入产出模型来研究与产业间活动有关联的环境污染及减排问题。在投入产出模型的基础上，加入环境压力指标，构建环境投入产出模型。

环境投入产出生命周期评价模型主要包括 3 个要素：技术矩阵、卫星矩阵和总需求列向量。技术矩阵由投入产出表中的直接消耗系数组成，反映了国民生产各部门之间的经济关系。卫星矩阵是各产业部门的能源消耗强度或环境污染强度，即产业部门单位经济产出的能源消耗量或环境污染量。总需求列向量为拟研究产品的经济价值量。

设环境影响产出矩阵或者直接影响系数为 $D^P = [d^p_{kj}]$，该矩阵的每个元素代表部门 j 每生产 1 单位货币的价值所产生的环境影响 k（例如，二氧化碳）的数量。因此，给定一个总的产出向量，环境影响由以下公式得到：

$$x^{p*} = D^P x$$

其中，x^{p*} 是表示环境影响的向量。因此，通过加入传统的列昂惕夫模型，$x = Lf$，其中 $L = (I - A)^{-1}$，就能够将 x^{p*} 表示成最终需求的函数，也就是说，最终需求 f 所诱发的直接和间接环境影响可以表示为：

$$x^{p*} = [D^P L] f$$

一般将括号内的部分看作环境影响系数矩阵。它的任意元素表示的是一单位的最终需求所诱发的环境影响。

环境影响指标一般分为两类：资源使用和污染物排放。资源使用方面，例如能源、水资源、矿产资源消耗等；污染物排放方面，例如 CO_2 排放、SO_2 排放、汞、细颗粒物等。对于环境影响指标，在投入产出研究中称为投入产出表的卫星账户。卫星账户的建立，需要对相应的环境压力指标进行大量基础数据收集工作，数据资料源于各行业统计年鉴和实地调查、统计估算等。

由于投入产出生命周期模型借助公众数据,如产业部门的直接消耗系数、各产业部门的能耗量等,研究活动的时间和资金投入得以显著降低。此外,由于该模型的基础是产业部门间的经济关系,模型计算得出的产品或服务的能耗量和环境污染量反映了社会平均生产水平,因此模型结果具有普遍性。这一特点使投入产出生命周期模型在宏观研究中应用广泛,但不适用于个例研究。该模型的缺点在于产业部门的影响数据统计与投入产出表中各部门的经济数据统计在部门划分口径方面缺乏一致性,导致对部门数据进行汇总或拆分时产生误差。同时,对部门数据的拆分或汇总加入了研究人员的主观因素,影响模型的客观性和准确度。此外,由于投入产出表无法反映产品的运行与使用,该模型仅适用于对产品物化过程各种影响效果的计算,而非产品的整个生命周期。

关于环境经济投入产出分析方法,其应用有以下几个方面:环境压力核算、生命周期评估、因素相对贡献分析、结构路径分析、风险影响分析、环境网络分析、规划分析的扩展、扩展性列昂惕夫模型。

①环境压力核算。环境压力核算关注不同环境压力指标,如水、生物质、CO_2、细颗粒物、固体废弃物等的排放情况。

②生命周期评估。在环境投入产出分析中的生命周期评估是利用投入产出表进行环境压力核算。生命周期分析中引入投入产出分析,是对传统的基于过程的生命周期评估的有力补充,解决了截断误差的问题。基于投入产出分析的生命周期评估和基于过程的生命周期评估分别被视为"自上而下"和"自下而上"的生命周期评估。投入产出表反映的是产业部门的平均水平,故而基于投入产出的生命周期评估不能对具体项目或产品进行真实评估。在上述两类视角的生命周期评估各自分析长处的基础上,一些学者提出了混合生命周期评估。

③因素相对贡献分析。因素相对贡献分析是将投入产出模型与结构分解分析(SDA)相结合,分析能源消费强度效应、能源消费结构效应、投入产出系数变动效应、最终需求规模效应、最终需求结构效应等因素变动对环境压力核算的相对贡献。

④结构路径分析。结构路径分析(Structural Path Analysis)基于列昂惕夫逆矩阵$(I-A)^{-1}$,列昂惕夫逆矩阵也称完全需求矩阵,是对产业链路径累计效应的反映。结构路径分析的本质是将这种产业链路径累计效应进行分阶段分解,进而提取出主要的产业链路径。

⑤风险影响分析。风险影响分析是将安全事故、自然灾害等风险因素与投入产出分析结合。投入产出分析在经济学领域的一个重要应用即是观察某个部门最终需求的变化对其他部门的直接和间接影响,而故障投入产出模型将这种分析应用到风险分析领域,增加了对不利条件下投入产出表所反映的经济系统交付其预期输出的理解。

⑥环境网络分析。环境网络分析是将投入产出表所反映的部门关系视为一个系统网络,部门关系包括部门与部门的交易,对应网络中的节点与边,以网络分析的视角研究投入产出表所含的能量流、物质流等环境压力关系。环境网络分析根据现有研究,大致分为生态网络分析和复杂网络分析。生态网络分析重在整体上辨识系统内在属性,对系统的结构与功能关系进行研究,如生态网络稳定性、生态网络上升性、生态网络效能等。复杂网络分析重在关注各点(部门)与边(部门间交易)的重要性和分布特征,以及点与点之间所形成的局部群落关系。

⑦规划分析的扩展。规划分析的扩展是将运筹学中的规划分析引入环境投入产出分

析,对投入产出分析模型方程组放松等式条件,扩展为一个不等式,例如总产出减去中间需求不少于最终需求。通过对环境中的相关指标设定单个规划目标和多重规划目标等方式来解决环境约束问题。

⑧扩展性列昂惕夫模型。在传统列昂惕夫模型中,分析污染产生和处理的另一个方法是在技术系数矩阵中增加污染产生和(或)处理系数,即是将生态环境影响引入到投入产出表中。在污染产生的情况下,这些系数反映了每 1 单位总产出所产生的污染。对于扩展性列昂惕夫模型如表 6.5 所示。

表 6.5　扩展性列昂惕夫模型

产业间交易					生态商品产出	
消费部门					二氧化硫	碳化氢
农业	采掘业	制造业	最终需求	总产出	二氧化硫	碳化氢
生产部门						
农业						
采掘业	*Z*			*f*	*x*	*N*
制造业						
生态商品投入						
水	*M*					
土地						

(3)混合模型

基于过程 LCA 的产品系统通过流程处理功能的生产和使用。功能是指一个商品的有用特性,并且商品可能具有多种功能。例如,空调可能具有制冷、制热、保湿等多种功能。为了提及定量功能流程,功能流程一词被广泛使用。由于功能是 LCA 中计算的基础,因此,如果 LCA 分析目标为两种空调,则应在等效功能的基础上通过减去或添加其他功能来对它们进行比较。如果不需要区各个功能,则一组功能也可以统称为功能。用于定义功能的分辨率级别取决于研究的目标。如果没有必要区分商品的所有功能,则这些功能流可以用商品流来表示。在这方面,商品流在许多情况下可以很好地替代功能流(尽管并非全部)。

将流程定义为产生功能的单元活动。换句话说,每个过程至少产生一个功能流程。存在过程是因为需要过程体现功能流。需求作为估算环境干预和投入需求的基础。在这种情况下,过程可以指工业过程以及家庭消费活动等。一个过程还需要其他过程产生的功能流来进行操作。

产品系统对功能的生产和使用可以用矩阵 $\widetilde{Z}_*$ 表示,其中一列 $(\widetilde{Z}_*)_{.j}$ 表示在一定操作周期内通过相关物理单元中给出的过程 j 消耗和产生的功能流的数量。因此,像"看电视"这样的家庭过程可能会将"看电视小时数"作为其功能流输出,并将"电度数"作为输入。使用物理单元的一个明显优势是各个流程之间的功能流关系不会因时间或整个使用过程中的价格波动而失真。

在编译过程 j 的功能流向量时,$(\widetilde{Z}_*)_{.j}$ 功能流的产生显示为正值,而消耗显示为负值。这里注意,尽管这些流动以物理单位表示,但是流动的方向可以与物理流动的方向不同。例如"废物流"的方向,从物理废物流的角度看,是从工业过程到废物处理过程,而在功能流方面,则可能是相反的方向,这可能被认为是"废物处理服务",因为废物处理设施也有可能购买废物以生产其他商品,例如加热或回收产品。在这种情况下,废物成为工业过程的功能性产出。

在大多数情况下,除了家庭流外,货币交易流清楚地表明了两个流程之间的功能流方向。对于废物垃圾来说,如果废物处理设施以热量的形式购买了废物,则该废物不再是废物,而是具有较低经济价值的功能性产出。在某些情况下,可能无法从货币交易流中明确功能流的方向。例如,假设废物回收过程免费接收来自拆除过程的废物。在这种情况下,两个进程之间没有货币交易流。但是,功能流可以理解为两个方向:废物回收过程从拆除过程中购买废物,拆除过程从废物回收过程中购买废物处理服务,价格完全与他们必须相互支付的价格相同。我们将生产和消费功能流中的过程之间的关系称为过程之间的供求关系,并且将使用这种关系来估算过程的功能流输入和环境干预,即对由于功能流的需求,一个过程不仅将获得功能流,还将获得使用的部分输入信息以及该过程在产生功能流中引起的环境干预。

在编制一个过程的功能流向量时,需要做一个稳态假设。假设过程在完全稳态条件下运行。当然,实际上几乎没有任何工业生产或消费过程都在完整的稳态条件下运行,这些过程可能会随着时间的流逝而发生产量变化或功能改变的情况。但是,这里的稳态条件意味着我们要考虑一个"过程操作"的时间段,该时间段既足够长,可以覆盖所有异常情况,又足够短,可以表示当前操作条件,并且我们在给定的时间段内均匀地分布所有这些异常情况,从而得出每个过程的平均典型投入产出比。与输入输出表相反,为每个过程选择的时间段的绝对值在过程之间可能有所不同。

定义一个稳态近似基期向量 t,其中元素 $(t)_i$ 显示了用于过程 i 稳态近似的时间窗口的大小。

$\tilde{Z}_*$ 是按过程矩阵编制的功能流矩阵,其中 $(\tilde{Z}_*)_{\cdot j}$ 是在"一段时间内"由过程 j 使用或产生的功能流的数量(这"一段时间"已确定为流程 j 的稳态近似基期的基础)。注意矩阵 $\tilde{Z}_*$ 每列中可能有多个正值,并且可能是个矩形。矩形 $\tilde{Z}_*$ 应作进一步处理,其方形、矩形性问题通常是由行索引和列索引之间的差异引起的。

矩阵 $\tilde{Z}_*$ 将功能流作为行索引,而过程作为列值。将功能性过程流矩阵转换为功能性生产流的功能流程矩阵的过程一般称为分配。为了简单起见,假设 $\tilde{Z}_*$ 是方阵。

由于已经编译的 $\tilde{Z}_*$ 通过假设,为每个过程都在完全稳态条件下运行,选择小于稳态近似基础周期的过程操作的时间窗口不会对每个输入和输出之间的比率产生任何影响。为每个过程定义一个单位操作时间是很方便的。一个过程的单位操作时间的绝对值可能会随过程而变化。定义一个称为单位操作时间 u 的向量,使得 $(u)_i$ 显示为过程 i 选择的单位操作时间,其中

$$t \geqslant u$$

可以选择单元操作时间,使每个过程输出的功能流变为 1 个单位。稳态近似的基本周期可以用单位工作时间表示如下:

$$t = \hat{u}\tilde{g}$$

$\tilde{g}$ 是各过程的时间比率向量, $(\tilde{g})_i$ 显示了单位操作时间。$(u)_i$ 是过程 i 的稳态近似基准周期,故而上式可以显示如下:

$$\tilde{g} = \hat{u}^{-1} t$$

因此,可以定义一个功能性过程流矩阵 LCA 技术系数矩阵 $\widetilde{A}_*$ 如下:

$$\widetilde{A}_* = \widetilde{Z}_* (\hat{\tilde{g}})^{-1}$$

$(\widetilde{A}_*)_{ij}$ 表示在选定的单位操作时间内,过程 j 使用或产生的功能流 i 的物理量。同样,功能流使用负值,生产使用正值。还要注意,与输入输出技术系数矩阵不同,LCA 系数矩阵没有自耗值,它位于输入输出表中间部分的主要对角线上。由于行业分类中的聚合水平,自我消费的想法实际上是一种统计假象,而 LCA 通常不是这种情况。然后,在稳态近似的基本周期内,系统外传递的功能流的量可通过以下公式计算:

$$\widetilde{A}_* \tilde{g} = \tilde{f}$$

注意下式是成立的:

$$\tilde{f} = \widetilde{Z}_* i$$

i 是求和向量;$\tilde{f}$ 是功能流的总生产量(系统外传递的功能流的量)。重新排列上式得到:

$$\tilde{g} = \widetilde{A}_*^{-1} \tilde{f}$$

对于 $\widetilde{A}_*$,假设技术系数矩阵的系数不随系统外部传递的功能流量的变化而变化,则单位操作时间 $\tilde{x}$ 产生的任意最终需求所需的功能流 $\tilde{y}$ 可由下式计算:

$$\tilde{x} = \widetilde{A}_*^{-1} \tilde{y}$$

故而,总的由任意最终需求引起的总环境干预由下式计算得到:

$$\tilde{q} = \widetilde{B} \, \widetilde{A}_*^{-1} \tilde{y}$$

$\widetilde{B}$ 是通过过程矩阵进行的环境干预,元素 $(\widetilde{B})_{ij}$ 显示了过程 j 在其单位操作时间内的环境干预量。上式使用了基于供求关系的插补算法,返回由外部对产品系统特定功能流程的外部需求引起的环境干预量。

通过在稳态近似期间将基于流程的系统中某个流程未涵盖的输入的总物料清单除以每个流程的总单位运行时间,即可得出上游按流程划分的上游截止矩阵(upstream cut-off)。

功能流矩阵的下游截止点是通过将功能流的年销售额(以与每个功能流相关的物理单位)除以每种总商品的产量得出的。

以矩阵表达上游截止矩阵和下游截止矩阵如下两式:

$$C^u = Z_*^u (\hat{\tilde{g}})^{-1}$$

$$C^d = Z_*^d (\hat{g}^{***})^{-1}$$

式中，Z^u_* 为以货币形式表示的稳态近似基期期间按过程划分的截止商品流量总量；Z^d_* 表示从流程到相关物理单元的投入产出行业的功能流的年销售额；g^{***} 显示了国内生产和进口的流动货物和资本货物的总量，其中价格水平针对与基准年的差异进行了更新，并减去了基于流程的系统所代表的部分商品流量。

截止矩阵的推导必须根据编译交易表时所依据的基本价格类型进行。如果基本交易表是根据消费者的价格编制的，则每个 LCA 流程的货物清单都可以直接用于编制上游截止矩阵。如果基本价格类型是生产者的价格，则应通过从支付的价格中减去运输成本和批发保证金，将货物清单中的信息转换为生产者的价格。跳过此过程可能会在最终结果中引起相当大的低估或高估水平。

得出的上游截止矩阵 C^u，$(C^u)_{ij}$ 是以货币单位表示的，在单位操作时间内投入—产出商品 i 到流程 j 的截止量。类似地，下游截止矩阵 C^d，$(C^d)_{ij}$ 显示以相关实物量为单位的产出货币价值单位，投入—产出商品 j 的每单位货币产出到功能流 i 的截止量。

所以，对于集成混合模型，有下式平衡关系：

$$\begin{bmatrix} \widetilde{A}_* & -C^d \\ -C^u & I-A'_{***} \end{bmatrix} \begin{bmatrix} \widetilde{g} \\ g_{***} \end{bmatrix} = \begin{bmatrix} \widetilde{f} \\ f_{***} \end{bmatrix}$$

式中，A'_{***} 表示商品投入—产出技术系数矩阵，其中包括国内和进口的当前产品和资本，价格更新为当前水平，并且不包括基于流程的过程已涵盖的部分商品流系统，g_{***} 和 f_{***} 分别代表国内和进口当前产品和资本的总产量和最终需求，其中价格已更新，且商品流动已包括减去基于过程的系统在内。

上式结果表明，生产的功能流程和投入—产出商品的数量减去在基于过程的系统和基于投入—产出的系统中使用的数量等于交付给最终消费者的数量。必须注意上式中所示的系数矩阵的单位，因为所有子矩阵的单位互不相同。LCA 技术系数矩阵 $\widetilde{A}_*$ 以每个过程、每单位操作时间的各种物理单位表示，而投入—产出技术系数矩阵 A'_{***} 以货币单位表示每种投入—产出商品的单位产出，C^u 为每个过程的每单位操作时间的货币单位，C^d 是以货币形式表示各种投入产出商品的每单位产出的各种物理单位。

对于非奇异矩阵 $\begin{bmatrix} \widetilde{A}_* & -C^d \\ -C^u & I-A'_{***} \end{bmatrix}$，

重新排列上式得到：

$$\begin{bmatrix} \widetilde{g} \\ g_{***} \end{bmatrix} = \begin{bmatrix} \widetilde{A}_* & -C^d \\ -C^u & I-A'_{***} \end{bmatrix}^{-1} \begin{bmatrix} \widetilde{f} \\ f_{***} \end{bmatrix}$$

基于线性假设，进一步可以写为下式：

$$\begin{bmatrix} \widetilde{x} \\ x \end{bmatrix} = \begin{bmatrix} \widetilde{A}_* & -C^d \\ -C^u & I-A'_{***} \end{bmatrix}^{-1} \begin{bmatrix} \widetilde{y} \\ 0 \end{bmatrix}$$

上式给出了对于功能流的任意最终需求，基于过程的单位操作时间量和基于投入产出

系统的商品量 $\tilde{\boldsymbol{y}}$。$\tilde{\boldsymbol{y}}$ 的值显示了所研究 LCA 过程的功能单元。

在所需的单位运行时间内产生的环境干预量和投入产出商品的产量可通过以下方式计算：

$$\overline{\boldsymbol{q}} = \begin{bmatrix} \widetilde{\boldsymbol{B}} & \boldsymbol{B'}_{***} \end{bmatrix} \begin{bmatrix} \tilde{\boldsymbol{x}} \\ \boldsymbol{x} \end{bmatrix}$$

$\overline{\boldsymbol{q}}$ 是混合系统产生的环境干预，$\widetilde{\boldsymbol{B}}$ 是通过过程矩阵进行的环境干预，而 $\boldsymbol{B'}_{***}$ 是通过投入产出商品矩阵进行的环境干预。

集成混合生命周期模型的计算如下式：

$$\overline{\boldsymbol{q}} = \begin{bmatrix} \widetilde{\boldsymbol{B}} & \boldsymbol{B'}_{***} \end{bmatrix} \begin{bmatrix} \widetilde{\boldsymbol{A}}_* & -\boldsymbol{C}^d \\ -\boldsymbol{C}^u & \boldsymbol{I} - \boldsymbol{A'}_{***} \end{bmatrix}^{-1} \begin{bmatrix} \tilde{\boldsymbol{y}} \\ 0 \end{bmatrix} = \overline{\boldsymbol{BAy}}$$

上式代表了一个综合的生态经济模型，该模型将基于功能流的系统与基于商品的系统集成在一起，以一个一致的数学结构，给出了基于功能流系统和商品系统在两个方向上的交互作用所产生的环境干预总量。横线（—）表示集成混合矩阵和向量。

在集成混合生命周期模型的基础上，对于层次化混合生命周期评价（Tiered hybrid LCA）、投入—产出的混合生命周期评价（Input-output based hybrid LCA）。本小节一并介绍其数学模型式。

集成混合生命周期模型如下：

$$\boldsymbol{M}_{IH} = \boldsymbol{B}_{IH} \boldsymbol{A}_{IH}^{-1} \boldsymbol{K}_{IH} = \begin{bmatrix} \widetilde{\boldsymbol{B}} & 0 \\ 0 & \boldsymbol{B} \end{bmatrix} \begin{bmatrix} \widetilde{\boldsymbol{A}} & \boldsymbol{Y} \\ \boldsymbol{X} & \boldsymbol{I} - \boldsymbol{A} \end{bmatrix}^{-1} \begin{bmatrix} \widetilde{\boldsymbol{K}} \\ 0 \end{bmatrix}$$

层次化混合生命周期评价模型如下：

$$\boldsymbol{M}_{TH} = \widetilde{\boldsymbol{B}} \widetilde{\boldsymbol{A}}^{-1} \widetilde{\boldsymbol{K}} + \boldsymbol{B}(\boldsymbol{I} - \boldsymbol{A})^{-1} \boldsymbol{K} = \begin{bmatrix} \widetilde{\boldsymbol{B}} & 0 \\ 0 & \boldsymbol{B} \end{bmatrix} \begin{bmatrix} \widetilde{\boldsymbol{A}} & 0 \\ 0 & \boldsymbol{I} - \boldsymbol{A} \end{bmatrix}^{-1} \begin{bmatrix} \widetilde{\boldsymbol{K}} \\ \boldsymbol{K} \end{bmatrix}$$

基于投入—产出的混合生命周期评价模型如下：

$$\boldsymbol{M}_{IOH} = \widetilde{\boldsymbol{B}} \widetilde{\boldsymbol{A}}^{-1} \widetilde{\boldsymbol{K}} + \boldsymbol{B}(\boldsymbol{I} - \boldsymbol{A'})^{-1} \boldsymbol{K'} = \begin{bmatrix} \widetilde{\boldsymbol{B}} & 0 \\ 0 & \boldsymbol{B} \end{bmatrix} \begin{bmatrix} \widetilde{\boldsymbol{A}} & 0 \\ 0 & \boldsymbol{I} - \boldsymbol{A'} \end{bmatrix}^{-1} \begin{bmatrix} \widetilde{\boldsymbol{K}} \\ \boldsymbol{K'} \end{bmatrix}$$

6.2.2　基于代谢理论的工程项目环境影响复杂性评价

近年来，随着城市工程项目数量的增多及规模的增大，城市的生产与活动得到了满足，但也对城市周边的生态环境造成了不可忽视的负面影响，引发了诸多资源、生态和环境等方面的问题。工程项目从材料的生成到最终拆毁，整个过程的各个阶段都与周围环境产生了大量的物质流动和能量交换，对环境产生了直接或间接的影响。对其影响复杂性评价应综合考虑社会投入产出因素与人类生产消费指标。目前，在能源、农业、可持续发展等方面得到较广泛应用的代谢理论可以很好地评价这一现象，且随着代谢理论的发展以及人类对环境的关注度越来越高，人们开始基于代谢理论研究工程项目的物质能量变化，用工程项目代谢理论评价工程项目环境影响复杂性。

1）代谢理论及发展

（1）生物代谢

代谢一词源于希腊语，具有变化或者转变之意。代谢含义的出现可追溯至 19 世纪 50 年代，生物学家莫尔肖特在其著作《生命的循环》中提出，生命是一种代谢现象，是能量、物质与环境的交换过程。随着对代谢理解的不断深入，自然科学在该方面的研究逐渐形成了两个方向。一是生物化学方向，学者们对细胞、器官、有机体等单元进行研究，代谢是指生物体内所发生的用于维持生命的一系列有序的化学反应总称；二是生态学方向，代谢表示生态系统的物质循环及能量转化。

（2）社会代谢

由于代谢理论的发展，社会文化领域也逐渐引入了代谢思想，这让人类对社会与能量关系的理解更深刻。马克思、施密特等是社会代谢概念的早期提出者，他们认为，社会代谢可以反映人类劳动、生产和商品交换等社会问题。

社会代谢包含狭义和广义两个层面。狭义的社会代谢是指不涉及自然的社会系统内部代谢；而广义的社会代谢还关注人类社会与自然界之间的物质能量交换，是自然系统与社会系统之间的代谢。在大多数研究中，虽然没有对两种含义划出明确界限，但早期的研究更多的是将社会系统的变化和社会系统与自然界之间的关联独立开来。工业革命后，以推动科技进步为由的人类利用和改造自然的力量不断壮大，导致社会代谢的规模急剧扩大，以至于出现了诸多生态环境问题，如资源短缺、环境污染以及生态系统功能退化等。至此，关于社会代谢的研究逐渐从定性研究人类与自然的相互作用过渡到定量研究人类与自然、社会经济系统和生态环境系统之间的物质能量交换，量化社会代谢规模和构成及其与经济增长和环境状况之间的关系。

随着系统的复杂化，马里奥·吉安罗（Mario Giampietro）和佐久美（Kozo Mayumi）提出了社会代谢多尺度综合评估（Multi-ScaleIntegrated Assessment of Societal Metabolism, MSIASM）方法，他们认为，社会经济系统中不断进行着物质和能量代谢，应综合考虑社会投入产出因素与人类生产消费指标，以此来判断社会的可持续发展。该方法的提出，不断地发展和完善了社会代谢理论，目前在能源、农业、可持续发展等方面得到了较广泛地应用。

（3）城市代谢

随着现代工业化和城市化进程的加快，城市经济发展与生态环境之间的矛盾日益突出。沃尔曼正式提出了城市代谢的概念，认为城市类似于生态系统，并描述了物质和能量如何流入系统，就像生态系统中的生物体消耗阳光和食物等资源一样。由于使用这种资源，系统会产生产品并伴随着废弃物的产生。

城市代谢概念的提出，指明了物质、能量流动的基本方式，揭示了城市对环境的影响，促进了城市系统的描述和分析，从而为研究人员提供了一个隐喻的框架，以研究特定区域的自然系统与人类系统的相互作用。作为城市可持续发展的指标，城市代谢促进了人类活动与自然生态系统的和谐发展。随着对气候变化和大气退化的日益关注，使用城市新陈代谢已成为确定和维持城市可持续性水平以及全球或世界范围内资源消耗，环境影响和资产积累的国际或区域比较的关键要素。

由于城市系统的社会—经济—自然的复合属性，内部囊括如工业生产、金融贸易、人居生活等不同的功能组分,产业代谢、家庭代谢等不同尺度的代谢理论开始不断地同城市代谢研究相融合,用以探讨城市内部某一功能组分的代谢过程及其对城市自身和城市外环境的影响作用。

（4）工业代谢/产业代谢

工业代谢,也叫产业代谢,该理论最初由美国学者艾尔斯(Ayres)等人提出,它表示原料和能源转变为最终产品和废物这一过程的物质变化,旨在研究人类经济社会产业系统中的物质交换和能量流动对自然生态系统的影响,通过系统结构变化分析、功能模拟和产业流分析来研究产业生态系统的代谢机能及控制方法。

将工业代谢理论与城市代谢理论结合,通过一定的分析手段,可以得到产业系统的代谢结构、强度与效率、城市对环境的影响,为有关部门提出针对性意见提供依据。

（5）家庭代谢

家庭作为一种经济系统,与环境相互作用才能生存。在这个过程中,家庭从环境中获取资源,并将排放物回馈给环境。这种自然资源流入和流出家庭的整体模式称为家庭代谢。由于资源消耗会影响环境负荷,家庭代谢将物质循环和能量流动作为量化不同生活方式的环境压力的衡量标准。

作为社会的基础单元,家庭这一系统的消费结构和代谢模式对社会子系统和城市整体具有不可忽视的基础指导作用,通过代谢类比的思路将研究尺度由家庭放大至城市,将为相关研究提供新思路,因而家庭代谢同样成为城市代谢的扩展理论之一。

（6）各类代谢活动的包含关系

自然生态系统无时无刻不在进行着代谢活动,而社会系统与自然环境系统之间保持着物质交换与能量流动。作为社会系统中的重要组成部分,城市在不同领域也存在着代谢活动,其中,工业代谢是城市代谢的生产环节,家庭代谢是城市代谢的消费环节。各类代谢关系如图6.4所示。

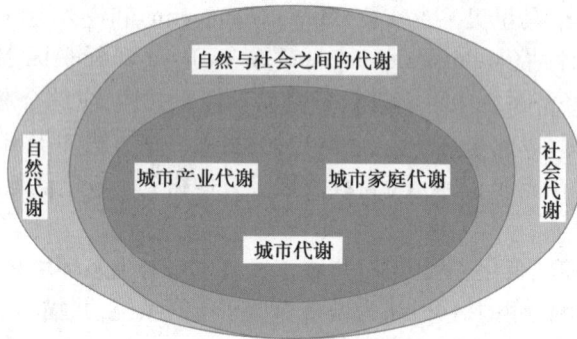

图6.4 各种代谢关系示意图

2）工程项目代谢概述

（1）工程项目代谢的内涵

作为城市代谢的部门,工程项目代谢的研究也逐渐形成,是目前代谢理论研究的新兴领域。工程项目在生命周期的各个阶段(从原材料的获取、加工、建造、使用直至拆除处置)均对物质和能量有大量的需求。研究表明,世界上每年物质和能源的消耗均与建设活动有关,且大规模建设会导致热岛效应、噪声、空气及固体废弃物污染等一系列城市环境问题。建筑位置的固定性及使用的长期性意味着它对环境影响存在巨大性及长效性。在人类社会经济系统中,输入系统的物质和资源的质量与数量、输出系统的资源和废弃物的数量与质量决定了系统对环境的影响程度。因此,降低工程项目建设过程的能耗、物质流动量,是维持城市环境正常运行的有力举措。工程项目代谢研究即是对城市工程项目的物质能量流动进行分析,探究其在一定尺度下的流动特征和转化率,阐明城市建筑代谢的过程与机制,进而提出调控方法,促进城市的可持续发展。

由于工程项目代谢是新兴的研究领域,目前还未有学者提出明确的定义,学者们大多从其自身的专业背景以及关注问题的角度来进行相应的研究。结合对城市代谢内涵的理解,工程项目代谢包含两层含义:物质性代谢流方面,工程项目代谢表示工程项目整个生命周期中的物质和能量输入及废弃物输出的过程;非物质性代谢流方面,工程项目代谢则表示除去物质性代谢流的无形要素的输入和输出的过程。

(2)工程项目代谢的研究内容

目前,在工程项目代谢的研究上,一些学者利用能值分析探讨了城市开发建设对自然、人文的影响,以此判断城市的可持续发展现状;一些学者探讨了环境受建设需要而消耗建材的影响,基于工程项目生命周期、使用的材料本身质量以及可持续发展视角,分析城市可持续发展的影响因素;还有一些学者利用计算机技术对主要能量消耗和环境影响进行了研究等。

结合目前的研究并借鉴城市代谢思想,工程项目代谢的研究内容主要包含两方面。

①物质性代谢流研究。物质性代谢流研究包括工程项目的物质和能量在不同时空尺度流动过程与机制、工程项目代谢的系统分析、环境影响与风险评价以及工程项目代谢的调控研究等。

②非物质性代谢流研究。非物质性代谢流研究包括研究工程项目的货币信息流、经济收益、人类满足感等,对城市进行感性评价或为有关部门进行政策调控提供依据。

(3)工程项目代谢研究的边界

基于工程项目代谢的主要研究内容,参照工程项目全生命周期系统和城市代谢的拓展模型,可得出工程项目代谢的系统结构。其中,将全生命周期的工程项目系统作为主体,从周围环境中获取土地、水、各种建筑材料和能源等有形物质,以及货币、信息等无形要素。在运行过程中,系统内部向周围环境输出建筑废弃物和可回收的建筑垃圾,同时还实现了工程项目的功能、经济收益、满足人类需求等。界定工程项目代谢的边界主要包括物理边界和时间边界。

①物理边界:

a.输入原材料。原材料主要包括黏土、石灰石、生铁、石材等生产建筑材料的原材料。

b.输入能源。能源主要包括用于运输原材料、生产和建筑材料所需的燃油,建造、运维、拆除和建筑垃圾,再循环过程所需的电力和能耗。

c.输入货币和信息。

d.输出建筑固体废弃物和可回收垃圾。建筑固体废弃物主要包括建设与改造、拆除产生的建筑垃圾。

e.输出废水。废水主要包括原材料开采、建造、使用过程的废水排放。

f.输出废气。废气主要包括运输(原材料、建筑材料、建筑垃圾)和施工过程的污染气体排放。

g.输出经济收益、美学享受、人的满足感等无形要素,实现工程项目自身功能及可利用性。

②时间边界:

工程项目全生命周期系统的时间边界包括3个过程和两个阶段。

3个过程包括建筑原材料的开采和运输过程、建筑材料的生产和运输过程、工程项目规划设计和施工过程。其中,建筑原材料的开采和运输过程、建筑材料的生产和运输过程属于建筑材料的生产运输阶段,工程项目规划设计和施工过程属于施工建造阶段。工程项目代谢系统结构如图6.5所示。

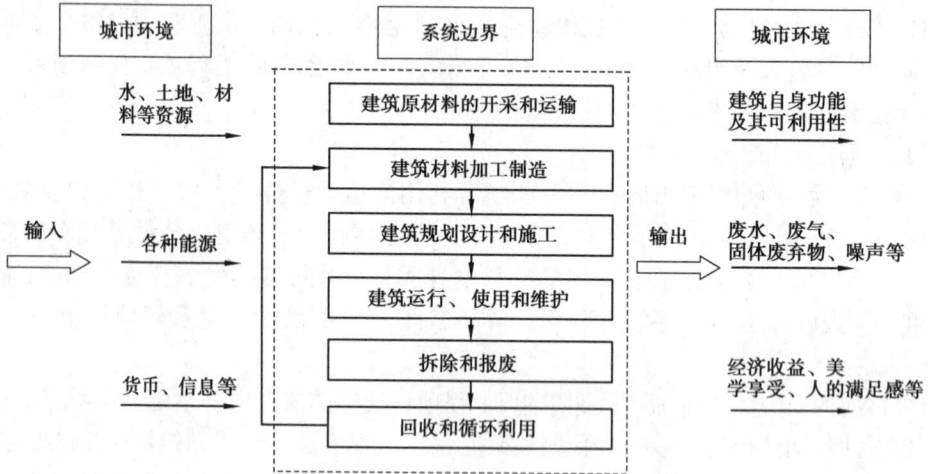

图6.5　工程项目代谢系统结构

3)工程项目代谢的主要评价方法

工程项目代谢的评价方法主要包括物质流分析、能值分析(图6.6)、能流分析、生命周

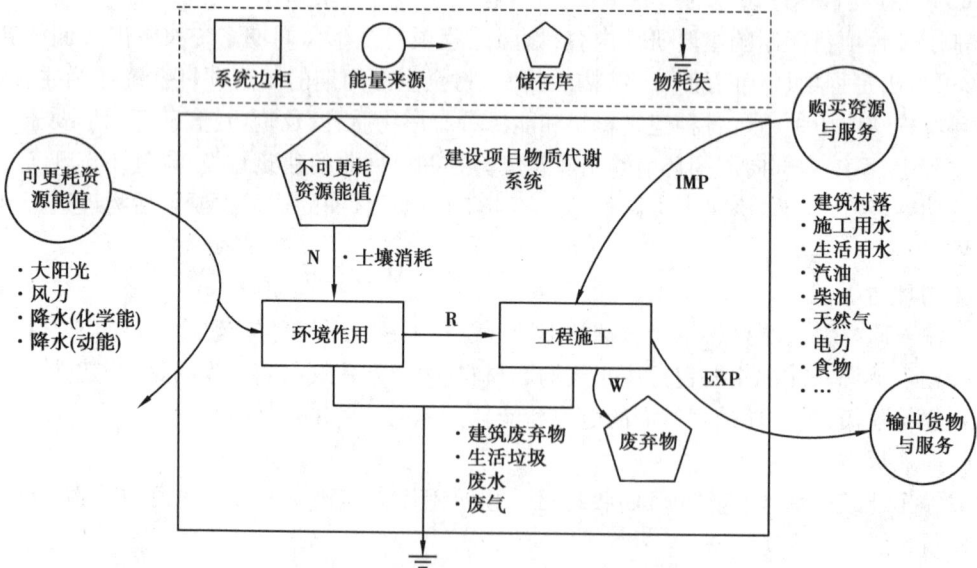

图6.6　建设项目资源代谢能值分析过程示意图

期评价以及㶲分析[①]。上述 5 种方法适用范围和优缺点不同,具体如表 6.6 所示。值得注意的是,在实际研究过程中,各个方法不是孤立存在的,可能存在利用多种方法对工程项目代谢进行全方位的研究分析。一般来说,生命周期评价的应用最为广泛,能够同其他所有方法适用,常将能流分析与㶲分析结合进行研究。上述方法会因研究人员的研究角度和问题不同而出现各类方法组合。

表 6.6 工程项目代谢测度方法比较

研究方法	适用范围	优点	局限
物质流分析(Materials flow analysis,MFA)	整个工程项目系统或者单个建材构件的物质流入特征;进出系统的物质质量与数量及其对生态环境影响	忽略了工程项目系统内部特征,直接以物质流动来得到其环境压力,简单有效;采用物理量作为单位,有利于不同时间和地区的比较	只考虑工程项目系统物质的流入、流出量,忽略了不同的物质流量的环境影响;忽略了系统内部的物质流动;难以分析系统的隐藏流
能值分析(Emergy analysis,EMA)	工程项目系统能量流动以及内含能方面的研究,为建筑的节能潜力和可持续性评估提供依据	能够将系统中不同种类,不可比较的能量转化成同一能量,实现了可比性;能够综合分析建筑系统中的各种生态流;能够定量分析整个系统的结构功能特征和生态环境效益	能值转换率难以确定,特别是针对特定工程项目的研究,可信度低;应用于工程项目领域的能值评价指标体系不完善
能流分析(Energy Analysis)	工程项目使用阶段的能源使用数量及其效率研究	能够考察建筑系统的能量输入流及其相应特征	难以体现不同形式能量在品质及其他多种属性上的差异,尤其是能源的生态环境成本;无法反映能量转换过程中独有的单一方向性特征
生命周期评价(Life cycle assessment,LCA)	整个工程项目系统或者单个建材构件的环境性能的综合量化评价	全过程评价,系统性强,研究详细;可比较不同地区工程项目同一环境行为影响	在工程项目系统的边界设置、数据收集和指标设定等方面易受主观影响;环境影响评价模型有局限性;工作量大,耗时长,费用高
㶲分析(Exergy Analysis)	工程项目使用阶段能源使用数量和质量研究	能表达有效代谢流的概念;反映工程项目系统内部的结构、梯度、等级和组织等特征	准确性不高;计算模型通用性不强;环境㶲值无从计算或计算不准确

---

① 㶲分析,即以用能就是用㶲、节能就是节㶲这样一种观点为基础展开的过程热力学分析。㶲分析法既可评价用能过程,特别是实现能量转换以获得动力的用能过程,还可以揭示出热力系统的薄弱环节,评价系统的热力学完善性。

6.3　工程项目环境影响复杂性降解策略

6.3.1　工程项目环境影响复杂性降解路径

绿色循环低碳发展,是当今时代科技革命和产业变革的方向,而工程项目从材料的生成到最终拆毁整个过程的各个阶段都与周围环境产生了大量的物质流动和能量交换,其环境影响的复杂性对项目周边的生态环境造成了不可忽视的负面影响,引发了诸多资源、生态和环境等方面的问题,这也对建设项目的环境影响复杂性控制策略提出了更高的要求。环境的复杂程度对工程项目复杂性的影响是以技术复杂性和目标复杂性为中介的,因此,通过环境系统减低工程项目复杂性可以分为3方面:①降低环境自身的复杂程度;②减弱环境复杂性对技术复杂性的影响程度;③减弱环境复杂性对目标复杂性的影响程度。

由于环境复杂性的影响因素其中一些部分是客观存在的,所以,针对降低环境自身的复杂程度的策略主要集中在利益相关方的管理和环境风险管理两方面。针对减弱环境自身的复杂程度的措施按照重要性排序有以下几种情况。

①环境要素相关性的降低,具体包括:

a.减少对利益相关方的依赖性和减弱利益相关方的关联程度,具体是指在项目的规划设计阶段,对项目的利益相关方进行分析,确定拥有关键资源的利益相关方群体,对其进行重点监控,尽可能地确保关键资源来源广泛。

b.在项目的实施阶段,对拥有项目关键资源的利益相关方进行关系管理,包括人际关系管理、冲突管理、沟通管理等。

c.构建项目利益相关方的合作协调机制,确保项目利益合理分配。

②环境要素多样性的降低,具体是指减少利益相关方的数量,包括:

a.在项目的计划阶段,合理选择项目的实施方案,在满足项目要求的情况下,选择囊括利益相关方数量少的项目方案。

b.在项目的实施阶段,做好预防措施,避免由于计划方案改变或者项目环境变动导致的利益相关方数量增加。

c.通过合同与法律手段或竞争与合作关系实现参与方集成。

③环境风险的预防与控制,识别工程项目存在的环境风险,并进行风险分析,针对影响程度在不可接受范围内的环境风险,进行事前预防,降低其发生时的损害程度,减少由于环境风险导致的工程项目复杂性。

减弱环境复杂性对技术复杂性的影响的具体策略有:①在进行技术选择时,选择受到利益相关方及自然、社会、政治、经济环境影响小的技术种类,避免由于国家法律法规、经济现状、政策调整、利益相关方诉求改变造成的项目技术改变;②保留一定的技术余量,使得工程项目的技术系统能够面对更加复杂的项目环境,避免由于环境复杂程度的改变,造成技术系统大幅度变化。

减弱环境复杂性对目标复杂性的影响程度的具体策略是,在项目决策阶段,进行项目目标规划时,对未来项目外界环境进行情景演绎,进行长期需求分析,确保项目目标系统在长期环境下具有适用性、可行性。

6.3.2　工程项目环境复杂性降解的工作要点

工程项目环境复杂性降低的工作要点应围绕建设工程项目的全生命周期进行分解,从而在工程项目的前期策划、规划设计、施工、运营等阶段,为工程项目的不同参与方实施环境复杂性降低工作提供指导。不同阶段工程项目环境复杂性降低的工作要点如下。

(1)前期策划阶段的工作要点

在工程建设前期策划阶段,为了能达到工程项目环境复杂性降低的要求,必须要保证场地建设不破坏当地文物、自然水系等;建筑场地选址无洪涝灾害、泥石流等灾害;建筑场地安全范围内无危险源;住区内部无排放超标的污染源。在保证这些控制项目要求的基础上,应充分利用尚可使用的旧建筑,还应视情况合理开发、利用地下空间并合理选用废弃场地进行建设。对已被污染的废弃地进行处理并达到有关标准。这些要求都是建设单位的工程项目管理人员必须考虑的问题。

(2)规划设计阶段的工作要点

在工程建设规划设计阶段,为了能达到工程项目环境复杂性降低的要求,必须保证人居居住用地指标符合要求;住区建筑布局保证室内外的日照环境,采光和通风满足要求;种植适应当地气候和土壤条件的乡土植物;住区的绿地率不低于30%,住宅建筑热工设计和暖通空调设计符合国家批准或备案的居住建筑节能标准的规定。当采用集中空调系统时,所选用的冷水机组或单元式空调机组的性能系数、能效比符合《公共建筑节能设计标准》(GB 50189—2015)中的有关规定;采用集中采暖或集中空调系统的住宅,设置室温调节和热量计量设施;在方案、规划阶段制定水系统规划方案,统筹、综合利用各种水资源;采取有效措施避免管网漏损;采用节水器具和设备,节水率不低于8%;景观用水不采用市政供水和自备地下水井供水;使用非传统水源时,采取用水安全保障措施,且不对人体健康与周围环境产生不良影响;建筑造型要素简约、无大量装饰性构件;每套住宅至少有1个居住空间满足日照标准的要求,当有4个及4个以上居住空间时,至少有2个居住空间满足日照标准的要求;卧室、起居室(厅)、书房、厨房设置外窗,房间的采光系数不低于《建筑采光设计标准》(GB/T 50033—2001)的规定;对建筑围护结构采取有效的隔声、减噪措施;居住空间能自然通风,通风开口面积在夏热冬暖和夏热冬冷地区不小于该房间地板面积的8%,在其他地区不小于5%;室内游离甲醛、苯、氨、酚和TVOC等空气污染物浓度符合《民用建筑室内环境污染控制规范》(GB 50325—2010)的规定;住宅水、电、燃气分户、分类计量和收费。

另外,规划设计阶段在节地和室外环境方面还应考虑住区公共服务设施按照规划配建,合理采用综合建筑并与周边地区共享;住区环境噪声符合标准;住区室外日平均热岛强度不高于1.5 ℃;住区风环境有利于冬季室外行走舒适及过渡季、夏季的自然通风;栽植的植物符合气候特点和相关要求;公共交通网络设计符合要求;在节能与能源利用方面还应考虑利用场地自然条件,合理设计建筑体形、朝向、楼距和窗墙面积比,使住宅获得良好的日照、通风和采光,并根据需要设遮阳设施;选用效率高的用能设备和系统,集中采暖系统热水循环水泵的耗电输热比,集中空调系统风机单位风量耗功率和冷热水输送能效比符合现行国家标准的规定;当采用集中空调系统时,所选用的冷水机组或单元式空调机组的性能系数、能效比《公共建筑节能设计标准》(GB 50189—2015)中的有关规定值高一个等级;公共场所和部位的照明采用高效光源、高效灯具和低损耗镇流器等附件,并采取其他节能控制措施,在有自然采光的区域设定时或光电控制;采用集中采暖或集中空调系统的住宅,设置能量回收系统(装置);根据当地气候和自然资源条件,充分利用太阳能、地热能等可再生能源,可再生能源的使用量占建筑总能耗的比例大于5%。在节水和水资源利用方面还应考虑合理规划地表与屋面雨水径流途径,降低地表径流,采用多种渗透措施增加雨水渗透量;绿化用水、洗车用水等非饮用水采用再生水、雨水等非传统水源;绿化灌溉采用喷灌、微灌等高效节水灌溉方式;非饮用水采用再生水时,优先利用附近集中再生水厂的再生水;附近没有集中再生水厂时,通过技术经济比较,合理选择其他再生水水源和处理技术;降雨量大的缺水地区,通过技术经济比较,合理确定雨水集蓄及利用方案;非传统水源利用率不低于10%。在节材和材料资源利用方面还应考虑建筑结构材料,合理采用高性能混凝土、高强度钢;建筑设计选材时考虑使用材料的可再循环使用性能;土建和装修一体化设计施工,不破坏已有的建筑构件及设施,在保证性能的前提下,使用以废弃物为原料的建筑材料等。在室内环境质量方面还应考虑居住空间开窗具有良好的视野,且避免户间居住空间的视线干扰。当1套住宅设有2个及2个以上卫生间时,至少有1个卫生间设有外窗;屋面、地面、外墙和外窗的内表面在室内温、湿度设计条件下无结露现象;在自然通风条件下,房间的屋顶和东、西外墙内表面的最高温度满足《民用建筑热工设计规范》(GB 50176—2006)的要求;设置采暖或空调系统(设备)的住宅,运行时,用户可根据需要对室温进行调控;采用可调节外遮阳装置,防止夏季太阳辐射透过窗户玻璃直接进入室内;设置通风换气装置或室内空气质量监测装置等。为了方便今后的运营管理,还应考虑垃圾站设冲洗和排水设施;智能化系统定位正确;设备、管道设置便于维修、改造和更换等要求。

除此之外,还应尽量考虑采暖或空调能耗不高于国家批准或备案的建筑节能标准规定值的80%;可再生能源的使用量占建筑总能耗的比例大于10%。在许可的情况下,非传统水源利用率不低于30%;采用资源消耗和环境影响小的建筑结构体系;可再利用建筑材料的使用率大于5%;卧室、起居室(厅)使用蓄能、调湿或改善室内空气质量的功能材料;对可生物降解垃圾进行单独收集或设置可生物降解垃圾处理房。垃圾收集或处理房设风道或排风、冲洗和排水设施,处理过程无二次污染。这些要求是规划设计人员在规划设计工作中必须重点考虑的问题。

(3)施工阶段的工作要点

在施工阶段必须保证施工过程中制订并实施保护环境的具体措施;建筑材料中有害物质含量符合国家标准。另外,还应尽量保证施工现场500 km以内生产的建筑材料重量占总重量的70%以上;现浇混凝土采用预拌混凝土;将建筑施工、旧建筑拆除、场地清理时产生的固体废弃物分类处理并再利用;栽种和移植的树木成活率大于90%,植物生长状态良好。同时除了规划设计阶段,在施工过程中也应考虑土建与装饰工程一体化设计施工问题,不破坏和不拆除已有的建筑构件及设施。这些要求是施工过程中建筑施工单位人员必须重点考虑的问题。

从以上分析可以看出,不同阶段实施工程项目环境复杂性降低的工作要点是不一样的。建筑工程行业的从业人员应该从自身的工作出发,针对工作所涉及的阶段补充和完善工程项目环境复杂性的知识和技能,从而为更有效地实施工程项目环境复杂性下降奠定基础。建设单位是实施工程项目环境复杂性下降的核心单位,对于建设单位的从业人员,因其项目管理涉及工程项目生命周期的各个阶段,必须熟悉和了解每个阶段的工作要点。

6.3.3 工程项目环境影响复杂性的管理措施

对应不同阶段,工程项目环境复杂性管理有不同的内容,其环境复杂性管理工作也有所侧重。

(1)工程项目前期环境影响复杂性管理

在建议书阶段,环境影响复杂性管理的主要内容有对项目所在地进行环境调查,对建设项目可能产生的环境问题进行初步分析,对环境保护总体方案进行预审。

在可行性研究阶段,环境影响复杂性管理的主要内容是项目的环境影响评价,其主要工作有环境影响评价报告书编制、评审、备案等。在做可行性研究时,必须将环境成本纳入项目总成本。所谓环境成本,又称经济过程中的环境投入,是指与经济活动造成的自然资产实际或潜在恶化有关的成本,用于表现经济过程利用自然环境所付出的代价,由此反映了自然资产经济的使用价值。从项目实施的环境角度看,它是与项目实施过程中经济活动造成的自然资产实际或潜在恶化有关的成本。它既可作为衡量经济产出时的环境成本,又是对自然资产存量的抵减项目,属于自然资产的负投资。

另外,进行建设项目环境影响评价,预测项目的建设对环境造成的影响,有针对性地研究环境保护措施,预先进行环境影响复杂性管理策划,同时指导项目实施全过程。

进行工程项目的选址时,不仅要考虑项目的经济效益,包括交通等基础设施、原材料供应、当地文化教育状况等因素,还必须全面论证、综合分析该工程项目的行业性质、污染特点及拟建地区的自然环境、生态环境等,考虑项目的地理位置、气象、水文、地质地貌、环境容量、环境污染的种类、强度等因素。工程项目选址的原则为,尽量减少对项目所在地生态环境和景观的影响和破坏,包括建设阶段和运行阶段。

在设计阶段,环境影响复杂性管理的主要内容是按照环境保护设计规范和技术要求等审查、确定环保设计并体现在设计文件中。在工程项目全生命周期中,项目的设计阶段对环境的影响巨大。设计的指导原则有,尽量使用可循环使用的材料;避免使用含有害物质的材料,如含氟氯化碳、重金属、甲醛等有毒化学品的材料;采用新的建筑设计技术使拆除方便,回收利用方便;采用雨水收集技术,并将其充分利用。

(2)建设项目建设期的环境影响复杂性管理

在施工准备阶段,环境影响复杂性管理的主要内容是项目施工组织设计中环保内容和要求的落实,"三通一平"工作的环境监理等。施工组织环境影响复杂性管理要求施工单位在合理进行组织计划时,一是要保证建筑物及施工人员的安全问题,二是要确保建筑物的高质量,三是施工计划要保证项目能按照约定期限交工。针对不同方面的要求要有相应的具体环境保护措施,培养施工人员和技术人员在施工的各个环节严格按照相应的施工组织保护的具体措施,在进行施工组织环境保护的同时,应从多方面综合考虑,在保证质量、安全和进度的前提下将绿色施工政策运用到施工过程中。

在施工阶段,环境影响复杂性管理的主要内容是项目各项工程的环境监理及其他环保工作,进行项目环保设施的施工管理等。其中,环境监理单位必须在施工现场对污染防治和生态防护的落实情况进行检查,并监督、检查各项环境保护措施及设施的落实情况,施工企业未能按相关环境保护要求和规定施工时,环境监理单位应责令相关建设单位限期整改,并对已经造成的生态环境破坏采取必要的补救措施或要求予以恢复。

在竣工验收阶段,环境影响复杂性管理的主要内容有项目环保设施的竣工验收工作,项目各项工程施工环保要求的达标验收等。建设项目竣工环保验收调查是实现建设项目环保验收这一目标的重要方式,在工程竣工和投入试运行之后,对项目各类环保措施的实施状况以及环保设施的建设、运行状况进行调查,对建设项目正式投入运营前后的环境效益以及周边的生态自然环境状况、"三废"排放的改变幅度等进行初步评估,并综合考虑项目实施和正式生产运行期可能出现的各种环境问题、环境影响评价过程可能忽略的环境问题以及勘察、设计阶段所采取的环境保护措施与环境保护投资效果的局限性,制订和完善相关环境破坏与污染的补救措施,从而确保建设项目的经济、社会效益与环境效益的协调、一致发展。

思考题

1. 工程项目环境影响复杂性的内涵是什么? 有哪些主要特点?

2. 请简要说明工程项目环境影响复杂性的主要评价方法。

3. 为什么工程代谢理论可以用来评价工程项目环境影响复杂性?

4. 项目全生命周期中如何控制工程项目环境影响复杂性?

5. 请分析中国全面绿色转型与控制工程项目环境影响复杂性的关系。

7

工程项目文化与社会复杂性

7.1　工程项目文化复杂性的内涵

工程项目文化是由工程组织在工程建设过程中建设、呈现、沉淀的一种文化，属于组织文化的一种，因此，要对工程项目文化进行研究首先要对组织文化进行了解。组织文化是一个组织由其价值观、信念、仪式、符号、处事方式等组成的特有文化形象，简单而言，就是企业在日常运行中所表现出的各个方面。群体在学习解决内部整合及外部适应的问题时，该模式运行充分良好，从而被认为有效，进而作为与那些问题有关的知觉、思维和感受的正确方式传授给新成员。组织文化这一概念既解释了它的形成和演化过程，又表明了它具有整合内部要素和适应外部环境的作用。

作为组织文化的一种，工程项目文化既有组织文化的普遍性，还兼具工程实践的特殊性。众多学者普遍从工程项目文化的功能性角度出发，对工程项目文化的定义可以概括为，工程项目的各参与主体在工程建设过程中形成的被工程建设成员普遍认同、共享和遵循的价值观念、思维模式以及建设实践中的管理方式、员工行为等方面的总和。此类定义强调的是工程组织文化所具备的组织文化的普遍性以及它作为管理工具所具备的对工程组织成员的引导性和约束性。但此类定义是从其功能角度出发，只对工程项目文化的功能性特点和多层次的呈现形式进行概括，没有考虑因其建设主体多元化等工程特征所导致的文化复杂性问题，因此，此类定义也无法对工程项目文化的复杂性研究提供指导。我们也可将此类定义作为狭义的工程项目文化。

与以上从功能角度出发对工程项目文化进行研究有所不同的是，斯坦福大学的乔安娜马丁（Joanne Martin）用 3 种观点来解释组织文化的内涵，这 3 种观点也同样适用于工程项目文化。首先是融合性，即组织内达成的一致共识；其次是差异化，即组织中的亚文化差异性；最后是碎片化，即文化中存在的不平衡状态和模糊性。乔安娜认为这 3 个观点同时存在于组织文化中，但是在不同情况下各个观点表现的突出程度可能有所不同。此种解释在组织文化具有的同一性基础上又加入了差异性和碎片性的观点,更有助于研究组织文化的差异性问题。乔安娜关于组织文化的理论同样可应用于工程项目文化中,因此,基于以上理论我们对工程项目文化做出以下定义,工程项目文化是由工程项目各个参与主体在工程建设实践过程中形成的精神财富总和,它不仅包括被工程建设成员普遍认同和共享的价值观、思维模式和行为准则,也包括各参与主体中存在的相互有差异、模糊和不均衡的价值观念、思维模式、行为准则及文化外显形式(如工程问题的解决方案、物质文化等)。我们可将此类定义作为广义的工程项目文化。

基于以上定义,我们可对工程项目文化复杂性的内涵进行了解。在一个工程中,工程组织由多个参建主体构成,而工程建设前各参建主体在自身组织发展过程中就已经形成了各自独特且相对稳固的组织文化,因此,在工程开始建设后,各参建主体的组织文化就会表现出明显的不同,即差异化;但是随着工程建设的进行,在工程主导方的引导和干涉下,通过各参建主体互相学习、交流沟通,对彼此的文化观念进行整合,可能就会达到各自的组织文化相互融合,从而形成有序、统一的工程项目文化,即融合性;但是,在各参建主体的价值观念不同、利益目标冲突等因素影响下,彼此之间的相互排斥、相互对抗等情况,可能导致其工程项目文化处于无法融合、混乱无序的碎片化状态,即碎片化。总的来说,工程项目文化既有融合性,又具有差异性和碎片性;融合性是工程项目文化收敛有序的趋势,而差异性和碎片性则是工程项目文化复杂性的表现。

对于工程项目文化的研究主要是从工程中的文化现象入手,通过对其进行研究解决由于人的复杂性和工程的复杂性导致的工程管理问题。所以在研究工程项目文化时,只有存在于那些具有建设主体多样、建设环境复杂等特点的大型工程中的文化形式和文化现象才更有研究意义,它们是工程项目文化研究的主要对象。因此,在提到工程项目文化这一概念时,一般都是指大型复杂工程中的工程项目文化。在大型复杂工程中,工程组织的组成包括各企业、研究咨询机构、政府相关部门等多方参建主体。在工程建设开始前,各参建主体就已经形成了各自独特且相对稳固的组织文化,而在工程建设过程中这种组织文化仍会对组织成员的价值观念、行为方式产生影响;而各参建主体的组织文化正是其工程项目文化的主要组成部分,由于所属组织不同而呈现出差异性,在工程建设实践中则会不断碰撞与融合。同时我国古代劳动人民在长期与自然灾害斗争中不断认识工程实践规律、探寻自然真理,经历了"物竞天择、逆境求生"到"人定胜天",再到"人与自然和谐共生"的过程,逐渐形成了具有我国传统文化内核的工程亚文化。在这个过程中涌现出无数民族智慧和团结协作的雄伟史诗,这些优秀的传统工程项目文化也将对工程项目的文化和社会复杂性产生显著而深远的影响。

7.2　工程项目文化的自组织特征

7.2.1　工程项目文化的系统结构

工程项目文化的系统结构是一个内涵丰富的系统体系,且其体系包含多样的层次结构。工程项目文化的一个重要特征就是其工程组织是由众多参建主体共同构成的,因此,工程项目文化系统存在两个系统边界,第一个系统边界是指各参建主体的组织边界,即该边界范围内文化主要是由所属参建主体的领导者和相关管理制度的影响,在带有行政指令的强制性的文化影响力的作用下,该组织内成员的价值观念和行为方式则会趋于一致。第二个系统边界是指工程组织的系统边界,即该边界范围内各参建主体的组织文化呈现差异性,而工程主导方通过激励机制及合同关系对各方之间文化的碰撞、交流、冲突及融合进行调整。

工程人员作为文化个体,是文化的创造者、推动者、传播者及重要载体,更是研究工程项目文化内在演化动力机制的决定性因素。因此,这里是从文化的载体角度入手,从宏观到微观将工程项目文化系统划分为3个层次,即文化层、亚文化层及文化个体层。

从工程项目文化的微观层面来看,文化个体就是指每一个工程参与人员,它是组成工程项目文化的基本单位。对于文化个体来说,文化观念和文化行为会受内、外部双重因素的影响。具体来说,在工程项目文化系统中,宏观层面和中观层面分别通过整个工程项目文化和各参建主体的亚文化来影响文化个体的文化观念及文化行为;与此同时,在组织目标、自身需求以及外界环境等多方面的作用下,各文化主体通过在工程组织内外的文化观察、文化学习及文化交互等社会化过程中不断完善和改进自身的文化观念和文化行为。

从工程项目文化的中观层面,也就是亚文化层来说,亚文化具有联系和沟通工程项目文化层与文化个体层的作用。本书中的亚文化是指一个工程组织中不同群体形成的各自独立的价值观念、行为准则和规范制度等。按照参建主体即文化来源不同,可分为业主方亚文化、监理方亚文化、设计方亚文化、施工方亚文化、中介机构亚文化等。工程项目文化中观层面的亚文化层相对宏观层面的工程项目文化层来说,能够对组织中的各个文化群体之间的相互作用进行更加详细、方便地了解和测度;而亚文化层相对微观层面的文化个体层来说,能够把由多个文化个体的微观文化共同表现出的文化群体的普遍性文化进行更直观地呈现。

通过以上关于工程项目文化系统的结构层次的分析也能看出工程项目文化系统是一个复杂、开放的系统。传统的工程项目管理理论主要受还原论思想影响而具有一定的局限性,没有考虑到复杂工程项目系统由于内部各个结构间互相关联、互相影响引起的不可还原性,所以对于工程项目文化系统的研究分析并不适用;而基于复杂性科学的自组织理论则是研究开放复杂系统的有效方法。下文是基于自组织理论对工程项目文化的自组织特征进行的详细说明。

7.2.2 工程项目文化的自组织特征

组织根据自身的形成形式可分为他组织和自组织两种。他组织指的是系统依靠外部指令而形成组织;自组织指的是系统不依靠外部指令而是通过某种默契的规则,各司其职,协调运行,进而自发地形成有序结构。自组织理论主要用于研究复杂自组织系统的形成及发展机制问题,即研究系统自动地从混沌无序的状态向稳定有序的状态演化的过程和规律。

自组织理论认为自组织系统应具备的主要特征包括开放性;远离平衡态;具有非线性相互作用;具有自适应性。本研究对工程项目文化是否具有自组织系统的特征进行分析。

(1)工程项目文化系统是一个开放系统

熵增原理来自热力学,这里是表示任何一个孤立的系统都会自发地趋于无序状态,因此,代表着系统无序程度的物理量"熵"也会自发地趋于增加。但对于一个开放系统来说,它能够与外界环境进行物质和能量交换,也就是通过从外界引入负熵流来抵消系统内部的熵增,从而使系统自身的总熵逐渐降低,系统最终由无序状态转化为有序状态。

因此,对于一个工程项目文化系统而言,只有对外界环境开放,不断吸收新文化,才能不断地、更好地应对环境变化,从而持续发展,最终使系统趋于有序,运行良好。工程项目文化只有实现对外部环境的开放,才能不断地推陈出新,进而具备环境应变能力,做到持续发展。另外,工程项目文化的开放程度还会直接影响工程管理的效能以及对环境的适应能力。

工程项目文化系统的开放性体现在多个方面。首先,体现在它的多元继承性。在一个工程中,工程组织的各参建主体均有自身不同的组织文化。而这些参建主体各自的组织文化会通过形成各自亚文化的形式参与到整个工程项目文化系统中。其次,工程项目文化的开放性体现为文化的多层次互动。管理学上认为,现代经济组织中的个体都嵌在从宏观到微观的5个文化层次之中,即全球化文化、国家文化、组织文化、团体文化、个人文化。在自下而上的适应性行为和自上而下的文化渗透中,可以充分表现出文化的动态。大型工程的参建单位文化层次更多,其中可能会来自不同国家和地区的文化渗透,更高层次的文化必然会影响工程项目文化的形成及演化。最后,工程项目文化的开放性还体现为人员流动导致的与外界环境之间的文化要素的交换。尤其是在一些大型工程项目进行建设时,时常需要招募一些临时的施工人员。然而,随着临时施工人员的参与,这些人员自身的价值观念、行为准则以及地域文化风俗都会对本工程项目文化造成影响。

综上,工程项目文化系统的开放性能够持续提升环境应变能力、持续进行优化更新,从而达到可持续发展的必要条件。

(2)工程项目文化系统经常远离平衡态

热力学上的平衡态指的是一个孤立系统达到的不再随时间变化的状态。在系统达到平衡态时,表明系统已达到熵值极大的无序状态,即不能产生新的有序结构。从管理学和社会学的角度来看,当系统远离平衡态时,则表示内部的各组成部分之间有较大的差异性,各组成部分之间的差异越大,系统就离平衡态越远。各组成部分之间的差异性主要是指在性质和功能方面的差异,而不是数量上的差异。在非线性相互作用下,只有性质和功能上相互独立的组分才可能使系统远离平衡态。

如果一个工程组织有着异质的、非平衡的、非均匀的系统,那么这个工程组织一定具有蓬勃的生命力。因为当一个工程组织处于平衡态时,系统内部的信息量最小、混乱程度最大、无序性最高。另外,一旦工程组织达到这种平衡态,强稳定性的吸引子就会将其禁锢,从而使工程组织难以突破和发展。例如,如果某工程组织中有一个独断专行、与组织成员缺乏沟通、信任的业主,那么也许从表面上看,组织各成员安静有序,各司其职,但实际上该组织相互之间缺少沟通、交流和共同的组织目标,强势的业主会使组织的工作氛围更加紧张。表面的平静和时间的推移,可能导致建设过程中的潜在问题不断累积,最终引发更大的问题。因此,工程管理者要避免工程组织出现没有生机的平衡状态,应力求把工程组织建立为一个动态的平衡、保持活力、对环境变化敏感的组织。

(3)工程项目文化系统充满非线性相互作用

一个工程项目文化系统如果要从无序向有序转变,并使系统达到新的平衡状态,除了必要的开放性和远离平衡态,还需要依靠系统内部各要素之间的非线性相互作用来实现,即通过系统内部非线性机制的调节作用达到系统的自我完善。

在工程项目文化系统中,内部各组分之间的相互作用是依靠文化信息流和文化影响力来进行描述的。工程建设过程中,各参建主体间的资源和能力并不是简单的线性叠加,而是依靠各生产要素间的相互影响与合作,进而形成最终的工程交付物以及有独特价值的服务。在各参建主体彼此间非线性作用的影响下,实践过程中所产生的服务价值以及最终工程交付物的价值都远超出系统输入要素的价值总和,这样便形成了工程组织介于市场和企业之间的组织形态,也形成了工程组织的社会效益和经济效益。同理,在形成工程项目文化的过程中,并不是将参建主体各自的亚文化进行直接的线性叠加,而是通过各自亚文化彼此间的非线性作用,即相互碰撞、相互排斥、相互博弈或相互融合形成。

(4)工程项目文化系统是一个自适应性系统

在系统理论中,适应是指在系统外部环境发生改变时,系统通过对自身的结构和功能进行调整,从而使自身保持与环境协调的动态过程。从系统内部来看,适应性体现在系统内部各组分间通过一种稳定有序的方式合作与竞争,促使系统发挥出正常的功能;从系统外部来看,适应性体现在系统与环境之间的信息、能量及物质交换,是通过一种稳定有序的方式进行的。系统组分之间稳定有序的互动协作、系统与环境进行稳定有序的交换,这两者表现为互为因果的关系;当如此稳定的运行方式遭到破坏时,系统为适应变化必须对自身进行调整,否则只能被迫解体。

工程项目文化的自适应是指文化系统可以通过自身能动性主动和外部环境构建协调关系。工程项目文化系统的自适应性主要是受组织中各文化个体的主观能动性、应变能力、文化学习能力等多方面的影响。为了与组织外部环境相适应,文化个体会在外界环境对自身产生刺激时,对自身在工程实践中的价值观念以及行为方式等进行调整,这样包含了大量文化个体的文化系统便由于个体的自适应性而具有了自适应性。

7.3　工程项目文化系统的演化

通过上一节对工程项目文化系统的自组织特征进行说明后,本节将对主导和支配工程项目文化形成、演变的自组织演化机制进行分析。这里的机制是指工程项目文化系统内部各组成部分互相关联、互相作用所产生的影响系统运行的内在工作方式。根据工程项目文化系统的演化过程,可将该过程看作一个由工程项目文化自组织系统的耗散结构形成机制、竞争协同内在动力机制以及超循环交互反馈机制互相影响、互相作用的动态过程。以下将分别从这3个机制对工程项目文化系统的自组织演化机制进行分析。

7.3.1　工程项目文化系统的耗散结构形成机制

(1)工程项目文化系统中的耗散结构

耗散结构理论,即一个开放系统在远离平衡态的情况下,当系统的某个参量变化达到一定临界值时,可能会由原来的混乱无序状态转变为一种空间、时间或功能有序的新状态。这种有序结构需要持续与外部环境进行物质和能量的交换才能维持,并且自身具有一定稳定性,不会因外界微小的扰乱而消失。后来在耗散结构理论的基础上,结合管理科学领域的有关知识,提出了管理耗散结构理论。管理耗散结构是指一个开放的复杂组织系统在远离平衡态的情况下,通过持续与外界交换信息、能量及物质来引入负熵流,在内部各组成部分间的非线性相互作用下,使组织有序程度增加,从而形成新的有序结构和产生新的能量的过程。

基于以上理论,可将工程项目文化的耗散结构过程概括为一个远离平衡态的开放的工程项目文化系统,在持续与外界以信息、能量及物质为载体的文化交流中引入文化负熵流,从而抵消系统内部的熵增,通过工程内部各单元(亚文化、个体文化)间的非线性相互作用,增加文化有序程度,从而形成新的有序结构,并为工程实践活动提供新的有效能量的过程。

为了保证工程项目文化的活性并适应环境的变化,工程组织需要不断与外界环境交换信息、能量及物质,从而引入文化负熵流来抵消工程系统内部的熵增。对于工程项目文化系统的耗散结构而言,共存在正熵流、负熵流及总熵流3种熵流形式,总熵流即正熵流与负熵流的代数之和,正、负熵流相互独立,通过对工程项目文化系统中正、负熵流进行分析掌握整个耗散结构。

(2)文化正熵流

在工程项目文化系统中,正熵流产生于系统中各种亚文化在各个层面的冲突矛盾之中。工程组织中多种文化互相接触而产生的对抗与竞争状态即工程中的文化冲突,由于各自文化的价值观念不同,因此,在彼此互相接触的过程中,就会发生竞争、碰撞等相互对抗的情况从而导致文化冲突。文化冲突在工程项目文化各个层面及演化的整个过程中都会存在,表现形式如下。

①因文化外在表达方式的不同引起的文化误解及文化冲突。比如,语境文化水平较低的工程成员与语境文化水平较高的工程成员进行交流时,可能会由于对方的表述过于专业、简洁而没有理解对方的想法,从而产生误解。另外,此类文化冲突还体现在风俗习惯以及地域文化的差异上。如果一个工程中,各参建主体各自的文化所带有的地域特征具有显著差异,则因地域不同而带来的地域文化及风俗习惯差异就可能会造成某种程度的文化冲突。此类文化冲突是能够在充分的学习和沟通交流下减轻或避免的,并且对本工程项目合作的危害程度也相对较弱。

②因发展战略、管理方式及制度规范等方面的不同引起的文化冲突。例如,从各参建主体的发展战略来看,一些组织可能会更重视长期发展,因此,对组织的人力资源也会更为注重,侧重对组织人员的长期培养;而另一些组织则可能更局限于短期利益,会更多地考虑如何经济地完成工程任务而忽略组织的长期发展,忽视对员工的长期培养、锻炼。此类文化冲突通常会和各参建主体的项目利益相关联,因此想要完全避免较为困难。

③价值观念的不同引起的文化冲突。价值观念是决定其行为方式、规范制度的决定性因素,因此,此类文化冲突通常较难进行调解,并且会对工程组织造成较大影响。

基于以上分析可以看出,在工程项目文化系统中,正熵的增加会降低文化管理水平及效率,它也是导致工程项目文化无序或不稳定的根本原因。因此,只有从外部引入负熵流从而将正熵造成的无序性抵消,才能使工程项目文化保持活性和有序。

(3)文化负熵流

在工程项目文化系统中,随着工程建设中各组织文化的交流碰撞,必然会产生文化正熵。因此,为保持工程组织的管理能效必须引入负熵流,而只有依靠外部输入才能产生文化负熵流。

文化负熵流的来源是多方面的,例如,项目主要管理主体引进的新的工程项目文化内核、新的管理协调制度、新的沟通管理平台以及政府对建筑工程的有效监管机制等。这些因素可对工程组织中有消极影响的工程项目文化进行控制或隔离,对有积极影响的工程项目文化进行传播和强化,并将各种不同的文化进行有效整合,从而减少各文化间的矛盾和冲突,形成有利于工程组织管理趋于稳定有序的文化负熵流。另外,在工程项目中,通过构建和加强协调管理机制及开放的合作创新机制,即建立项目的创新性文化,也能促进文化负熵流的形成。文化创新可通过工程项目文化的提升来为项目建设提供动力。

在工程项目文化系统中,文化正熵流与文化负熵流相互作用、相互影响,在工程建设过程中体现为系统内外各要素在非线性作用下出现的摩擦、冲突、协调、妥协、自适应及自组织过程,这对对立统一的矛盾运动支配着工程项目文化的自组织演化。

7.3.2 工程项目文化系统的竞争与协同动力机制

从上一小节可知,一个远离平衡态的开放的工程项目文化系统,通过持续与外界以信息、能量及物质为载体的文化交流中来为系统引入文化负熵流,从而使系统形成新的有序结构。那么,是什么内在因素推动了这一过程的发生呢?有学者认为促使自组织系统演化的内在动力源于系统内部的两种相互作用:竞争和协同。具体来说就是系统内各要素间、各子系统间的竞争使系统偏离平衡态,这同时也是开放系统自组织的必要条件;另外,系统内各要素间、各子系统间的协同则在非平衡状态下令子系统中的某些运动趋势相联合并加以放大,因而使其处于优势地位,对系统整体的演化进行支配。

(1)工程项目文化系统的竞争与协同

对于工程项目文化系统来说,竞争存在于系统内部各要素间、系统内部各子系统间以及整个系统与外界环境间。由于工程组织由多个不同的文化群体构成,则组织文化的差异性就会引起文化的竞争。在各文化群体互相接触的过程中,文化肯定会造成相互间的影响,但同时也会对其他群体的文化表现出一定排斥和抗拒,排斥程度主要取决于双方文化的差异程度及双方的合作意愿等各种因素。不同文化间的竞争主要是对工程组织的主导及支配地位的竞争,也可理解为是对文化受众进行争夺的过程。

除工程项目文化的竞争作用以外,系统内部各组成部分之间还存在着协同作用,另外,它也是推动整个工程项目文化系统进行演化的另一个内在动力。协同作用是指系统各组成部分相互协调配合,使系统成为一个有机整体,不需要全部文化个体具有完全相同的文化表现,只需要工程项目文化在各参建主体参与建设的协调方面以及项目绩效的促进方面呈现出整体的一致性。在协同作用下,工程项目文化能将各群体的文化进行提炼和整合,引导各群体文化向促进工程发展的方向进行改善。

不同文化间的文化竞争和文化协同作用是在工程建设过程中产生的社交网络的基础上产生的。工程组织中存在着复杂的、动态的社交网络。信息、知识、观念等多种文化形式既能在各参建主体的内部结构间通过正式的组织结构网络进行传导,又能通过不同参建主体间的协调网络进行传导,还能在各文化个体间的沟通交往即非正式的社交网络中进行传导。以观念、知识及信息等多种形式存在的文化在不同的社交网络中进行碰撞和交流,并受到非线性作用的影响。上述存在于工程中的各类社交网络再加上由各网络推动的这种动态的观念、知识和信息交互网络共同构成了复杂的反馈环网,通过这一反馈环网的影响,某些观点会在传播的过程中被逐渐放大从而占据主导位置,而某些观点则会在传播过程中逐渐衰减、损耗从而消失。

(2)基于文化多样性的文化协同

工程项目文化内核为工程组织各成员共同遵守的价值观念、行为方式及规范制度。工程各参建单位的亚文化呈现差异性,因此,工程组织必须利用文化的协同机制将各参建主体间的亚文化进行有效的整合,并且通过跨组织的文化交流及学习,扩充工程组织的文化资本。文化资本是指通过对组织文化建设不断地投资而形成的一种能为组织带来潜在收益的资本形式。在工程项目文化系统中,工程组织的文化资本是经过对工程各参建主体文化资本的有效整合,促使信息及文化知识的传递可以突破各参建主体的组织边界,从而互相渗透和分享,为合作双方的文化交流和学习打下基础。

文化多样性是工程组织文化资本的来源,也是组织拥有的珍贵资源。首先,文化多样性更利于工程组织的思维及方法的创新,也能更全面和深入地对工程各类问题进行分析和理解。当拥有不同文化背景的组织成员在进行沟通交流时,能为团队带来更多元化的信息及文化知识,从而使整个团队的思想更具创新性,也能更好地避免出现盲目从众或群体思维的情况。其次,文化多样性能够对项目管理者的跨文化管理能力起到有效的促进作用。尤其是对于参与国外相关工程建设的项目来说,由于各组织间的文化差异较大,因此,对于主要管理者来说,跨文化管理的能力非常重要,它需要管理者灵活地转变角色,对来自外来文化的业主及最终用户的工程期望及要求进行准确的了解,并根据他们的要求制订合适的项目目标及项目计划,从而更好地结合对方的文化来进行项目建设。另外,文化多样性有利于工程组织更好地适应工程外界环境的变化,例如,工程在异地建设时,若工程组织中也有当地的参建主体参与项目时,就会更好地使工程组织其他成员适应当地文化,更利于对当地文化进行理解,从而能结合当地文化进行建设。

但与此同时,工程参建主体各自亚文化的差异性也可能为工程的管理带来很多潜在问题。亚文化的不同也就是各参建主体的价值观念及行为方式不同,具体体现在参与工程建设时,面对具体的工程问题各方的看法和处理方式有所差异。

7.3.3　工程项目文化系统的循环催化过程

超循环理论是与生命起源及自然界演化相关的自组织理论。循环现象可以从低到高概括为 3 个层次,即反应循环、催化循环和超循环。反应循环是指一组互相关联的化学反应序列,其中某一步的一种产物恰好是先前一步的反应物,是较低层次的循环形式。催化循环是比反应循环稍高一级的循环形式,循环过程中的中间物是既能够复原,又能够自身反应的催化剂。超循环是比催化循环更高级的循环形式,是循环的循环,即通过催化功能把自复制单元或自催化单元连接起来的循环形式。在超循环中,每个复制单元不仅要指导自身的复制,还要对下一个中间物的产生提供催化支持。这种催化支持不但包括与同级的组织单元之间的相互作用,而且还包括与异级单元之间的交叉催化作用。

基于超循环理论,可以将工程项目文化系统看作一个类生命系统,在其系统的演化过程中有 3 种循环过程存在,即自催化循环过程、交叉催化循环过程以及超循环过程。

工程项目文化的自催化循环过程主要体现在工程项目文化系统内部各子系统自我复制以及自我催化。以工程系统中的亚文化为例,文化群体中的领导人员和已有成员会通过言传身教、组织制度、行为规范的制定以及举办的仪式和典礼对新成员的文化进行复制行为;同时,在自身选择压力和适应性能力的共同影响下,对自身的不足进行改善并对其优势进行加强,从而完成自身的催化和进化过程。

工程项目文化的交叉催化循环过程主要体现在工程项目文化系统内部同一层次子系统间以及不同层次子系统间的竞争协同作用的因果反馈。以工程系统中的亚文化为例,针对相同层次的亚文化来说,若某个亚文化发展较为迅速,则会在文化竞争中提高自身竞争优势,从而也增加了其他亚文化的选择压力,导致其他亚文化的适应性反应的出现,因此,它们也会通过采取一系列措施来对自身文化进行改善,并且此种反应变化又会导致有关亚文的连锁反应。另外,交叉催化循环过程还能在工程项目文化系统内部的不同层次之间发生,包括工程项目文化层与工程亚文化层之间、工程亚文化层与文化个体层之间、工程项目文化层与文化个体层之间。以工程项目文化层和亚文化层之间的关系为例,各亚文化层之间通过竞争协同活动会逐渐融合形成整个工程组织的主导文化,从而表现为在宏观层面即工程项目文化层能够主导和支配所有亚文化的有序整体结构;另外,形成的工程项目文化又会参与到新一轮的与其他亚文化的竞争协同活动中去,这一过程会周而复始地一直进行,从而形成了一个螺旋上升式的循环过程。

工程项目文化的超循环过程由系统内部若干的相同层次和不同层次的自催化循环过程、交叉循环过程共同组成。具体来说,超循环过程就是将最低层次即文化个体层的循环作为基本单位,通过层级连接以及功能连接后形成更高层次的再循环,依次类推,直到工程项目文化层在循环过程的不断进行下,系统内部各组成部分能通过超循环的形式进行高度整合和镶嵌,进而促进整个系统向更高层次的有序结构不断进行转化。在基本具备物质层面的基础后,工程精神文化因素成为中国建筑与工程行业转型升级、打造建筑信息强国的关键所在。

7.4　工程项目文化建设与优化

7.4.1　统筹搭建文化自组织演化平台

大型工程中,工程建设管理主导团队是各参与方之间利益的统筹协调者,因此,在工程建设过程中,为了能够更好地实现项目目标以及保证各参建主体的自身利益,主导团队作为协调者应该建立一个能联系各参与方的、长期有效的沟通机制以及一个能合理分配风险、利益的分配机制,统筹搭建一个能充分调动各参与方工作积极性的文化自组织演化平台。在一个工程中,工程项目文化发挥的作用是不能忽视的,与具备优秀组织文化的参建单位合作可以为整个项目带来很多正面的影响,因此,工程主导建设管理团队更应注重对各参与方组织文化的考核,例如,在制订工程投标方案时,应将投标单位的过往经历、行业口碑、诚信度以及企业文化等因素作为一个重要的评价标准;在项目前期制订项目规章制度时,应与各参与方的相关合理需求相结合;在制订项目管理计划时,应与各参与方的资源需求相结合;在签订合同时,应做到合同条款的合理设置,充分考虑各参与方的自身利益与合理要求,尽量使各方达到目标一致。另外,在合同中一定要注意将风险与利益进行合理分配,将风险与利益进行平衡。

对于整个工程来说,工程项目文化的建设应该提早进行规划和实施,工程主导团队可以通过成立相关组织机构,形成由各参与方主要负责人和相关人员组成的团队来完成工程项目文化建设的工作。相关组织机构的设置能够提高各参与方对建设工程项目文化的重视程度,明确自身的责任分工,从而为工程项目文化建设能更好地打破组织界限奠定组织基础。另外,工程建设管理主导团队要起到领导作用,加强对工程项目文化建设的投入力度,提供物质保障。例如,可以将施工现场所有的标识、宣传用语以及旗帜等进行统一,将现场张贴展示的工程概况图、企务公开栏、创优规划标语以及创建文明工地图表等进行合理布置,使整个施工现场从视觉上让所有工程人员都能产生对项目的归属感和认同感,同时,也可对外营造出良好的社会形象。

此外,设计施工阶段,如何维持信息传递的有效性与及时性应是被考虑的问题,针对这一点,可以建立信息共享平台(如项目信息门户网站)和维持各参与方长效、有效沟通的机制,并且可以在此期间以会议、座谈会、联欢会等活动为各参与方提供交流机会。这些做法既调动各参与方文化建设的积极主动性,又增加各参与方对项目的认同感,并且通过各参与方之间不同文化观念的碰撞交流,为各参与方所持有的文化观念注入新的元素,突破原有平衡,促进形成新的、有序的工程项目文化。这种平台模式既提升了业主的效益,又使各参与方的利益得到了保障。

7.4.2　培育优秀的工程项目文化内核

优秀的工程项目文化内核应该和工程目标、工程组织以及工程环境的优秀工程价值观体系相对应。在某些工程项目中会存在工程主导方单方面决定工程项目文化价值观的现象,当工程主导方执意推行的工程项目文化内核与工程目标、工程组织或工程环境不匹配时,就可能导致工程其他参与方的反对,从而产生工程项目文化的对立现象。另外,直接照搬其他工程项目的文化内核也是不可取的。每个工程项目都有自身不同的特点,文化建设更要考虑人员、环境等多方面的因素,直接套用其他项目的工程项目文化只会令项目的工程项目文化建设流于形式。这种做法的问题在于,工程的实际情况与文化口号间不符,使参与组织难以认同这个所谓的先进的口号,从而难以发挥口号实际对组织的促进作用。因此,工程主导方要认识到只有发现各参与方之间的文化"共识",才能有效地促进文化建设并加速各参与方间的文化融合。工程主导方应以各参与方彼此间的合作和信任为基础,结合各参与方的组织文化背景,将各参与方的优秀文化进行融合,从而形成本工程项目具有凝聚力的优秀文化内核。

一个优秀的工程项目文化内核,在形成过程中应由工程主导团队进行领导,同时由各参与主体共同参与,在不断探索、模仿、对比以及学习的过程中,在最短时间内找到最适用于工程项目的文化内核,并且这个内核是随着工程项目的进行不断地改进与完善的。最初找到的工程价值观可能只包括几个简单维度的内容,最终的工程项目文化的内核应该是在内涵上最大程度地完善的,并且这个内涵要通过各个手段"内部化",使其成为更多参与主体的指导内容。

7.4.3　推动亚文化间的竞争协同

工程主导方要推动亚文化间的竞争协同,主要包括推动亚文化对优秀工程项目文化的学习、增加亚文化间的交流与协作以及亚文化间的竞争与比较。其中,信息和沟通在其中起非常关键的作用。

为进一步实现各组织亚文化间的协同,工程主导方应结合项目实际情况对各个亚文化进行管理及整合。有关学者提出了文化适应模型,将文化适应以两个维度来进行阐述,首先是人们是否保持自己原有的文化特色,其次是个体是否愿意接触异族文化;而对应这两个维度上产生的不同反应的文化适应方法为融合、同化、隔离、边缘化。将其运用到工程项目中时,工程主导方可以将此种方法用于对各亚文化的管理与整合。多种亚文化的存在会使整个工程出现文化多样性,而文化多样性也会对项目的管理工作带来两方面的影响,首先,它能够促进整个组织的文化学习能力的提高,并提高组织的文化创新能力;但同时文化多样性也会给项目管理工作带来摩擦。

在对各亚文化进行整合时,主要考虑两方面的因素,工程项目文化保持文化一致性的价值及亚文化保持独特性的价值。当工程项目文化保持一致性的价值与某参建主体保持亚文化独特性的价值都较高时,说明这个亚文化中包含着优秀工程项目文化所需要的必要成分,此时,就可以将该亚文化融入本工程项目文化中。但当二者价值都较低时,说明该参建主体的亚文化不会对本工程项目文化造成重要影响,那么,此时就没有必要为该亚文化提供发展资源。

当工程项目文化保持一致性的价值较低而亚文化保持独特性的价值较高时,说明该亚文化群体自身在其文化作用下稳定运作且产生的与其他群体协作的需求较弱,此时,工程主导方可以将各个亚文化群体单独隔离开来。比如,一个工程中如果参与方的组织文化间存在较大差异,彼此无法兼容,那么工程主导方应在各参与方工程任务、工期分配安排明确又能进行拆分的前提下,将矛盾双方的活动区域进行隔离,尽量避免因活动交叉导致的各方文化之间的正面冲突,而矛盾双方只需在必要时在工程项目界面管理中进行沟通,如设计施工的交接等。当工程项目文化保持一致性的价值较高而亚文化保持独特性价值较低时,说明应该重新考虑该亚文化对本工程项目文化是否必要,或是否会产生其他负面的影响。面对此种情况,应通过工程主体文化来对该亚文化进行同化,或削弱该亚文化带来的负面影响。

除此之外,要注意的是,文化建设中竞争和协同是对立统一的关系。工程主导方要看到良性的文化竞争的重要作用,不能只是对各亚文化间进行简单的整合,陷入"1+1=2"的误区。只有各亚文化之间进行良性竞争,各竞争主体的潜能才可能被激发,管理者才能更好地取其精华,有效地整合到工程项目文化中,实现"1+1≫2"的效果,并将这种效果在工程项目文化的不断演化过程中,使工程项目文化与工程项目达到更好的状态。另外要注意的是,亚文化的竞争和协同活动应在以人为本的原则上进行。

7.5　工程社会复杂性

7.5.1　工程项目社会复杂性的内涵及特征

工程项目社会复杂性通常不是某种可以清楚界定的设备、元件、技术或其他个体资源引起的,而是指深深镶嵌于一个工程的组织体系与文化传统之中的某种流程、意识和运作能力。工程项目社会复杂性是工程组织人员主观意志的不确定、工程组织结构的多样化以及工程内系统的功能分化等导致的。

人是社会关系的重要主体,马克思在《德意志意识形态》中指出,"共同活动方式本身就是生产力"。在工程中各工程人员的自由性及主体性的发挥,是形成工程项目社会复杂性的重要原因。具体来说,各个工程人员构成了整个工程组织,而工程人员作为工程中社会关系的主体,主要从3个方面表现出其带来的工程项目社会复杂性,首先是自由个人的自制性,即本人可控制或改变的因素决定他的社会地位以及对社会地位的评价,使工程中每个参与人员都面临着未来的不确定性,工程中的个人处于一种不确定状态和内在的复杂性;其次是工程中任何确定的个人都面临着同样自由和不确定的他人,而不确定的个人之间的互动、资源与生存空间的稀缺性、个人之间交往范围的边界扩大等多重因素都使这样的不确定性更加增大,由此也使得工程项目社会复杂性进一步加大;最后是工程中不确定的个人之间的不确定互动,会通过相互作用使原本有规划、有目标、行为理性的个人出现计划外的后果,进而处于不确定的复杂状态。另外,再加上每个人的价值观和创造力的不同,从而导致工程项目社会复杂性。

造成工程项目社会复杂性的原因主要体现在主体和客体两个方面。主体是指工程中的人,即参与工程的各工程人员;客体则是指工程所处的环境。由于大型工程项目具备了复杂系统应有的非线性、自组织、自适应、自调节、自发展等诸多特性,因此,它应当被合理地理解为复杂系统。工程项目社会复杂性主要表现为以下特征。

①工程组织中人的行为表现的复杂性。由于工程中的个人都具有自由性和主观性,因此各工程人员在面临各种问题时,表现出的态度以及采取的对应措施都有所差异,从而造成工程项目社会的复杂性。

②工程所处环境的限制及作用的复杂性。由于工程组织结构的多样化和系统外部环境的不断变化,各个层次的主体为适应环境发展而对自身进行不断调整和改善,从而造成工程项目社会的复杂性。

7.5.2　工程项目社会资本的内涵及特征

根据上一小节中对工程项目社会复杂性内涵与特征的描述,本书引入社会资本的概念,进一步阐述工程项目社会复杂性。

关于社会资本的研究已经经历了很长一段时间,并且已经出现在多个学科领域。1961年,雅各布斯(Jacobs)最早提出了社会资本这一概念;1977年,洛瑞(Loury)首次开始使用社会资本这个概念,并将其用来描述在社区和社会资源方面处于不利地位的黑人孩子和其他孩子的差别。1979年,法国首位对社会资本理论进行系统分析的社会学家布尔迪厄(Bourdieu)在《资本随笔》中对社会资本的定义做出诠释,即"实际或潜在资源的集合,这些资源与由相互承认或默认的关系所组成的持久网络有关,而且这些关系或多或少是制度化的"。1988年,社会资本的概念被美国社会学家科尔曼(Coleman)最终确定,他在《社会资本在人力资本创造中的作用》中首次对社会资本的概念进行全面界定,他将其定义为"许多具有两个共同之处的主体,它们都由社会结构的某些方面组成,而且它们都有利于行为者的特定行为——无论是结构中的个人还是法人"。1993年,哈佛大学社会学教授普特南(Putnam)对社会资本的应用使这一概念真正得到了各界学者的广泛关注。普特南将社会资本理论运用于意大利南北经济发展差异问题的研究,得出了社会资本影响制度效能高低的结论,并且从经验上揭示了社会资本对政府效能和经济发展的作用,普特南对社会资本的研究使社会资本的研究范围进一步扩大。此后,美国学者亚历山德罗·波茨(Alejandro Portes)对社会资本进行了更深入的研究,他从能力的角度对社会资本进行研究,亚历山德罗·波茨把社会资本定义为"个人通过他们的成员身份,在社会网络中或在更宽泛的社会结构中获取稀缺资源的能力"。以布迪厄、科尔曼以及普特南对社会资本的研究为基础,美国社会学家林南对社会资本这一概念做出了更为全面的解释。林南把社会资本定义为"嵌入在社会结构中的、能够在有目的的行动中获得或动员的资源"。他是从社会资源的角度对社会资本进行研究的,在这一定义中,主要体现了3个方面的内容:首先,社会资本是镶嵌在社会网络结构之中的,二者密不可分,无法抛开社会网络而单独研究社会资本;其次,社会资本作为一种资源,具有增值性,个人能够利用这种资源达到人力资本和物质资本的增值;最后,社会资本可以看作是个人为获取未有资源或维持已有资源而进行的一种投资行为。目前,社会资本理论已经广泛运用于管理学、政治学、社会学以及经济学等多个学科领域,并且用于解决组织管理、技术创新、经济发展、社会发展、集体行为以及国家政策等多个方面的问题。社会资本还被誉为 20 世纪 70 年代以来最成功的显学之一。

目前,社会资本的主要内涵包括以下几个方面。

①从社会网络的角度定义社会资本。布迪厄首次提出社会资本这一概念,他把社会资本看作是实际或潜在的资源的集合,并且认为这些资源和人们一致熟悉或认同的制度化关系的持久网络有关。在这一定义中,布迪厄是把社会资本作为一种用于集合资源的社交网络。福山(Fukuyama)认为社会资本可看作一种社会网络联结,它能够使个人或组织资源能效达到最大化。罗纳德·伯特(Ronald Burt)认为社会资本是相互关联的所有组织共同拥有的一种能够带来资源和控制资源的网络结构。卜长莉认为社会资本是以一定的社会关系为基础的,以一定的文化作为内在的行为规范,以一定的群体或组织的共同收益为目的,通过人际互动形成的社会关系网络。

②从资源的角度定义社会资本。科尔曼对社会资本的内涵加以深化和发展,他认为社会资本是指由关系联结、互利互惠、信任和规范标准等产生的有利于生产或生活的社会资源。哈皮特(Nahapiet)和戈沙尔(Ghoshal)研究发现,社会资本是融于并嵌入在人际网络或社会组织网络中的现实存在或潜在的资源总和,并按照其存在范围的不同分为外部社会资本和内部社会资本,其中,外部社会资本存在于本组织与外部组织之间,内部社会资本存在于组织内部。林南将社会资本定义为在市场中期望得到回报的社会关系投资,是在目的性行动中被获取的或被动员的嵌入在社会机构中的资源。燕继荣等认为社会资本是资本的表现形式之一,是广泛存在于社会网络关系中并能够被拥有者投资和利用以实现自身目标的社会资源。

③从能力的角度定义社会资本。波特斯(Portes)是社会资本能力说的主创者,他认为社会资本是个人通过其成员身份在网络中或在更宽泛的社会结构中获取短缺资源的能力。边燕杰等理论分析了企业社会资本的内涵和功效,认为社会资本是行动主体与社会的联系,以及通过这种联系获取稀缺资源的能力,并强调行动主体并不是孤立存在的。

④从特征的角度定义社会资本。普特南认为,社会资本是指社会组织的特征,如信任、规范和人际网络,它们能够通过推动协调和行动来提高社会效率。Woolcock 将社会资本定义为信息、信任以及个人社会网络中的互动规范。持这一观点的学者认为,社会资本是网络成员所共有的,成员之间的沟通与协调有利于提高彼此的信任,从而促进网络中各种资源的流动性。

综上可知,首先,虽然学者们对于社会资本内涵的理解并不一致,但都与社会网络分不开,可以说社会网络是社会资本的载体。其次,社会资本的本质是存在于社会网络中的资源,但不同个体获取这种资源的能力并不相同。最后,信任、规范、网络架构等特征是社会资本的核心要素。

社会资本的概念、含义都比较宽泛,没有对其完全统一的解释,也没有唯一的分类标准,在这里,我们将工程项目社会资本分为工程项目内部社会资本和工程项目外部社会资本。

工程项目内部社会资本是指从关系维、结构维、认知维 3 个维度对工程项目社会资本进行理解,它形成于行动者(群体)内部的关系,其功能在于提升群体的集体行动水平。内部社会资本是指个人作为社会团体或组织的成员与这些团体和组织建立起来的稳定的联系,个人可以通过这种稳定的联系从社会团体和组织获取稀缺资源。工程项目外部社会资本是指从网络规模、网络顶端、网络差异、网络构成4个方面对工程项目社会资本进行理解,它产生于某一行动者的外在社会关系,其功能在于帮助行动者获得外部资源。外部社会资本无须任何正式的团体或组织仪式,是由人们之间的接触、交流、交往、交换等互动过程发生和发展的。

工程项目内部社会资本主要强调组织内部的结构关系,强调制度认同感;工程项目外部社会资本主要强调对社会资本的获取和占有,强调社会资源的获取能力。

7.6 工程项目内部社会资本

7.6.1 工程项目内部社会资本的定义

工程项目内部社会资本是指从关系维、结构维、认知维3个维度对工程项目社会资本进行理解,它形成于行动者(群体)内部的关系,其功能在于提升群体的集体行动水平。工程项目内部社会资本主要强调组织内部的结构关系,强调制度认同感。它是指个人作为社会团体或组织的成员与这些团体和组织所建立起来的稳定的联系,个人可以通过这种稳定的联系从社会团体和组织获取稀缺资源。它归属于群体并且为群体的公共利益服务。工程项目内部社会资本既包括工程群体内部的社会互信及联结,又包括工程群体的结构方式能否促成集体行动并创造资源。

在考察个人层面的社会资本时,通常会将社会资本看作蕴含在个人网络结构中的资源;但是,从集体层面研究社会资本时,应将社会资本看作一种结构性资源。因此,在对工程项目的内部社会资本进行研究时,不能只把社会资本当作工程各参与人员个人拥有的资源,更要把它看作一个组织所共同拥有的资源。因此,在对内部社会资本进行研究时,不是对个人的社会网络情况进行研究,而是要把重点放在对社会结构的研究上。

在对内部社会资本进行研究时,主要集中在群体间的公共参与、相互信任、联结关系、相关规范等方面的研究。在这里我们是从结构维、关系维、认知维3个维度来认识工程内部社会资本,即通过对结构社会资本、关系社会资本以及认知社会资本3个方面的测量来对整个内部社会资本进行理解。

①结构社会资本是指工程组织内部各成员之间社会关系的网络结构模式,即网络成员之间的关系联结以及网络成员是否在所处的社会网络中拥有一个有利的位置,包括网络联系、网络中心度等。网络联系是指工程组织中工程成员之间的互动频率,反映了工程成员间关系的密切程度;网络中心度是指工程组织内部各成员所处的地位,是对工程成员在工程内部社会关系网络中的影响力和获取资源能力的反映。

②关系社会资本是指工程各成员间在工程建设过程中通过长期的交往互动形成的情感总和,包括认同、信任、规范、互惠等。例如,信任是指工程成员愿意相信其他成员能够按照自己的期望完成特定的行动,并且愿意接受其行动可能带来的伤害;互惠是指工程成员对可以从其他工程成员得到帮助或资源的感知。

③认知社会资本是指工程各成员之间提供的共同的认知、解释的资源,包括价值观念、

共同的语言以及共同的工程愿景等。例如,共同语言是指在工程组织中可以被所有工程成员理解的符号、文字、表达方式、行话以及专业术语等;共同愿景是指在工程组织中被工程成员一致认同的工程目标、工程期望及工程价值观念等。

结构社会资本是通过依靠程序、规则及先例等建立起来的角色和社会网络来促使共同受益的集体行动,它是一种相对客观的、以外在可见形式存在的社会资本,并且,此类资本能通过群体的有意识行动来进行设计和改进。结构社会资本是一种能够直接进行观察的外在表现,因此,对其进行调整和改善都比较容易。关系社会资本和认知社会资本都反映了工程成员间联结关系的质量,其中,关系社会资本是对联结关系的情感质量的反映,而认知社会资本是对联结关系的认知质量的反映。工程组织可通过上述 3 个维度形成丰富的社会资本,3 个维度的社会资本相互关联、相互作用。

在实际应用过程中,根据研究内容的不同,3 个维度具体使用的测量指标会稍有差别,但是也有普遍使用的指标。在测量结构社会资本时,常用的测量指标有中心性和社会互动关系等;在测量关系社会资本时,常用的测量指标有信任、互惠、承诺等;在测量认知社会资本时,常用的测量指标有共同愿景和共同语言等。

7.6.2　工程项目内部社会资本的测度

表 7.1　工程项目内部社会资本测度指标

社会资本	一级指标	二级指标
工程项目内部社会资本（制度认同感）	结构维度	联系的频繁程度
		联系的密切程度
		经常联系人员的数量
	关系维度	相互信任程度
		恪守诺言程度
		真诚合作
		对规范的态度
		对规范的遵守程度
	认知维度	使用共同的术语或行话
		对组织目标或使命的认可程度
		对组织目标的共同期许

正如前文所说,内部社会资本的测量可以从结构维、关系维和认知维进行测度,基本的测度指标体系如表 7.1 所示。通过问卷调查并结合层次分析法,获取个体尺度下不同利益相关者的内部社会资本,记为 $f_i(s_i)$。由于利益相关者之间存在网络且相互关联,利益相关者对项目制度认同感的贡献不仅包括自身的社会资本 $f_i(s_i)$,还包括与其关联的其他利益相关者内部社会资本的改变所造成的影响,因此利益相关者对项目制度认同感的贡献函数记为 $\varphi_i(s_i)$,并满足 $\varphi_i(s_i) = f_i(s_i) + \sum_{i \neq j}^{m} w_{ij}^s f_j(s_j)$。由于不同利益相关者在建设项目中的重要

性程度不同,通过熵权法确定贡献函数权重分配向量且 $\rho = (\rho_1, \ldots, \rho_m)$ 满足 $\sum_{i=1}^{m} \rho_i = 1$,因此项目尺度制度认同感函数可表示为 $C(s) = \sum_{i=1}^{m} \rho_i \varphi_i(s_i)$。

7.7 工程项目外部社会资本

7.7.1 工程项目外部社会资本的定义

工程项目外部社会资本是指从网络规模、网络顶端、网络差异、网络构成 4 个方面对工程项目社会资本的定义进行理解,外部社会资本产生于某一行动者的外在社会关系,其功能主要在于帮助行动者获得外部资源。工程项目外部社会资本主要强调对社会资本的获取和占有,强调社会资源的获取能力,无需任何正式的团体或组织仪式,由人们之间的接触、交流、交往、交换等互动过程发生和发展的。

社会资本的研究与社会网络分析间有着密切的关联,尤其在对外部社会资本的研究方面,主要通过对社会网络的研究来实现。社会网络分析是指对社会结构进行分析的相关理论及方法,即把由个人或组织之间的社会关系所组成的系统看作一个个"网络",它是一种相对稳定的体系或系统。由于对社会网络分析的研究已经形成了较为成熟的分析方法和指标体系,因此,外部社会资本的测量方面也会与社会网络分析相关方法结合。

关于外部社会资本的测量方法也有多种,常用的有提名生成法和位置生成法。在这里主要介绍一种基于位置生成法的、以 4 个网络指标对工程外部社会资本进行测量的方法。

要利用社会网络对社会资本进行测量,首先就要确定参与工程项目的工程人员形成的各自的社会网络。在我国,个人的关系网络与西方国家个人的关系网络有所不同,需要根据我国的具体情况进行适当调整。为了对社会资本进行测量,需要对被调查者关系网络中的各交往者所拥有的资源情况进行了解,也就是各交往者所处的社会结构地位。

1) 社会网络的 4 个特征

此种测量方法主要不是对被调查者的具体网络成员和成员间的相互关系进行考量,而是对网络成员所拥有的社会资源进行考量。其具体方法是,假设社会资源是根据社会地位高低呈金字塔形分布于社会网络中的,其中每一个网络成员所处的社会结构性地位决定了其所拥有的社会资源总量。因此,在对被调查者社会网络成员中出现的结构性地位进行了解后,就能大致对其拥有的社会资本情况进行测量。此种测量方法主要通过以下 4 个指标对社会网络的特征进行描述。

(1)网络规模

网络规模是指个人社会网络结构的范围或大小。在个人的社会网络关系中,构成交往或联系的人越多,其社会网络规模越大;而网络规模越大也就表示这个人拥有的信息、人情关系等社会资源越多。

(2)网络顶端

网络顶端简称为网顶,是指在每个人拥有的社会网络结构中,各自网络中的网络关系人都有一定的财富、地位、权力及声望,按任何一个标准排列起来都会构成一个金字塔形的结构;网络顶端高,就意味着该网络内拥有财富多、地位高、权力大及声望显赫的关系人。在个人的社会网络关系中,网络顶端越高,表示该网络拥有的社会资源越多。在关系网络中,网络顶端由该网络关系人中最高的职业声望来表示。

(3)网络差异

网络差异简称为网差,是指在个人社会网络结构中网络关系人所从事职业的种类。在个人的社会网络关系中,网络差异越大,表示该网络内从事不同职业的关系人越多;由于职业不同,各自拥有的资源也有所差异,因此,网络差异越大,意味着该网络蕴含的社会资源越多。

(4)网络构成

网络构成是指在个人社会网络结构中各种社会关系所占的比例,如与知识层纽带、与经理层纽带、与领导层纽带等。

2)社会网络的社会资本总量

我们用来测量工程各参与人员的外部社会资本的最终指标是社会资本总量,而社会资本总量则是由上述 4 个指标共同构成,既由网络规模、网络顶端、网络差异、网络构成共同构成。具体测量时则需要有具体的标准来确定各个指标的具体分值标准,按照标准对 4 个指标的分值进行确定之后,就可通过因子分析方法来计算网络结构的社会资本总量。

在对工程各参与人员的外部社会资本总量进行测量后,既可运用量化的数据进行比较、分析等多项研究,也可用该项数据研究社会资本和其他因素之间的相关关系等问题。

以上所述的对工程外部社会资本的测量方法在调查环节相比提名生成法会更少地涉及被调查者的个人隐私,因此,实际执行过程中也更为简便。另外,此种方法还能对网络结构中不同地位和不同关系所提供的资源情况进行较准确的了解,弥补了提名生成法只集中于强关系的缺陷。但此种方法的缺点在于它只能对社会资本进行测量,不能对被调查者的社会网络的具体构成情况进行了解。

7.7.2 工程项目外部社会资本的测度

表 7.2 工程项目内部社会资本测度指标

社会资本	一级指标	二级指标
工程项目外部社会资本(资源获取能力)	网络规模	认识与工程建造事务相关的关系人数量
	网络顶端	关系人拥有的声望最大值
	网络差异	关系人中从事不同职业的种类数量
	网络构成	与高等级社会阶层纽带关系占所有关系人的比例

运用社会资本理论,采用问卷调查,识别和测度工程项目外部社会资本用以表征社会资源获取能力。本书分别从网络规模、网络顶端、网络差异和网络构成构建、评价外部社会资本的指标体系,如表 7.2 所示。用网络规模描述外部资源的潜在数量优势;用网络顶端描述

社会网络中的最大资源量;用网络差异描述外部资源的多样性和互补性;用网络构成描述在中国鲜明的国情、制度和文化情景特征下,关系人同领导层、经理层、知识层的纽带关系,从而实现对项目资源获取能力的测度。

思考题

1. 工程项目文化复杂性的内涵是什么? 有哪些主要特点?
2. 工程项目社会复杂性的内涵是什么? 有哪些主要特点?
3. 工程项目文化复杂性和社会复杂性之间如何相互影响?
4. 工程项目社会资本的测度方法有哪些?
5. 工程项目外部社会资本和工程项目内部社会资本的区别是什么?
6. 请举例说明我国优秀传统文化与项目复杂性管理结合较为成功的案例。

8

工程项目复杂性管理模式

8.1　传统管理模式

传统工程项目管理模式主要表现为金字塔结构,如图8.1所示,该模式在生产实践过程中表现出来的主要问题为等级过多带来的生产效率低下。在工程项目的生产实践过程中,信息传递发挥着举足轻重的作用,而等级过多则会导致信息传递的损失,进而降低整个生产过程的效率。可以这么说,信息传递的频率与效率,对项目管理产生着最根本的影响。

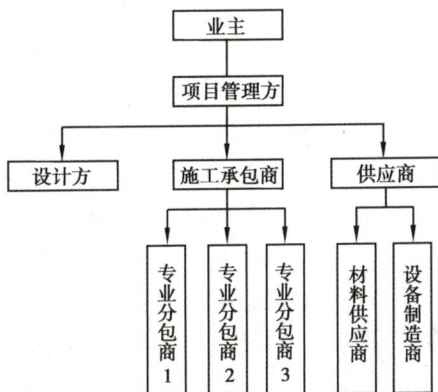

图8.1　传统工程项目管理模式

传统项目管理的金字塔状的组织结构不仅割裂了项目的整个建设过程,而且还增加了参与者之间信息交流和协作的复杂性,导致信息管理中的孤岛效应,使项目参与者处于孤立无援的状态。在建设项目的实施过程中,信息传递不及时、不完整,信息过载甚至信息失真的现象是造成施工进度延误、成本增加和质量问题的重要原因。建设项目的系统性要求参与者及时交流和共享与项目有关的信息和知识,并协调所有参与者的建设活动。有效控制项目目标还需要及时、全面和有效的信息支持。下面简要介绍代表传统项目管理的3种模式,即 DBB 模式、CM 模式和 EPC 模式。

8.1.1 DBB 模式

DBB 模式即设计—招标—建造（Design—Bid—Build）模式是传统工程项目组织管理模式的代表之一。在该模式下，首先由建设单位通过招标选择设计单位开展设计工作，待设计工作完成后，通过招标选择施工单位。此模式的核心是，在设计工作完成后才能进行招标和建造施工，招标和施工的基础是设计的成果，即施工图设计。DBB 的主要优点在于专业度高、管理透明、设计依据充分，这些优点有利于控制施工质量、竞争性招采，有利于中小企业充分竞争等。但该模式也暴露出一系列的局限性，主要有工程建设工期较长、建设单位协调工作量较大、设计变更较多、施工单位恶性压价竞争等，间接损害了工程质量。

8.1.2 CM 模式

CM（Construction Management）模式，可称为快速路径段施工法，指从工程施工图设计阶段开始，业主方就选择具有施工经验的 CM 单位（如咨询公司、建设开发公司、工程总承包公司等，大多选择施工总承包公司）参与到工程实施中来，为设计方提供施工方面的建议，并随后负责施工管理。其目的是将工程建设的实施作为一个完整的过程来对待，协调设计、施工的关系，以便在尽可能短的时间内，高效、经济地完成工程建设任务。其主要特点是，在工程实施阶段，业主建立起以 CM 单位为核心的治理结构（建设管理组织体系）以及相应的合同体系。CM 模式主要包括代理型和非代理型两种。

（1）代理型 CM 模式

CM 单位是业主的咨询单位，业主与 CM 单位签订咨询服务合同，CM 合同价就是 CM 费，其表现形式可以是百分率（以今后陆续确定的工程费用总额为基数），也可以是固定数额的费用；业主分别与多个施工单位签订所有的工程施工合同。代理型 CM 模式中的 CM 单位通常是由具有较丰富的施工经验的专业 CM 单位或咨询单位担任。

（2）非代理型 CM 模式

业主一般不与施工单位签订工程施工合同，但也可能在某些情况下对某些专业性很强的工程内容和工程专用材料、设备与少数施工单位和材料、设备供应单位签订合同。业主与 CM 单位签订的合同既包括 CM 服务的内容，也包括工程施工承包的内容；由 CM 单位与施工单位和材料、设备供应单位签订合同。虽然 CM 单位与各个分包商直接签订合同，但 CM 单位对各分包商的资格预审、招标、议标和签约都对业主公开，并必须经过业主的确认才有效。另外，由于 CM 单位介入工程的时间较早（在设计阶段介入）且不承担设计任务，所以，CM 单位并不向业主直接报出具体数额的价格，而是报 CM 费。至于工程本身的费用则是今后 CM 单位与各分包商、供应商的合同价之和。采用非代理型 CM 模式时，业主对工程费用不能直接控制。为促使 CM 单位加强费用控制工作，业主往往要求在 CM 合同中预先确定一个具体数额的保证最大价格（Guaranteed Maximum Price，GMP，包括总的工程费用和 CM 费用）。合同条款中通常规定，如果实际工程费用加 CM 费超过了 GMP，超出部分由 CM 单位承担；反之，节余部分归业主。而确定一个合理的 GMP，取决于 CM 单位的水平、经验和设计所达到的深度。

CM 模式的优势主要在于，快速路径段施工法的运用可以缩短建设项目的工期，专业的CM 管理方式可以减轻建设单位的工作量、减少设计变更，建设单位投资风险可控。与此同时,CM 模式也存在一些问题,主要表现在过于依赖 CM 管理方的能力,代理型 CM 模式的投资控制难度较大,CM 管理方缺少发言权,不能有针对性地发挥施工方的技术特长。

8.1.3　EPC 模式

EPC 模式俗称"交钥匙"工程,即设计—采购—施工一体化模式。该模式下建设单位在明确自身需求后,通过招标选择一家总承包商负责全过程,总承包商对承包工程的质量、安全以及工期等负全面的责任。EPC 的优势和缺点与 DBB 模式相似,两者的区别在于,DBB 模式交付的是达标的建筑物,而 EPC 模式交付的是一个可运营的项目。

以上传统的 DBB 模式、CM 模式以及 EPC 模式,在过往的建设过程中发挥了不可忽视的作用。然而,随着工程建设项目大型化的发展趋势,大型工程建设项目的参与方可能分散在世界各地,给项目的实施和协调带来了极大的困难,导致投资增加、进度拖延、质量得不到保证。随着信息技术的发展,"互联网+"、工业 4.0 逐渐对我国建筑产业转型实现助推,建筑行业在信息技术的引领下进入了新的时代,尤其是网络技术和通信技术在工程建设项目中的广泛应用,信息技术已经成为促使项目成功的重要动力。通过信息技术把工程建设项目的各参与方紧密地联系起来,使项目信息得到有效的沟通,这已经成为工程建设项目管理不断发展的需要。正是在这种内在因素和外在因素的合力推动下,虚拟建设作为一种新型的工程建设项目参与方的集成模式出现了,并在工程建设项目中得到了初步应用,这无疑将会对整个工程建设业和工程建设项目管理水平产生重大的影响。

8.2　工程项目复杂性协同管理

8.2.1　协同管理框架

工程项目系统是一个开放的、动态的系统,其体系结构具有高复杂和高维度的特性,系统内部各要素和单元表现出结构和层次的复杂性,它们相互之间以及与外界环境之间不断进行着物质、能量和信息的交换;另外,系统中的主体——各参与方是具有认知能力的适应性主体,系统的整体行为符合复杂系统的特性和机制,因此,复杂系统理论在工程项目及管理研究方面具有广阔的应用前景。本节根据系统、科学的基本理论思想和特点,对工程项目系统以及工程项目系统的复杂适应性进行分析,并根据涌现机理建立一种协同的概念框架,让系统的宏观整体行为由下而上、自然而然地涌现出来。

1) 工程项目系统的概念

(1) 工程项目系统结构

工程项目系统的结构是指工程项目系统的几个子系统结构的总称,每个子系统中包含的具有某些功能的元素及相互关系,即每个子系统与每个元素交互的方式以及相互作用。秩序体现在时空中每个元素的作用方式和关系上。本小节主要从两个子系统来分析工程项目系统的结构,即过程与行为子系统以及组织子系统。

① 工程项目过程与行为子系统。

尽管工程项目的性质、类型和复杂性相差可能很大，但它们都具有相似的周期性，从工程项目的概念到报废工程项目的整个过程称为工程项目的全生命周期。项目的工作内容和实施时间可以分为多个阶段。工程项目阶段的划分不尽相同。本小节将工程项目的全生命周期分为4个阶段，即决策阶段、设计与技术阶段、施工阶段和运营阶段。

决策阶段主要负责项目的前期工作，包括项目机会研究、项目可行性研究、项目立项决策、项目融资、项目总体规划、概念设计等。该阶段以业主需求的形成和目标系统的确立为标志。

设计与技术规划阶段主要是依照业主提出的要求进行工程项目的设计，通常，设计包括概念设计、设计方选择、基本设计、详细设计、施工合同准备和施工方选择等内容。

施工阶段是按设计图纸和施工组织计划进行具体项目实施的阶段，是一个形成项目产品的过程，该阶段以工程项目的移交为标志。本阶段包括项目施工方选择、施工实施计划、基础施工、设备安装和竣工验收与试运行等。本阶段在项目全生命周期中工作量最大，投入的人力、物力、财力最多，项目管理的难度也最大。

运营阶段指工程项目从投入使用直至拆除的全过程，主要包括项目运营、项目维护与维修、项目后评价和项目拆除等内容。该阶段以项目的物理拆除为标志。

将工程项目周期划分为阶段并不表示这些阶段之间是相互分离的，恰恰相反，工程项目的各个阶段之间有着复杂的相互关系，各个阶段的内容重叠交叉，各个阶段同属于一个系统，是不可分割的一个整体。

项目的设计、规划和控制不能以整个笼统的项目为对象，必须考虑各个部分、各个细节，考虑具体的工程活动。项目由许多互相联系、互相影响、互相依赖的工程活动组成，这些活动之间存在各种各样的逻辑关系，构成一个有序的、动态的工作过程。因此，要对工程项目进行系统的结构分析，包括结构分析和界面分析等。项目结构分析是一个渐进的过程，随着项目目标设计、规划、详细设计和计划工作的进展逐渐细化，既是项目管理的基础工作，又是项目管理最得力的工具。

②项目组织子系统。

项目组织子系统是由项目的行为主体构成的系统。由于社会化大生产和专业化分工，一个项目的参与方可能有几个、几十个甚至成百上千个，常见的有业主、咨询方、设计单位、施工承包商、专业分包商、监理单位、材料供应商、设备制造商、运营方以及上级主管部门、为项目提供融资的银行和信用机构、为项目提供保险的保险公司等。它们之间通过行政的或合同的关系连接，形成一个庞大的组织体系，为了实现共同的项目目标承担着各自的项目任务。项目组织子系统是一个目标明确、开放的、动态的、自我形成的组织系统。

（2）工程项目系统环境

工程项目系统环境是指对工程项目有影响的所有外部因素的总和，它们构成项目的边界条件。现代工程项目都处在一个迅速变化的环境中，环境对工程项目有重大影响，一方面，决定着项目的需求和存在价值；另一方面，又决定着项目的技术方案和实施方案，项目的实施过程就是项目与环境之间互相作用的过程。

工程项目系统环境通常包括以下几个方面。

①社会的政治环境。社会的政治环境包括政治局面的稳定性、政府能对本项目提供的服务以及与项目有关的政策，特别是对项目有制约的政策或向项目倾斜的政策等。

②社会的经济环境。社会的经济环境具体体现在以下几个方面：

a. 社会的发展状况,该国、当地、该城市处于一个什么样的发展阶段和发展水平。

b. 国家的财政状况,包括赤字和通货膨胀情况、国民经济计划的安排、国家重点投资发展的项目、领域、地区、国家的工业布局及经济结构等。

c. 国家及社会建设的资金来源,银行的货币供应能力和条件。

d. 市场情况,如项目所需材料、设备、劳动力、能源等的物价水平,当地建筑市场情况。

③社会的法律环境。工程项目在一定的法律环境中实施和运行,它适用项目所在地的法律,受它的制约和保护。社会的法律环境具体体现在:

a. 该法律的完备性,法制是否健全;执法的严肃性,投资者能否得到法律的有效保护等。

b. 与项目有关的各项法律和法规,如《中华人民共和国民法典》《中华人民共和国建筑法》《中华人民共和国劳动保护法》《中华人民共和国税法》《中华人民共和国环境保护法》《中华人民共和国外汇管制法》等。

c. 国家的土地政策。

d. 对与本项目有关的税收、土地政策、货币政策等方面的优惠条件。

④自然条件。自然条件主要是指可以供项目使用的各种自然资源的蕴藏情况,包括地形、地貌、地质情况等的自然地理状况和气候状况。

⑤项目基础设施、场地周围交通运输、通信等情况。

⑥同类工程的资料,如相似工程的工期、成本、效率、存在问题、经验和教训。这对目标设计、可行性研究、计划和设计、控制有很大的作用。环境对项目及项目管理具有决定性的影响,因此,在项目的决策、设计、计划和实施控制过程中,要充分利用环境条件带来的机会,降低环境风险对项目的干扰,认真研究和把握环境与项目的交互作用。

⑦其他方面。如项目所在地人的文化素质、价值取向等社会人文方面,项目所需的劳动力和管理人员状况以及技术环境等。

(3)工程项目系统行为

从整个工程项目管理过程来看,项目目标要求和业主期望为系统的总体输入,项目所需的原材料、设备、资金、劳动力、服务、信息、能源等为系统的具体输入,经过一系列项目管理活动和过程的处理、转换,最终输出令业主满意的产品及完备的使用功能。业主期望通过转换成一些相关需求问题来描述,经过全面、系统地管理、控制,最终实现工程项目的总体目标,完成产品的增值过程。工程项目的目标系统实质上是工程项目所要达到的最终状态的描述系统,是一系列目标的综合。由于项目管理采用目标管理方法,所以,工程项目具有明确的目标系统,它是项目过程中的一条主线。

2)工程项目管理协同机理

协同管理是一种通过对该系统中各子系统进行时间、空间和功能结构的协同与重组,产生一种远远大于各子系统之和的新的时间、空间和功能结构,即工程项目管理协同直接产生的结果是涌现性。整体涌现性是指整体具有其组成部分及部分之总和不具备的特征。一旦整体缩减为各个组成部分,这些特征将不复存在。涌现现象具有明确的客观来源和科学的生产机制。简而言之,系统的涌现现象来自系统组分、结构和环境3个方面,即构材效应、规模效应、结构效应和环境效应共同构成了系统的涌现现象。

①构材效应:必定受到组分特性的规定或制约,并非任意选取的组分都可以造就具有特定整体涌现性的系统,叫作构材效应。

②规模效应:整体涌现性还与系统的规模有关,规模大小不同是造成不同整体涌现性的原因之一,称为规模效应。所有复杂性研究家都承认足够的系统规模是产生复杂性的必要条件,规模不同对整体涌现性的影响十分鲜明,组分不够多就无法由简单性涌现出复杂性。

③结构效应:在组分一定的情况下,组分之间不同方式相互作用、相互激发、相互制约、相互补充,将产生不同的整体涌现性。自然界的典型事例有很多,例如,组分没有增减,仅仅改变原子或电子的微观组织方式,就呈现出截然不同的宏观整体特性。在具备了一定特征和数量的组分之后,组分之间的作用方式便成为整体涌现性的关键来源。

④环境效应:整体涌现性还与系统的环境有关,所谓环境塑造系统,指的就是塑造系统的整体涌现性,而非塑造那些加和整体性。例如,我们在社会生活中经常可以感受到,许多资源通过个人是无法得到的,只有通过集体的力量才能够获取。推及一般系统,环境中的许多资源只有形成某种系统整体才能获取,只有形成适当的系统整体才能承受环境的约束和压力,故而,从另一个方面来说,系统的整体涌现性正是来源于环境的资源、约束、压力。

涌现论揭示了系统整体与局部的辩证关系,即整体不等于局部加总之和,而是会出现局部所不具备的某些特质,即实现"1+1>2"的效果;另外,整体的新特质一经涌现,就会在每个局部中有所体现,使得处于整体中的局部不同于分散开的局部。

3)工程项目协同管理的三大途径

本节对工程项目协同管理的研究主要以协同理论为主要依据,以涌现现象为目标导向,对工程项目进行目标协同、组织协同和供应链协同,以更好地实现工程项目的整体目标。

(1)项目目标协同

对于工程项目来说,尤其是参与主体多、结构复杂、不确定性大的项目,项目目标协同强调项目的整体目标,而不是局部优化,需要各个部门在时间和空间上相互配合、协作,即从项目全生命周期角度出发,充分考虑项目运营期间的要求和可能存在的问题,实现项目全生命周期的质量目标、成本目标、工期目标等。

(2)项目组织协同

建设项目组织由多元主体构成,多元主体组织协同主要是对项目的组织进行组织内部子组织的有效管理。根据现代组织理论、复杂性理论以及协同理论,大型复杂工程项目组织协同是以信息技术为手段,突破时空限制,通过"五流"(物质流、资金流、人员流、信息流、知识流)的协同运行对大型复杂工程项目组织系统内部各要素进行时间、空间和功能结构上的有序结构转化,进而产生主宰系统协同演化的序参量,促使项目组织向有序状态转变,形成更加稳定的组织系统,产生协同效应,从而实现组织系统价值的最大化。

(3)项目供应链协同

并非任何主体之间的任意聚集都能产生涌现现象,因此,虽然工程项目供应链由若干成员聚集而成,每个成员都是一个适应性主体,然而,并非任何主体都能聚集成一条运转良好的供应链,也并不是所有的合作都会产生预期的协同效应,也可能出现整体小于部分之和的负效应,供应链系统的整体涌现性与各成员主体的特性密切相关。

8.2.2 目标协同

1) 项目管理的目标体系

按照目标自身的结构,工程项目的目标体系由 3 个层次组成,即系统目标、子目标和可操作性目标。任何系统目标都可以分解为若干个子目标,子目标又可以分解为可操作性目标。

按照目标的层次和思维方式,工程项目尤其是对国民经济影响重大的大型复杂性的工程项目,其全生命周期的目标体系可分为三大层面,即现实性思维层面(包括质量、费用、工期、资源等基本目标)、理性思维层面(指各方面满意的目标)和哲学性思维层面(包括与环境协调和可持续发展目标)。

(1)质量目标

全生命周期的质量目标追求工作质量、工程质量、最终项目功能、产品或服务质量的统一性,着眼于工程技术系统的整体功能、技术标准、安全性等。其中,设计质量包括设计工作质量、技术标准、可施工性等;工程施工质量包括材料质量、设备质量、施工质量体系、各分部工程质量、工程总体质量等;运营质量包括工程的使用功能,产品或服务质量,运营和服务的可靠性,运营的安全性、可维修性等。

(2)费用目标

全生命周期的费用目标应综合考虑工程项目的全生命周期的相关费用和收益,如建设总投资、运营(服务)成本、维护成本等。

(3)时间目标

对现代工程项目全生命周期管理,时间目标增加了许多新的内容,不仅包括建设期、投资回收期、维修或更新改造的周期等,还要考虑工程的设计寿命和服务寿命,使各方面满意。项目的成功必须经过项目供应链各参与成员的共同努力,没有各方面的满意则不可能有成功的项目。因此,项目目标系统应包括各参与方的目标,体现各方面利益的平衡,使各方面满意,这样有利于团结协作,营造平等、信任、合作的气氛。如承包商和供应商的目标通常包括对工程价格、工期、企业形象、关系(信誉)等方面的期望。

(4)可持续发展

按照工程项目全生命周期的特殊性,它的自身可持续发展能力应包括,项目产品和服务功能具有稳定性和持续性,不仅能满足目前要求,而且能符合未来需求;工程项目应能低成本、便利地在功能、结构等方面更新;工程项目应能够为地区经济或国民经济发展提供持续的支持;工程项目应具有防灾能力,包括灾害预报能力、灾害防御能力、灾害应急反应能力等。

2) 工程项目多层次目标间的协同

工程项目的目标系统应是一个稳定的、均衡的、完整的系统,过分地强调某一个目标(子目标)常常会牺牲或损害另一些目标。工程项目多目标协同的核心是强调整体性和一体化的整合思想,最终目的是实现工程项目管理活动的总体效率和效果的提高。具体体现在以下几个方面。

（1）一致性

在目标系统中，按照目标自身的结构，下一层次的目标要服从于上一层次的目标，上一层次的目标优先于下一层次的目标，即系统目标优先于子目标，子目标优先于可操作目标。

（2）完整性

项目目标因素之和应完整地反映上层系统对项目的要求，特别要保证强制性目标因素，所以，项目通常是由多目标构成的一个完整系统。目标系统的缺陷会导致工程技术系统的缺陷、计划的失误和实施控制的困难。如前所述，现代复杂性工程项目应进行全生命周期的过程管理，因此，其目标体系也应反映全生命周期的要求，不仅包括建设期的目标，也注重项目的运营目标。

（3）均衡性

工程项目全生命周期的目标应达到所有参与方需求的均衡，能为大家接受并达成共识，还要特别注意工期、费用（成本、投资）、质量、功能之间的平衡。在进行项目多目标协同管理的过程中，还应注意的一个问题是项目目标在项目全生命周期的不同阶段的优先性可能是不同的，如质量目标是项目决策阶段主要考虑的目标，费用是项目实施阶段主要考虑的目标，而时间往往在项目后期逐渐显示出迫切性。另外，不同类型的项目对 3 个基本目标偏重也有所不同，特定情况下不得不为了追求某一目标而降低对另一目标的要求。

（4）动态性

目标系统有一个动态的发展过程，它是在项目目标设计、可行性研究、技术设计与计划中逐渐建立起来的，并形成一个完整的目标保证体系。由于环境的不断变化，上层系统对项目的要求也会变化，项目的目标系统在实施中也会产生变更，例如，目标因素的增加、减少，指标水平的调整，导致设计方案的变化、合同的变更、实施方案的调整。

3）工程项目多目标协同的协调度模型

复杂性工程项目管理的目标有很多，其主要指标如费用、工期、质量、环境、卫生、安全、业主满意度等之间存在协同关系，本节以费用、工期和质量 3 个主要控制目标和资源目标为主，进行定量的协同优化分析。其中，工程项目的费用、工期和质量三大目标之间相互依存、相互制约，形成一个辩证的统一体。由于三者之间的耦合关系，因此，这些目标在项目实践中很难达到完全的协调一致。如何使这些目标尽可能地达到协调一致，即同时达到较短的工期、较低的费用和较高的质量，使资源得到尽可能均衡充分的使用，是工程项目多目标优化的理想状态。为研究工程项目管理的多目标协同优化，在此引入功效系数和协调度概念，根据工程项目各目标子系统的功效系数，建立工程项目目标系统的协调度函数模型。

从协同学可知，系统走向有序的机理关键在于系统内部各子系统之间相互关联的协同作用，它左右着系统演化的特征和规律。系统协调度正是这种协同作用的度量，它决定了系统之间或系统组成要素之间在发展演化过程中彼此的和谐程度。下面对系统协调度函数进行定义。本节界定子系统的功效系数为子系统对系统有序度的贡献程度。考虑子系统 S_i，设其发展过程中的最大序参量变量，即子系统 S_i 的最大目标值为 $\max S_i$；最小序参量变量，即子系统 S_i 的最小目标值为 $\min S_i$；最优序参量变量，即子系统 S_i 的最优目标值为 $\mathrm{opt} S_i$。

（1）正指标功效系数

子系统序参数变量越大，系统有序度越高；子系统序参数变量越小，系统有序度越低。当 $\mathrm{opt} S_i = \max S_i$ 时，功效系数即子系统对系统有序的贡献为：

$$U_{S_i} = \frac{S_i - \min S_i}{\max S_i - \min S_i}$$

其中,$U_{S_i} \in [0,1]$。

显然,当子系统 S_i 序参数变量为 $\max S_i$ 时,对系统的贡献为 1;当子系统 S_i 序参数变量为 $\min S_i$ 时,对系统的贡献为 0。

(2)负指标功效系数

子系统序参数变量越小,系统有序度越高;子系统序参数变量越大,系统有序度越低。当 $\mathrm{opt}S_i = \min S_i$ 时,功效系数即子系统对系统有序的贡献为:

$$U_{S_i} = \frac{\min S_i - S_i}{\max S_i - \min S_i}$$

其中,$U_{S_i} \in [0,1]$。

显然,当子系统 S_i 序参数变量为 $\max S_i$ 时,对系统的贡献度为 0;当子系统 S_i 序参数变量为 $\min S_i$ 时,对系统的贡献为 1。

(3)适度功效系数

子系统序参数变量取一定数值时,系统有序程度最高。当 $\min S_i < \mathrm{opt}S_i < \max S_i$ 时,功效系数即子系统对系统有序的贡献为:

$$U_{S_i} = \frac{\min S_i - S_i}{\max S_i - \mathrm{opt}S_i}$$

或

$$U_{S_i} = \frac{S_i - \min S_i}{\mathrm{opt}S_i - \min S_i}$$

其中,$U_{S_i} \in [0,1]$。

显然,当子系统 S_i 序参数变量为 $\mathrm{opt}S_i$ 时,对系统的贡献为 1;当子系统 S_i 序参数量为 $\min S_i$ 或 $\max S_i$ 时,对系统的贡献为 0。

(4)系统整体的协调度

系统整体的协调度 Z 可以通过各子系统的功效系数求线性加权和或者几何平均得到,系统整体协调度的大小反映了系统的有序度水平:

$$Z = \sum_{i=1}^{n} w_i U_{S_i}$$

或者

$$Z = \prod_{i=1}^{n} U_{S_i}^{w_i}$$

其中,$U_{S_i} \in [0,1]$,$w_i \in [0,1]$。

4）工程项目工期、费用、质量和资源多目标协同的协调度模型

从系统科学角度出发,工程项目的多目标体系可以看成一个系统,这个系统由工期子系统、费用子系统、质量子系统和资源控制子系统组成,其相互关系如图8.2所示。这些子系统具有相对独立性并具有各自的特定功能和运行目标。这些子系统之间是相互作用、相互制约的耦合关系,片面地考虑其中的某个目标必将损害另一些目标,导致各子系统之间的协调度降低,从而产生负效应,降低系统的整体协调度和有序度水平。因此,项目目标系统协调度的提升是通过多目标协同优化来实现的。

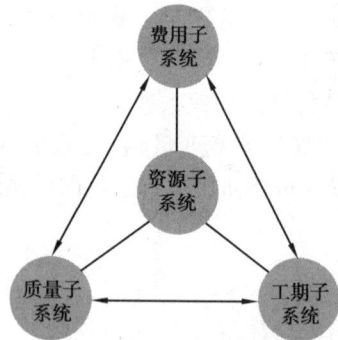

图8.2　工程项目目标子系统的关系示意图

（1）工程项目时间（进度）协同功效系数

工程正常工期为 T_n,看作系统稳定临界点的上限值,即 $T_n = \max T_k$。通过工程项目进度子系统不断优化得到一系列序参数值,将其中的最小值作为系统稳定临界点的下限值,即 $\mathrm{opt}T = \min T_k$,根据系统协调度的设计,工期指标具有负功效,对系统有序度的功效为:

$$U_T = \frac{\max T_k - T_k}{\max T_k - \min T_k} = \frac{T_n - T_k}{T_n - \min T_k}$$
$$s.t\ U_T \in [0,1]$$

式中　T_n——工程项目正常工期;

T_k——工程项目第 k 迭代步骤项目工期。

其中 $T_k \in [\min T_k, \max T_k]$。可见,当 $T_k = \max T_k = T_n$,即优化工期等于原计划正常工期时,$U_T = 0$,此时保持原计划工期,对工程项目多目标优化的贡献为0。当 $T_k = \min T_k$,即优化工期等于优化后的最短极限工期时,$U_T = 1$,此时,进度控制子系统单目标达到最优,对工程项目多目标优化的贡献为1。

（2）工程项目费用协同功效系数

根据系统协调度的设计,费用指标也具有负功效,记费用子系统稳定临界点的上限值,即 $\mathrm{opt}C_k = \max C_k$,通过工程项目费用子系统不断优化得到一系列序参数值,将其中的最小值作为系统稳定临界点的下限值,即 $\mathrm{opt}C_k = \min C_k$,则其对系统有序度的功效系数模型为:

$$U_C = \frac{\max C_k - C_k}{\max C_k - \min C_k}$$

其中,$U_C \in [0,1]$

$$C_K = \sum_1^m \left[c_{n,ij} + \beta_{ij}(t_{n,ij} - t_{ij}) \right] + \alpha_1(T_{pla} - T_k) + \alpha_2 T_k$$
$$t_{c,ij} \leqslant t_{ij} \leqslant t_{n,ij}$$

式中　$C_{n,ij}$——ij 工序正常持续时间下的直接成本；

　　　　β_{ij}——ij 工序持续时间压缩时费用增加率；

　　　　$t_{n,ij}$——ij 工序的正常持续时间；

　　　　t_{ij}——ij 工序的当前持续时间；

　　　　$t_{c,ij}$——ij 工序的最短持续时间；

　　　　α_1——奖罚系数；

　　　　α_2——间接费用系数。

C_k 为第 k 迭代步骤项目费用。可见，当 $C_k=\max C_k$，$U_C=0$ 时，费用控制子系统对工程项目多目标优化的贡献为 0。当 $C_k=\min C_k$，即费用等于优化后的最小费用时，$U_C=1$，此时，费用控制子系统单目标达到最优，对工程项目多目标优化的贡献为 1。因此可根据上式优化工程项目费用。

（3）工程项目质量协同功效系数

在量化研究工程质量时，为简便起见，假设单项工作的实际质量是实际持续时间的线性函数，且成正比关系，即实际持续时间越短，实际质量越低。假定在正常的持续时间条件下，工作的质量能保证，其量化值为 1，则小于正常持续时间下的工作质量为小于 1 大于 0 的百分数，从而在此基础上建立模型，进行研究。根据系统协调度的设计，工程质量指标具有正功效，工程正常工期对应的质量为 Q_n，看作系统稳定临界点的上限值，即 $Q_n=\max Q_k$。通过工程项目进度子系统不断优化得到一系列序参数值，将其中的工期最小值 T_k 对应的质量序参数值作为质量子系统稳定临界点的下限值 $\min Q_k$，则其对系统有序度的功效系数模型为：

$$U_T = \frac{Q_k - \min Q_k}{\max Q_k - \min Q_k} = \frac{Q_k - \min Q_k}{Q_n - \min Q_k}$$

其中，$U_Q \in [0,1]$

$$Q_k = \frac{1}{m}\sum_1^m q_{ij} = \frac{1}{m}\sum_1^m \left[1 - r_{ij}(t_{n,ij} - t_{ij})\right]$$

$$r_{ij} = \frac{1 - q_{c,ij}}{t_{n,ij} - t_{ij}}$$

式中　r_{ij}——ij 工序赶工质量降低变化率；

　　　　q_{ij}——ij 工序的质量；

　　　　$q_{c,ij}$——ij 工序最短持续时间的质量；

　　　　m——工序数；

　　　　$t_{n,ij}$——ij 工序的正常持续时间；

　　　　t_{ij}——ij 工序的当前持续时间；

　　　　$t_{c,ij}$——ij 工序的最短持续时间。

Q_k 为第 k 迭代步骤项目质量。可见，当 $Q_k=\min Q_k$，$U_C=0$ 时，对工程项目多目标优化的贡献为 0。当 $Q_k=\max Q_k$，即质量等于正常工期对应的质量时，$U_C=1$，此时，工期控制子系统单目标达到最优，对工程项目多目标优化的贡献为 1。

（4）工程项目资源协同功效系数

在研究工程资源协同功效时，为简便起见，只研究一种资源的情形，从而在此基础上建立模型,进行研究。根据系统协调度的设计,工程资源均衡约束指标 σ_k^2 具有负功效,即方差值越低,资源使用的均衡性越好。工程正常工期对应的资源均衡方差为 σ_n^2,看作系统稳定临界点的上限值,即 $\sigma_n^2 = \max\sigma_k^2$。通过工程项目资源子系统不断优化得到一系列序参数值,将其中的最小值作为资源子系统稳定临界点的下限值 $\min\sigma_k^2$,则其对系统有序度的功效系数模型为:

$$U_{\sigma^2} = \frac{\max\sigma_k^2 - \sigma_k^2}{\max\sigma_k^2 - \min\sigma_k^2} = \frac{\sigma_m^2 - \sigma_k^2}{\sigma_m^2 - \min\sigma_k^2}$$

其中,$U_{\sigma^2} \in [0,1]$

$$\sigma_k^2 = \frac{1}{T_k} \sum_1^{T_k} R_t^2 - R_m^2$$

式中　R_t^2——t 时刻所需资源总和的平方;

　　　R_m^2——单位时刻所需平均资源的平方。

(5)工程项目目标系统的协调度模型

工程项目目标系统的协调度大小与工期、质量、费用和资源子系统的功效系数密切相关,高协调度和有序度建立在这些目标子系统有效协同的基础上,如图 8.3 所示。

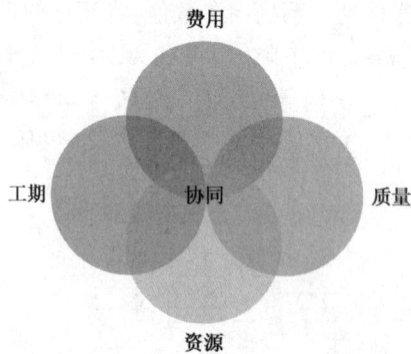

图 8.3　工程项目目标系统的协调度模型

设 Z 为项目目标系统的协调度函数,则有如下的多目标规划模型:

$$\max Z = w_T U_T + w_Q U_Q + w_C U_C + w_{\sigma^2} U_{\sigma^2}$$

$$其中,U_T = \frac{\max T_k - T_k}{\max T_k - \min T_k} = \frac{T_n - T_k}{T_n - \min T_k}$$

$$U_C = \frac{\max C_k - C_k}{\max C_k - \min C_k}$$

$$U_Q = \frac{Q_k - \min Q_k}{Q_n - \min Q_k}$$

$$C_K = \sum_1^m \left[c_{n,ij} + \beta_{ij}(t_{n,ij} - t_{ij}) \right] + \alpha_1 (T_{pla} - T_k) + \alpha_2 T_k$$

$$U_{\sigma^2} = \frac{\sigma_m^2 - \sigma_k^2}{\sigma_m^2 - \min\sigma_k^2}$$

$$\sigma_k^2 = \frac{1}{T_k} \sum_1^{T_k} R_t^2 - R_m^2$$

$$Q_k = \frac{1}{m} \sum_1^m q_{ij} = \frac{1}{m} \sum_1^m \left[1 - r_{ij}(t_{n,ij} - t_{ij}) \right]$$

$$r_{ij} = \frac{1 - q_{c,ij}}{t_{n,ij} - t_{ij}}$$

$$t_{c,ij} \leqslant t_{ij} \leqslant t_{n,ij}$$

$$w_T + w_Q + w_C + w_{\sigma^2} = 1$$

其他参数意义同上。其中,权重系数可根据工程项目的具体情况,由专家打分确定。

8.2.3 组织协同

1) 组织协同的内涵

根据现代组织理论、复杂性理论以及协同理论,大型复杂工程项目组织协同是以信息技术为手段,突破时空限制,通过"五流"(物质流、资金流、人员流、信息流、知识流)的协同运行对大型复杂工程项目组织系统内部各要素进行时间、空间和功能结构上的有序结构转化,进而产生主导系统协同演化的序参量,促使项目组织向有序状态转变,形成更加稳定的组织系统,产生协同效应,从而实现组织系统价值最大化。这个概念从以下几个方面来理解。

①大型复杂工程项目组织协同的核心是运用协同思想,通过加强项目组织系统内部各要素之间的联系,提高系统整体协同程度,形成稳定有序的整体。"五流"的协同运作是大型复杂工程项目组织运行的微观基础,也是保障项目组织协同的关键。

②大型复杂工程项目组织协同是通过不同的流程在项目组织成员之间以及项目组织生命周期各阶段之间建立桥梁,形成项目组织系统整体性合力的一种状态和过程,强调项目组织系统一体化的优势互补、协同合作的整体思想。

③大型复杂工程项目组织协同最终结果体现为项目组织系统的整体价值涌现。一方面是项目组织结构合理有序,组织职能清晰明确;另一方面是项目组织系统整体功能的倍增,组织成员之间的资源得到最优配置和利用,实现系统整体价值的最大化。

④先进的信息技术和网络通信技术是大型复杂工程项目组织协同的必要条件,建立协同管理信息平台,对加强成员之间的沟通联系,消除信息孤岛,弱化组织界面矛盾有十分重要的作用。

2) 项目组织协同动因

组织成员各自拥有的资源、技术、核心能力等存在明显的异质性,面对日益激烈的竞争环境,企业要生存和发展,就必须寻求组织间的合作,企业加入项目组织的动力是追求自身利益最大化,并希望获得的协同利益高于非协同利益。当市场上出现新的获利机会时,组织成员就会产生寻求利益的意愿,由于工程项目不可能由某个成员单独完成,因此,该成员就会选择建立基于合作关系的项目组织。对于某个组织成员来说,当协同提供的边际收益相当于组织成员未参与项目时企业运行所付出的边际成本时,协同就会停止,组织系统结构就会达到某种均衡;只有当协同可以增加潜在收益时,才能产生协同行为。下面从新制度经济学的交易成本理论、价值链理论和资源基础理论 3 个角度对大型复杂工程项目组织协同动因进行诠释。

（1）交易成本理论的解释

交易成本理论认为，项目组织成员之间的协同合作表现在长期重复交易过程中，而长期重复交易可以减少相关的交易成本，长期重复交易的前提条件是稳定的交易对象，避免了频繁竞价和签约引起的交易成本，即使在交易过程中产生冲突，组织成员也可以根据相关协议条款通过协商加以解决；长期重复交易也降低了每次重新谈判时讨价还价的成本；组织成员长期协同合作，会增加单个成员违背契约或者实施机会主义行为的成本，降低这种投机行为对项目组织系统带来的不利影响。项目组织通过建立信息沟通机制，搭建信息协同平台，促使成员之间组织学习，提高组织成员对不确定性环境的认知能力，减少因交易主体的有限理性产生的交易成本。组织成员之间的制约多为软约束，彼此之间更多依靠基于共同利益的一种信任机制。成员之间信任度越高，每个成员愿意共享的专用性资产就越多，履约成本以及监督成本就会降低。另外，信任机制的建立也会促进项目组织成员之间行为的协同一致性，更加有效地利用组织成员的资源，形成更为长久的合作关系。

交易成本理论也认为，组织协同行为能够显著节约信息费用，进而减少交易成本的发生。组织成员的理性是有限的，其拥有的信息也是不完全且不对称的，加之外部环境的复杂性和不确定性，使组织成员掌握的信息是有限的。组织协同的基础是信息协同，组织成员之间实现信息共享，能够在很大程度上减少信息的不对称现象，有效地弥补市场运作机制的缺陷和不足。组织成员之间长期合作形成稳定的交易关系和信息沟通机制，既减少了搜寻交易对象信息的费用，也降低了信息不对称导致风险发生的可能性。项目组织成员之间进行协同合作，既是为了在市场交易中寻找一种交易成本最低和组织成本相对较低的制度安排，也是市场和企业之间连续协调机制中的一种制度安排，这种内部化协同效应所营造的交换行为比市场交换更为有效。

（2）价值链理论的解释

波特把企业的生产经营看成是由一系列相关的增值活动组成的，这些活动分布在研发、生产、营销、服务等各个环节上，这些环节相互关联，形成了企业价值链。核心能力是企业与外界环境长期互动过程中形成的各种其他对手很难达到或者无法具备的能力，是企业长期持续获得竞争优势的关键，也是企业存在与发展的基础。在知识经济时代，人们的需求日趋专业化和复杂化。对于单个企业而言，其实力是有限的，不可能单独控制产品从原材料供应到服务各阶段所需的所有技术。从价值链的角度来说，价值链上每个环节所需的生产要素是不相同的，某个企业只在个别环节上拥有优势。因此，企业要在竞争激烈的环境中生存和发展，一方面，要整合企业内部价值链，找到每个环节的增值点，通过技术和组织等方面的协调合作强化自身的核心能力；另一方面，与价值链上其他拥有优势的企业进行合作，实现企业优势的互补融合。

大型复杂工程项目组织可以视为一种工程项目供应链，业主、承包商、分包商、供应商、监理方等是这条链中的不同的价值创造环节，拥有各自的核心竞争力。根据价值链理论，价值链环节中存在共同的因素，企业之间的相关业务单元可以在价值链上进行共享，通过共享可以有效地降低活动成本并增强差异化竞争优势。当共享收益超出共享成本时，能够获得净竞争优势。价值链中的组织成员通过建立合作伙伴关系，在对相关活动进行共享的过程中相互协调配合，项目组织成员之间的协同行为使双方在更多的领域保持一致性，从而有效地减少共享价值活动产生的妥协成本。此外，大型复杂工程项目组织具有灵活性和松散性，成员之间协同合作产生的价值大于每个成员单独价值的总和,表现出整体性能涌现现象。因此,项目组织成员必须把优势集中在具有核心竞争力的环节上,加强核心能力建设,保持自身的竞争优势。同时,价值链中其他环节的组织成员进行互补性资源配置,形成战略联盟,在实现合作双赢目标的同时,也可以实现系统整体价值最大化。由于组织成员协同状态合作创造的价值必然大于非协同状态下组织成员创造的价值,因此,价值创造和对共同价值的追求是大型复杂工程项目组织协同的原动力。

(3)资源基础理论的解释

资源基础理论认为组织不仅是对市场机制的简单替代,而且是不同资源、能力和核心竞争优势的集合体。大型复杂工程项目组织产生的基础是各组织成员在价值创造过程中的相关性,组织成员的价值创造活动是由成员各自资源与核心能力的特点来决定的。组织拥有的资源决定了组织能做什么,组织的核心能力具有稀有性、不易模仿性、不可替代性和价值性等特征,这些独特的资源和能力是组织获得核心竞争力并取得成功的关键因素。

巴尼(Barney)认为,资源就是一个组织所控制的并使其能够制订和执行改进效率和效能战略的所有资产、能力、组织过程、组织特性信息、知识等。沃纳菲尔特(Wernerfelt)从资源视角诠释了组织如何获取超额利润的机会,认为资源的专用性、不可模仿性以及不易流动性等使得组织很难获取这些异质性资源,这些异质性资源正是组织竞争优势的来源,也使组织获得超额回报率。正是因为有价值的核心资源不易通过市场交换获得,而经济全球化发展使单一组织的有限资源已无法满足动态市场的变化,因此,组织成员之间的合作联盟就成为获取其他资源的必然途径。

一个组织拥有核心资源的数量和资源的重要性决定了该组织的竞争实力和谈判能力,获取资源的需求使组织产生了对外部环境的依赖。由于不同组织成员之间资产存在互补性,可以通过契约方式建立联盟,以扩大组织外部资源边界。组织成员采取多种合作形式,相互支持、互为补充,形成稳定的资源共享与流动方式。因此,组织成员之间的资源互补性与依赖性是组织系统协同效应形成的主要原因。资源基础理论强调组织通过整合和利用有价值的资源来实现组织价值最大化,资源的稀有性、不易模仿性、不易流动性等特性使组织拥有了阻碍竞争对手超越自己的壁垒。此外,通过建立正式或半正式合同关系,有意识地构造不同组织成员之间的交易关系,以达到减少管理的不确定性和资源依赖性的目的。

3)大型复杂工程项目组织协同度的测度模型

(1)项目组织协同度指标体系构建原则

项目组织协同度指标体系构建原则包括目的性原则、系统性原则、可实现性原则以及定量指标与定性指标相结合原则。

①目的性原则。大型复杂工程项目组织协同度测量的目的在于通过对"五流"子系统有序度进行衡量,判断项目组织系统的协同程度,反映组织成员之间协调合作的实际情况,找出组织协同的瓶颈,为进一步采取组织协同度提升策略做准备。

②系统性原则。大型复杂工程项目组织是一个复杂系统,"五流"子系统之间的协同过程也表现出复杂性。因此,需要从"五流"整体的角度,考虑各子系统之间的关系,既要重视每个子系统内部协同反映出来的指标,还要把握5个子系统之间由于协同运行时产生的指标,遵循系统性原则,从项目组织系统整体的规律性入手分析具体问题。

③可实现性原则。组织协同度指标的选取要符合大型复杂工程项目组织的实际情况,

能够准确、全面反映客观规律。在协同度指标选取时,既要遵循普适性,即指标能够反映不同类型项目组织的共性;还需要具备可操作性,即指标数量应该是合理的,指标的含义是清晰的,指标之间的相关性是微弱的,尽量避免指标之间的交叉。此外,对指标作相应的简化,可以减少烦琐的计算,更有利于协同度的测量。

④定量指标与定性指标相结合原则。大型复杂工程项目组织协同度是一个比较抽象的概念,涉及经济、管理等多个领域的相关知识。影响"五流"子系统运行的因素也很多,有些因素可以进行定量计算,而有些因素只能作定性描述。因此,在构建组织协同度指标体系时,需要综合考虑定量指标和定性指标,选取定性指标时要明确指标内涵,尽量采用人为影响小的方法进行计算。

(2)协同度指标说明

协同度指标说明如表8.1所示。

①定量指标的计算。在表8.1出现的22个指标中,设备材料的供给率、物资平均供应时间的柔性、物资平均库存周转率、物资流动中的损耗率、绩效薪酬、组织的激励效率、流动资金周转率、资产安全程度、回款周期差值、资金流管理的营利性、信息交流频率、信息传递准确率、信息传递及时率、信息共享价值、知识交流频率、知识创新能力、知识存量水平等17个指标可以通过获取相关数据进行定量测算。具体说明如下:

a. 设备材料的供给率(M1):反映了项目建设使用的原材料、机械设备的供给效率,用项目建设中实际提供的设备材料的数量与设备材料的总需求量的比值表示。

表8.1 协同度指标说明

一级指标	物质流	人员流	资金流	信息流	知识流
二级指标	设备材料的供给率	绩效薪酬	流动资金周转率	信息交流频率	知识共享程度
	物资平均供应时间的柔性	人员配置完备率	应收账款周转次数	信息传递准确率	知识交流频率
	物资平均库存周转率	组织的激励程度	回款周期差值	信息传递及时率	知识创新能力
	物资流动中的损耗率	权责界定合理度	资金流管理的营利性	信息共享价值	知识存量水平
			资金流柔性		知识流失程度

b. 物资平均供应时间的柔性(M3):反映了组织成员在协调物资调配的应变能力,一般用物资调配时订单下达时间与订单交货时间的差值表示。

c. 物资平均库存周转率(M5):反映了项目组织成员之间协调库存管理水平的高低,用一定时期内流动物资的总金额与该时期内物资库存的平均金额的比值表示。

d. 物资流动中的损耗率(M2):反映了物资流动过程中的损失程度,用物资在流动过程中损耗物资的金额与物资总金额的比值表示。

e. 绩效薪酬(P5):反映了绩效管理和薪酬管理的效率,用组织员工的绩效工资占基本工作比例表示。

f. 组织的激励效率（P4）：反映了组织对员工的积极性和创造性激励，用利润的一定比例表示。

g. 人员配置完备率（P1）：反映了人力资源配置的程度，用岗位实际人数与该岗位需求人数的比值表示。

h. 流动资金周转率（F2）：反映了项目组织流动资金的周转和利用水平，用一定时期内组织的流动资金周转次数表示。

i. 应收账款周转次数（F4）：用项目组织应收账款周转次数表示。

j. 回款周期差值（F3）：反映了资金回款的及时程度，用组织成员之间的平均付款期限的差值表示。

k. 资金流管理的营利性（F5）：反映了资金使用的增值程度，用利润率的某个比例表示。

l. 信息交流频率（I）：用单位时间内信息传递的次数表示。

m. 信息传递准确率（I2）：反映了信息在交换和共享过程中的准确程度，用一定时间内信息被正确传递的次数和被传递的总次数的比值表示。

n. 信息传递及时率（B3）：反映了信息在交换和共享过程中传递的及时性，用一定时间内组织成员及时接收信息的次数与接收信息的总次数的比值表示。

o. 知识交流频率（K4）：用单位时间内知识传递的次数表示。

p. 知识创新能力（K2）：反映了组织成员保持竞争优势和地位的能力，用一定时间内创新的成果量表示。

q. 知识存量水平（K3）：反映了特定时点组织成员的知总量，用具有相关学历水平和职称水平的人数表示。

②定性指标的计算。表8.1中的权责界定合理度、资金流柔性、信息共享价值、知识共享程度以及知识流失程度5个指标是定性指标，通过专家问卷调查赋值的方法来确定相应的值。

（3）模型构建

由前文分析可知，大型复杂工程项目组织协同与"五流"子系统的协同是同步的，"五流"子系统实现有序的同时，大型复杂工程项目组织也会实现整体有序，因此，可以通过"五流"协同度的测度来表征大型复杂工程项目组织整体协同效应的大小。大型复杂工程项目组织协同度的测度过程为，一是计算单个流的有序度，包括功效函数计算和有序度计算；二是计算"五流"之间的协同能力和有序度标准离差率；三是通过"五流"之间协同能力与有序协调匹配度的乘积计算得到大型复杂工程项目组织的协同度。

①项目组织单个流的有序度的计算。

a. 功效函数。根据协同理论，在序参量增长的情况下，系统有序度同时增加的功效是正功效；在序参量增长的情况下，系统有序度同时下降的功效是负功效。序参量对系统有序度的贡献可以用功效系数 U 来表示，一般 U 取值在0和1之间，当 $U=1$ 时，表明序参量对系统有序度贡献比较大；当 $U=0$ 时，表明序参量对系统有序度贡献比较小。

设"五流"子系统中任意一个子系统 S_i，序参量作用在该子系统上的分量 $U_i=(e_{i1}, e_{i2,...})$，$\alpha_{ij} \geq e_{ij} \geq \beta_{ij}$，其中 $i=1,2,3,4,5$，$j \geq 1$，α_{ij} 和 β_{ij} 是该子系统稳定时的上限和下限。则子系统 $S_i(i=1,2,3,4,5)$ 的有序度功效系数计算公式为：

$$U_i(e_{ij}) = \begin{cases} \dfrac{e_{ij} - \beta_{ij}}{\alpha_{ij} - \beta_{ij}}, j \in [1,k] \\[4mm] \dfrac{\alpha_{ij} - e_{ij}}{\alpha_{ij} - \beta_{ij}}, j \in [k+1,m] \end{cases}$$

当序参量 $e_{ij}(j \in [1,k])$ 的值越大，S_i 系统的有序度越大，则 e_{ij} 具有正功效；当序参量 e_{ij} $(j \in [k+1,m])$ 的值越大，S_i 系统的有序度越小，则 e_{ij} 具有负功效。

b. 有序度。单个子系统的有序度可以采用序参量分量的线性加权法和几何平均法进行计算和衡量。钟鸣等（2011）在研究协同度时采用线性加权法进行计算，也有学者只采用几何平均法来衡量，但是，单一使用线性加权法或几何平均法都存在缺陷，子系统有序度的准确性会受到影响。因此，本文采用线性加权法和几何平均法相结合，取其平均值的方法来进行子系统的有序度计算，即：

$$U_i(e_j) = \frac{\sum\limits_{j=1}^{m} w_{ji} u_i(e_{ij}) + m\sqrt{\prod\limits_{j=1}^{m} u_i(e_{ij})}}{2}$$

式中 $\sum\limits_{j=1}^{m} w_{ji} u_i(e_{ij})$ ——用线性加权法计算的子系统有序度，且 $\sum\limits_{j=1}^{m} w_{ji} = 1$；

w ——序参量在该子系统上分量的权重，采取熵值赋权法；

$m\sqrt{\prod\limits_{j=1}^{m} u_i(e_{ij})}$ ——用几何平均法计算的子系统有序度。

②项目组织"五流"之间的协同能力和有序度标准离差率的计算。

a. 组织系统的协同能力。大型复杂工程项目组织的协同能力直接体现在"五流"子系统的协同能力上，而"五流"子系统的有序度综合表现能够在整体上代表项目组织系统的有序度，故本节将这种综合表现出的整体有序度定义为协同能力。根据协同理论，大型复杂工程项目组织的协同能力与"五流"中各子系统平均达到的有序程度或者共同达到的有序程度有关，即是5个子系统有序程度的集合。借鉴以往学者研究成果，如刘志迎等，在求得各子系统有序度的基础上，将大型复杂工程项目组织协同能力定义为"五流"各子系统有序度的几何平均数，即：

$$SC = \sqrt{\prod_{i=1}^{5} U_i(e_j)}$$

$$SC = \sqrt{\prod_{i=1}^{5} \frac{\sum\limits_{j=1}^{m} w_{ji} u_i(e_{ij}) + m\sqrt{\prod\limits_{j=1}^{m} u_i(e_{ij})}}{2}}$$

式中 SC ——大型复杂工程项目组织的协同能力；

$U_1(e_j)$ ——物质流系统有序度；

$U_2(e_j)$ ——人员流子系统有序度；

$U_3(e_j)$ ——资金流子系统有序度；

$U_4(e_j)$ ——信息流子系统有序度；

$U_5(e_j)$ ——知识流子系统有序度。

b. 有序度的标准离差率。单个子系统的有序度和各子系统有序度之间的差异都会影响系统整体协同程度，即组织系统整体协同度既与"五流"中单个子系统的有序度有关，还与5

个子系统有序度之间的差异有关。因此,测量"五流"子系统整体的协同度,需要在求出 5 个子系统有序度基础上,进一步求出 5 个子系统有序度的差异。本节用总偏离度(δ)来表示 5 个子系统有序度的差异程度,其计算公式为:

$$\delta = \sum_{i=1}^{5} \frac{[U_i(e_j) + SC]^2}{SC}$$

式中　δ——"五流"子系统有序度的总体偏离度。

δ 越大,则 5 个子系统有序度的差异程度也越大,其对组织系统整体协同度的贡献就越小,为此,"五流"子系统的有序协调匹配度为 $1/(1+\delta)$。

③项目组织协同度的计算。大型复杂工程项目组织协同度是项目组织协同能力和"五流"子系统的有序协调匹配度共同决定的。大型复杂工程组织的协同度测度模型为:

$$CI = SC \cdot \frac{1}{1+\delta}$$

$$= \sqrt{\prod_{i=1}^{5} \frac{\sum_{j=1}^{m} w_{ji} u_i(e_{ij}) + m \sqrt{\prod_{j=1}^{m} u_i(e_{ij})}}{2}} \cdot \left[\frac{1}{1 + \sum_{i=1}^{5} \frac{[U_i(e_j) + SC]^2}{SC}}\right]$$

式中　CI——大型复杂工程项目组织协同度,$CI \in (0,1)$。

当 CI 趋于 1 时,表示项目组织系统的有序程度和协同发展程度高;当 CI 趋于 0 时,则表明项目组织系统接近无序混沌状态,组织协同发展程度低,此时,大型复杂工程项目组织失稳的风险增大。

8.2.4　供应链协同

工程项目供应链协同管理是一种综合的管理思想和方法,它把不同的项目参与方进行有效整合以增加整个供应链的效率,达到改善工程项目管理现状、变革现有工程项目管理模式的目的。本小节将探讨工程项目管理系统中供应链子系统中发生涌现现象的协同要素和作用方式,使供应链上的所有参与方企业成为协同发展、协同进化的有机体。

1) 工程项目供应链概述

(1)供应链定义

从工程项目全生命周期的角度出发,工程项目供应链(Constiuction Project Supply Chain, CPSC)是指从业主产生项目需求,经过项目定义(可行性研究、设计等前期工作)、项目实施(施工阶段)、项目竣工验收交付使用后的维护等阶段,直至扩建和建筑物的拆除这些建设过程的所有活动和所涉及的有关组织机构组成的建设网络。工程项目供应链是一个整体的功能模式,它通过对信息流、物流、资金流的控制,将项目业主、项目咨询者、设计方、施工方、材料和设备供应商等连成一个整体的模式,其中,项目业主既是项目的投资人、供应商,也是最终用户,其他的节点企业在需求信息的驱动下,通过供应链的分工与合作实现整个供应链的增值。这里将工程项目作为一种特殊商品,物流主要是指关于工程项目的生产、施工、竣工、运营等全过程。下面以工程项目供应链涉及的 3 个主要的利益主体:业主、设计商和承包商为例,构建工程项目供应链模型,设计商和分包商又有自己的分包商,承包商、施工分包商还有自己的材料、设备等供应商。

（2）供应链管理定义

工程项目供应链管理（Construction Project Supply Chain Management，CPSCM）是基于供应链管理的基本理论，以各种技术为支持，根据工程项目管理现有的基本构架，构造的一个对工程项目从咨询、立项到竣工验收、运营全过程进行综合设计、规划、协调和优化的理论与方法。

传统工程项目供应链中存在的大部分问题，如设计变更、订单变更、未按计划交货、存储时间过长、施工质量问题、进度问题等，都发生在不同的成员企业或者不同阶段的界面处，因此，要求工程项目供应链从整体角度出发，实施供应链协同管理。阶段的界面协同问题已经在第4章探讨过，本章重点探讨工程项目供应链成员企业的界面协同管理问题。通过对供应链上各企业的协调与管理，处理好企业之间的协同合作，能够降低管理成本，理顺项目业主与设计方、施工方等各参与方之间的关系，提高工程项目的质量以及整个项目的市场收益，缩短传统工程项目管理中的冗余工期。

（3）工程项目供应链的特征

工程项目供应链是一种典型的按订单制造（make-to-order）的供应链。它通常具有如下特征。

①复杂性。一个工程项目供应链通常具有多层次、多跨度的链式结构，由不同类型的众多参与方构成，不仅包括项目业主、项目咨询者、设计方、施工方各分包商、材料供应商、设备供应商等主要参与方，还包括政府管理组织、融资机构、保险公司等其他参与方。工程项目供应链管理的一个主要任务就是识别和分析各参与方应在什么时候、以什么样的方式参与到供应链中来，他们的需求和期望是什么。

②临时性。临时性是指每一个项目都要组织新的项目管理部门，项目完成后，相应的项目管理部门自动撤销。这种临时性的特点导致了工程项目供应链的不稳定性。

③不确定性。工程项目供应链具有明显的动态性，这是因为它处于一种动态的环境中，必须适应市场的需求条件。另外，工程项目供应链本身是一个动态的、开放的结构，不同时期有不同成员加入，也不断有企业退出，节点企业的不断变化也使这一特性更加明显。

④用户需求驱动性。工程项目供应链的形成、存在以及重构都是基于市场、用户和项目业主的需求而发生，同时，工程项目供应链中信息流、物流以及资金流都是由用户的需求信息进行拉动的。

2）工程项目供应链协同方法

如前所述，工程项目供应链系统能够产生涌现现象的主要原因和关键来源是其组分——成员主体之间相互作用的方式。下面对供应链成员之间的几种非线性作用方式进行探讨。首先，大型复杂性工程项目供应链成员数目众多，且各自有自己的目标和利益，这是系统产生正熵的主要原因，因此，必须在供应链中采取一系列措施，使系统内部产生足够的负熵流，充分调动各参与方企业的积极性，使其与业主有相同的利益要求和共同的价值标准，为实现项目目标高效、协同工作。组织管理是实现项目目标的最基本的保障，因此，首先必须建立合理的组织结构，这是各参与方非线性相互作用的结构载体。其次，要营造良好的具有合作理念的供应链文化氛围，加强成员企业之间的沟通，促使供应链成员之间合作伙伴关系的建立，通过互相学习、适应达到成员企业间的协同进化。在供应链上参与方成员协同工作过程中，难免会出现一些矛盾和冲突，对此应通过一些制度化的协调机制和方法进行有效的解决,对一个供应链来说,这些机制和方法属于系统的负熵因素。

供应链组织具有复杂适应系统特征,因此,供应链组织可以看成一个复杂适应系统。复杂适应系统的一个特点就是系统是由大量具有适应性的主体构成的。正是由于主体的这种适应性,才促进了系统的不断发展和进化,且复杂适应系统中存在着较为普遍的协同进化现象。工程项目供应链由众多参与成员组成,这些成员是具有学习、适应能力的主体,因此,工程项目供应链成员建立合作伙伴关系的过程,就是这些智能主体之间协同进化的过程。下面对此展开分析。

(1)工程项目供应链系统各主体的协同进化

本节尝试对供应链成员间协同进化的机理和一般性过程进行分析。

工程项目供应链系统中每个成员企业都是有适应能力的主体,都有自己的行为规则和氛围,并形成企业的内部模式。在工程项目系统的总体目标即各参与方共同目标的框架下,加上一些制度、规则的设计和引导,各适应性主体在进行物质、信息和能量的交换过程中,从诸多属性中选择合作的状态。合作是一群主体创现智能的表现形式,是系统的动态自组织,通过合作可以增强系统总体的确定性能。

当供应链内其他适应性主体或环境发生变化时,适应性主体匹配变化标识,考察其他适应性主体的反应,开始自组织适应学习;凭借已积累的适应学习机制,生成一定的适应集合策略 S_k,$S_k = \{1,2,\cdots,S\}$。适应性主体对于集合中的可能进行博弈选择。

假设供应链共有 S 个主体,它们有相同的纯策略集合(行动集)S_k。由演化博弈论可得智能体策略行为的动态调整过程如方程(8-1)所示:

$$\begin{cases} W(s_i) = \sum_i p_i E(s_i, s_j) \\ \overline{W} = \sum_i p_i W(s_i) \\ \overline{p_i} = \dfrac{p_i(W(s_i) - \overline{W})}{\overline{W}} \end{cases} \tag{8-1}$$

其中,P 表示智能体选择纯策略 s_k 的概率;$E(s_i, s_j)$ 表示智能体采用策略,其对手采用时的收益;$W(s)$ 表示智能体采用策略号的适应度函数。

在供应链系统的发展过程中,每个主体可以选择不同的策略,并因此获得相应的收益(适应度),经过一段时间的演化后,一种策略行为的采用会引起其收益(适应度)的增加或减少。智能体会根据适者生存的原则采取演化稳定策略(即采用使自身适应度最大的策略)发生进化。

供应链中各适应性主体之间存在趋同效应的机制,使主体间相互影响,进行相同或相近的适应学习活动。这相当于一个正反馈机制,供应链系统内适应性主体为增强它的存在能力、提高适应度,会强化那些与正反馈相关的学习功能。参与方之间进行适应性学习的过程,是非线性作用的过程,正反馈机制促使各主体共同发展、协同进化,进而导致供应链整体性能和特征的涌现。如果各参与方不能进行合作,将会产生负反馈,阻碍供应链系统整体涌现特征的发生。

但是对任何一个复杂适应系统而言,在环境空间一定的情况下,各参与方合作与竞争的倾向都是相对的,智能体之间合作或竞争的关系都不能无限制地增加,而是有一个相对的限度。因此,各参与方本着自身收益和适应度最大化的目的,根据自身对目标贡献度的大小和相关规则,应调整好与其他智能体之间合作的关系及尺度,实现各参与方的协同发展。

从上述分析可以知,供应链中各主体的适应性学习促进了企业间的信息、能量的交流以及企业间合理的分工与协作,为了提高企业自身在环境中的适应度,每个企业都有与其他企业进行合作和协同的动力。通过这样的协同机制,供应链的不同企业间的关系变得唇齿相依,从而达成了工程项目供应链上各参与方的协同进化,最终导致整个供应链系统适应度的提高,整体表现出一定的宏观行为和一系列的涌现特征。供应链系统最终表现出的状态与各主体之间合作的结果密切相关。

(2)工程项目供应链协同管理过程中冲突的有效解决

虽然有效的沟通是工程项目供应链各参与方密切合作的前提,但无论多么有效地沟通,都不能保证在整个项目周期中不会出现矛盾、争端和冲突。项目组织是多争执的组织,这是由项目和项目组织的特殊性决定的。在企业的协作过程中,由于项目具有唯一性、一次性、多目标性和全生命周期性等不同于其他活动的特征,因此,问题和冲突的产生是不可避免的,可以说冲突是项目的一种存在形式,冲突在项目中普遍存在。

一般来说,项目中冲突来源于下面几大方面,包括目标重叠、角色定义重叠、不明确的合同关系、同时存在的角色和隐藏的目标。

有的冲突是可以预测到的,有的则是无法预测到的。冲突是供应链系统内产生正熵的根源,是使系统走向无序的重要原因,因此,应建立相关的协调机制和协调原则,一方面,采取积极主动的措施,对可能发生的问题或冲突进行分析、识别并进行有效的预防控制;另一方面,在出现问题时,合理地解决冲突,这也是一个平衡各方利益的过程。冲突解决不好,不利于项目的顺利进行,会造成组织摩擦、能量损耗和低效率,并且可能会给项目带来破坏性结果,所以,对项目冲突的有效解决也是项目成功的有力保证。

(3)供应链成员间的协调机制

供应链成员间的协调机制,指的是成员企业之间采取什么方法或形式进行正常的沟通与协调,从而实现各个伙伴之间的协作。该协调机制是一种主动的、预防的、比较高层次的制度设计和安排,它是对可以预期的问题或冲突制订的解决方案,是供应链企业关系定义中的一个关键部分和内容。该协调机制主要包括以下几个方面。

①确保各参与方目标的一致性。尽管在一个合作项目中,理论上各方的目标是一致的,但往往在关系到切身利益时,就会出现分歧。只有尽量克服这个问题,才谈得上进一步的合作。

②保持成员方利益的平衡性。当各参与方在切身利益出现冲突时,唯一的解决方法就是通过协商达成各参与方都可以接受的一个平衡状态。

③权责划分的明晰性。为了避免在项目出现偏差时各参与方互相推诿和互相争用资源,必须在项目展开前就将各参与方的权利与责任划分清楚。

④建立良好的沟通机制。良好的沟通是协调的关键,只有各参与方的思想和信息在项目的范围内得到充分共享时,才能相互了解和信任,从而使各参与方利益的一致性达到最大。沟通的直接目的是使和项目利益相关的人员、机构在恰当的时间获得应该获得的信息。对于联合协调项目组来说,必须随时保持与各相关参与方的信息交换,随时了解合作者的意图,确保信息的明确性和完整性。

8.3　工程项目复杂性 WSR 管理

8.3.1　WSR 管理方法概述

WSR 是"物理(Wuli)—事理(Shili)—人理(Renli)"的简称,WSR 既是一种方法论,又是一种解决复杂问题的系统方法工具,是中国学者顾基发教授在 1994 年 10—11 月访问英国赫尔大学研究中心时和朱志昌合作提出的一种全新的系统方法论。该方法论是在东方文化的背景下发展起来的,其在观察和分析问题,尤其是在观察分析复杂性的系统时,具有独特性。以东方的哲学观为指导,具有中国传统的哲学思辨的特点,因而具有明显的东方特色。由东方背景中特有的哲学、文化、社会政治和经济范畴所组成的东方哲学观指出,社会事态由物、事和人组成。因此,处理这类事态的任何项目都应从机能整体性的角度考虑物理、事理、人理 3 个要素。

目前,WSR 方法论已在许多国内外学术会议进行报告,引起了国际同行的重视。国际系统科学研究学会(ISSS)把 WSR 系统方法论和 20 世纪 90 年代初,弗勒德(Flood)与 MC 杰克逊(MC Jackson)的 TSI 系统全面干预方法论(Total Systems Intervention)等列为国际上几个重要系统方法论之一。英国著名系统科学家林斯顿(HA Linstone)还将顾基发的 WSR 系统方法论收入他 1999 年出版的 *Decision Making for Technology Executives*:*Using Multiple Perspectives to Improve Performance* 一书中,用一章的篇幅对其进行介绍,并与他的 TOP(Technical perspective, Organizational perspective, Personal perspective)方法论相比较。

WSR 方法论的基本核心是,在处理复杂问题时既要考虑对象的物的方面(物理),又要考虑这些物如何更好地被运用的事的方面(事理),最后由于认识问题、处理问题都离不开人的方面(人理),把"物理—事理—人理"作为一个系统,达到懂物理,明事理,通人理,从而系统、完整、分层次地来对复杂问题进行研究。

"物理"是指人类对物质世界规律的认识,是阐述自然客观现象和客观存在的定律、规则,并通过数据、方程、描述及其他方式表达出来的内容。如数学中的定理,物理学中的定律等就是"物理"的基本内容,除此之外,"物理"还包括构成系统的客观存在。

"事理"是指客观世界事物运动的机理,指人类注重基于现实世界、现实社会的一些概念、规律产生一些方法以干预、指导人类认识世界、改造世界、改造社会的实践活动,使实践活动更加完美、更有效益和效率的机理。研究事理主要是理解和观察世界是怎样被建模和管理的。

"人理"即对参与认识与改造社会实践活动的主体——人进行研究。具体包括对人的心理、行为、目的、价值取向的研究,对具体所在的文化、传统、道德、宗教和法律环境及其如何影响思想行为的研究,对心理、社会学和行为科学的研究,对充分发挥创造性、潜能的研究,对运用理性思维定性、连续性、多层次、阶序性和形象思维的综合、灵活性和创造性研究,以及对已存在的"物理""事理"等综合动态实践活动进行优化组织,使之达到最大效益和效率的研究。"物理—事理—人理"的基本内容如表 8.2 所示。

表8.2　"物理—事理—人理"的基本内容

具体方面	物理	事理	人理
基本含义	客观物质世界的知识、法则、规则	事物的机理	人们之间的关系,为人处事的准则
核心问题	是什么? 功能分析	怎么做? 逻辑分析	是否做? 人文分析
所需要的知识	自然科学	运筹学、系统工程	管理科学、社会科学
应遵循的准则	真实、准确、可靠	有效、合理、易操作	和谐、合作、公平、竞争

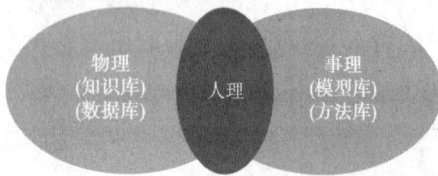

图8.4　"物理—事理—人理"关系图

在系统实践中,我们意识到有些问题只运用物理和事理的知识是无法解决的,必须考虑人理的作用,但考虑人理的同时,不能脱离了物理和事理。以科学的物理分析为基础,以可靠的事理分析为手段,辅以一定的人理分析,才有可能得到令人满意的结果。物理、事理、人理3者之间的关系如图8.4所示。

WSR既是一种方法论,又是一种系统方法。在系统方法上,具有以下特点。

首先,WSR方法是一个包含许多方法的总体方法。它采用的模型方法不是运筹学或系统工程中的某一具体单个模型方法,而是方法群、模型库。它包括已有的所有"软""硬"方法与模型,以及新建立的任何具体模型、方法。它将所有可利用的方法均充实到事理中去以丰富它的内容,拓宽它解决问题的方法范围,提高它的科学性、系统性。因此,在WSR方法中,计算机所扮演的角色显得尤为重要。WSR方法需要利用计算机建立数据信息库、模型库、知识库和方法库,不断吸收新的数据、模型、方法充实系统本身,并随着时间、环境等条件变化分析、调整模型,以更有效地指导WSR的运用与实践。

其次,WSR方法中专家群体合作工作的特色也非常突出,发挥专家群体综合研究的优势,可以使产生的结果不是部分之和等于或小于整体,而是部分之和大于整体。同时,WSR方法通过专家群体和决策者及系统内有关人员之间的联系、沟通和协调,了解决策者的目的、目标、要求、价值观、偏好、背景及系统内有关人员的个人状况及相互之间的关系、背景、价值取向和所处环境等,它将对实践活动主体的认识提高到与客体并列的高度,并运用行为科学、社会学、人际关系学、心理学等社会科学知识,最大可能地反映在模型方法的选取、建立、分析上,并由专家给决策者及系统内有关人员进行具体指导。

再次,WSR方法在面对具体问题时可以根据当时具体问题所处的环境状态,对"物理""事理"和"人理"3个方面选取重点,有所侧重,使其成为一个较硬或较软的方法,或既硬又软的方法,这完全可由专家及决策者通过分析确定。因此,它是非常灵活且方便的。

最后,从前面的几点可以看出,WSR方法是自然科学、工程技术与社会科学的综合集成。这种综合集成不是简单的综合,而是贯通自然科学、技术科学与社会科学,使它们更深层、更复杂地交叉、渗透与综合。这种方法试图应用现代科学理论和技术手段,以计算机为工具、专家群体为媒介构成高度智能化开放系统,它高度综合人类的知识,充分运用社会信息,为更科学、更主动地提高人类认识世界、改造世界的能力服务。WSR方法是在现代科学技术条件下,从实践到认识,再实践,再认识,如此循环,螺旋上升的实践论观点的具体化。

这些步骤在具体应用时可以改变。实际上,协调关系应贯穿方法应用的始终。WSR 运作程序如图 8.5 所示。

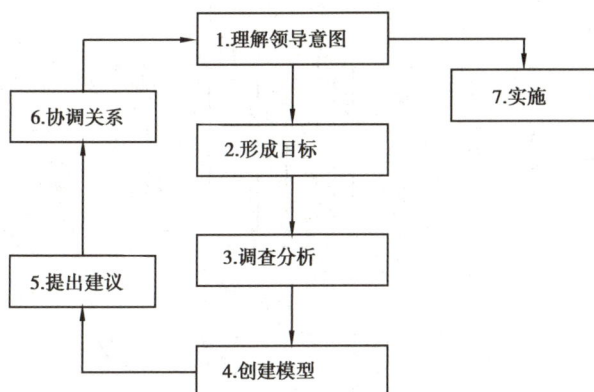

图 8.5　WSR 运作程序

8.3.2　工程项目复杂性管理的 WSR 模式

1) 工程项目中的"物理—事理—人理"

"物理"是指工程项目本身所具有的一些最基本的属性,如成本、质量、工期、技术、环保、安全等属性,还可以包括相关的自然资源、地理环境、气候条件、人口、交通和通信设施等。

"事理"是指人们实施和管理工程项目的规律、方法和手段,包括如何感知、看待、认识、思考、描述和组织管理对象和管理过程以及在工程项目管理中所运用的原则、方法、管理模型等,如最基本的"三控两管一协调"等。

"人理"是指工程项目中涉及的所有组织和主体之间主观上的相互关系,这些组织和主体包括政府机构、投资人、代理业主、顾问机构、设计单位、施工单位、管理营运机构、周围居民等。研究"人理"应集中在显著并处理那些迟早会影响该项目的有利或阻碍其发展的因素。这里,关键问题在于该项目是否能满足所涉及主体的真正利益。需要我们把涉及主体的、通常无法说明的利益、意图和动机表达到工程项目管理系统的设计和实施中。

2) 复杂性管理的工作阶段和内容

工程项目是随着多个子系统间相互渗透、相互融合而不断演化和发展的。根据 WSR 理论的指导,工程项目复杂性也应强调定性与定量的集成,在总体上可遵循如图 8.6 所示的系统过程模型。

在具体的管理过程中,我们可以按照 WSR 的工作程序将其再细分为 7 个阶段,每个阶段工作内容分别按"物理""事理"和"人理"分类。

其中,"物理"的工作内容主要是指应按照特定的目标建立最能表征工程项目属性的指标体系,尽可能详尽、全面地收集有关的信息和原始数据,为"物理"的开展提供素材,这是整个管理过程的基础。

"事理"的工作内容主要为选择或创造合适的方法,将各个方法的功能互补性有机地结合起来,确定指标体系和指标的权值;将理论、模型、技术和方法创造性地移植和开拓,用以

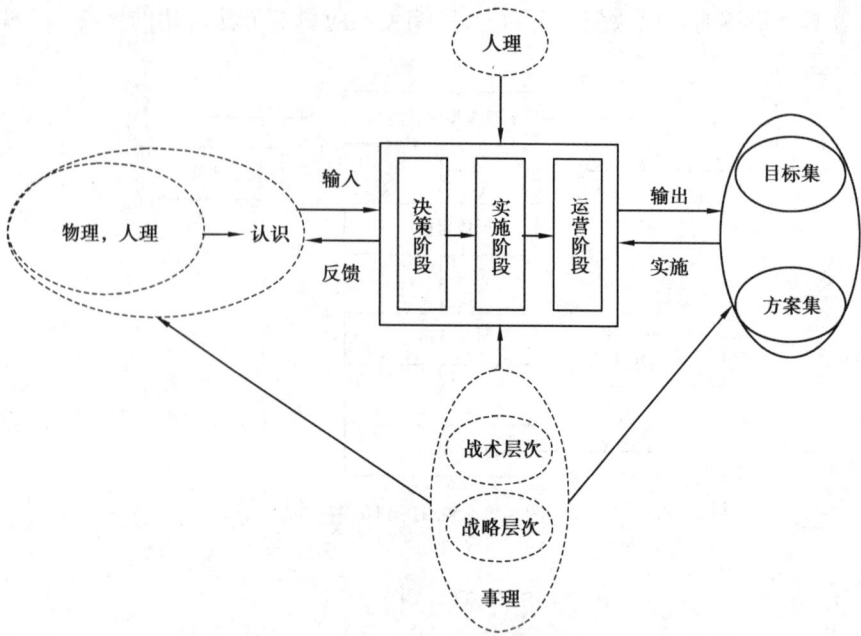

图 8.6　工程项目复杂性管理 WSR 系统过程模型

创建工程项目复杂性管理的理论和方法,并按其所提供的过程和准则进行反复评价和调整。同时,由于工程项目涉及多个学科和领域,"事理"方面的工作需要了解多种知识,才能很好地综合。一般可以采取两种方法,一种是讨论班形式,相互学习并探讨主要问题;另一种是主动掌握跨领域的知识,了解相关专家的知识和对项目中问题的处理。

"人理"的工作内容主要为协调专家、工程项目的直接参与方和各利益相关方之间的关系,经过多方权衡之后,给予沟通和反馈。另外,见解也是人际协调的界面,可通过对他人见解的认识而展开深入的沟通。

相关的工作阶段和内容如表 8.3 所示。

3) 复杂性管理应遵循的原则

在运用 WSR 理论进行工程项目复杂性管理时,除遵循综合原则、集成原则、参与原则、可操作性原则、反复迭代原则、整体优化原则外,更应注重遵循人际协调原则。

表 8.3　WSR 指导下工程项目复杂性管理工作阶段与内容

具体方面	物理	事理	人理
明确基本意图	了解业主背景、工程项目的约束条件、形成基本意图信息	采用研讨等形式初步分析、建立反映工程项目基本信息、整体功能目标的初始模型	摸底工程项目各参与方和各利益相关方的利害关系
形成目标	确定工程项目的管理、功能和影响等的目标准则和指标集	建立反映工程项目各方面、各层次的目标关系的模型,并尝试通过赋予权重等方法进行量化	强化各参与方和各利益相关方与整体的关系,如,部门结构、权力结构、情感结构、内外部影响

续表

具体方面	物理	事理	人理
调查分析	了解工程项目现有的内外部条件、有利与不利条件等信息	采用专家调查法、文献调查、历史比较、交叉影响法等分析方法	采用模型反映工程项目各子系统利益、整体功能以及所需的知识
建立模型	归纳总结前3阶段的信息和数据,形成表征工程项目的指标体系和模型体系	建立与工程项目相关的知识库、方法库和模型及其之间的动态接口	将理论模型与现实关系进行协调,以及子系统目标间的相互协调
协调关系	形成工程项目各参与方和各利益相关方关系体系,整理项目内外部环境信息	选择并建立与过程结合的协同和优化模型	让工程项目各参与方和各利益相关方共同参与实施和管理,理解、反馈并修改模型
实施	明确工程项目的实施和管理方案	运用实施和管理工程项目的思想、理论、模型、技术、方法及协同机制实施方案	考察不同层次的各子系统、各参与方及利益相关方的利益协调程度,予以反馈、实施并培训人员
循环,满意后结束	评估工程项目绩效	存档、整理项目文件,组织研讨	吸取经验,形成知识,开展教育,人员再度培训

（1）综合原则

工程项目一般由多个部分组成,工作跨越多个组织,需要运用多种学科的知识来解决问题,因此要综合各种知识,听取各种意见,取长补短,帮助工程项目复杂性管理获得可实施的方案。

（2）集成原则

将工程项目及其复杂性管理中的各种模型、方法,多种学科的成果,多种技术,各种不同的专业观点通过人机结合、定性与定量结合等手段集成起来。

（3）参与原则

全员参与或不同的人员之间通过参与建立起良好的沟通,有助于理解相互的意图,设计合理的目标,选择可行的策略,改正不切实际的想法。

（4）可操作性原则

选用的方法紧密结合工程项目实践,工程项目实施的结果需要为最终用户所用。选用的方法不仅要考虑表面上的可操作性,更提倡整个工程项目活动的可操作性。

（5）反复迭代原则

人们的认识是一个交互、循环、学习的过程,从目标到策略到方案到结果的付诸实施,体现了工程项目管理反复认识、反复抉择、反复实施、反复妥协的过程。

（6）整体优化原则

工程项目在整体上具有组成部分没有或达不到的功能,在复杂性管理中应注意项目内各子系统或主体间的联系,全面、综合权衡,使整体达到优化局面。

（7）人际协调原则

由于工程项目管理往往涉及众多单位、学科、领域,所以人际协调一直存在工程项目管理的过程中,应注重人员参与工程项目的重要性,注重对组织和人员的激励。在人员、各种思想和信息之间,人际协调提供了保证项目成功所需的必要联系。每一个参与项目工作的人员都应能够以工程项目的语言进行交流并理解这种交流对项目所产生的影响。同时,项目的参与者包括不同领域、地区和部门的团队与个人,各自追求不同的利益这是极为平常的,因此,项目管理应尽可能地把这些因素考虑在项目决策、计划、执行与控制中,使某些部门利益在一定条件下得以照顾。人际协调原则是 WSR 方法的主要特色,也是进行工程项目复杂性管理的关键所在。

8.4   工程项目复杂性集成管理

8.4.1   集成管理基本理论

1）内涵

综合集成管理首先是一种方法论。方法论是指对给定领域进行探索的一般路径,是认识、分析和解决问题规定的思路和原则。它本身独立于解决问题的参与人,强调其客观性和独立性。我们将这种参与人称为主体,而将主体活动的对象称为客体。从某种角度来看,管理是主体凭借特定的资源和方法组织、协调客体的过程。因此,综合集成要从方法论转换到管理方法需要基于对主、客体的分析抽象出基本假设、原则和过程等。

综合集成管理的实质是通过集成同质和异质资源,涌现新的处理复杂系统的能力。因此,从系统角度来看,综合集成管理就是主体针对被管理的复杂对象,按照一定的规则来认知对象,设计和构造管理资源之间的接口,通过系统的同构和异构集成,在时间、空间和功能上形成新的有序系统。

由此可见,综合集成管理的本质是构建一个新系统来驾驭被管理的复杂系统,如,为了有效地解决基本的工程"物理"问题,必须建立有效的"事理"系统来管理,而要提高管理的效率,则必须以人为本,构造和谐的"人理"系统来协调"事理"系统,这也就是"物理—事理—人理"的集成。另外,综合集成管理所建构的系统还受到主体能力、偏好和价值观等因素的影响,因此形态是丰富多样的。

综合集成管理存在 4 个关键要素,即主体的选择、接口的构建、能力的涌现和过程的综合控制。

①主体的选择。综合集成管理需要一个有能力的主体来整合,因此,主体能力的高低直接影响综合集成管理的水平和效果。综合集成管理主体确定主要有两种方式:一种是由超主体的指派,如政府、行业主管部门指派的工程建设指挥部,作为工程建设管理的主体;另一种则是通过契约和协议等方式形成的主体,如工程建设过程的施工总承包商等。

②接口的构建。主体在管理过程中,需要对同构和异构的管理资源进行集成,这就要建立良好的接口。接口是研究系统集成的关键,综合集成管理的接口可表现为多种类型,如契

约、协议、机制、规章和研讨等,有效的接口可以减少和避免综合集成过程中的冲突,规范建构的管理结构。

③能力的涌现。能力的涌现是综合集成管理的目的,它是驾驭复杂工程的关键。针对不同的工程建设主体,要设计诱导涌现能力的机制,如,政府在大型工程技术创新过程中要履行引导培育的责任,构建"官、产、学、研"的创新平台,引导和培育企业的创新能力。

④过程的综合控制。在处理复杂工程问题时,还涉及作为自主主体的众多工程建设参与者,由于一般情况下多元主体的运作和利益都存在冲突,因此,综合集成管理在执行过程中必须确立综合控制的相关策略,如控制和自组织协调等。

2) 假设

综合集成管理要在大型工程管理中发挥作用,需要解决 3 个问题,一是复杂工程系统能被认识;二是主体要具备管理复杂系统的能力;三是要有具体有效的"抓手"。基于上述分析,综合集成管理必须具备以下 3 个基本假设。

(1)复杂系统的可辨识性

综合集成管理主体可以通过系统分解来认识复杂工程的关键要素,以及在系统整体层面上呈现出来的复杂性,因此,需要主体运用还原论与系统论的结合,实现宏观—微观—宏观、实践—理论—实践的辩证统一。

(2)主体的自主学习性

管理主体通过学习扩大了认知边界,提高了主体驾驭复杂系统的能力。当主体缺乏相应的能力时,则会通过学习来提高这种能力。主体的自主学习可以有多种方式,包括引进国外先进的技术和管理水平,以及通过群体交互的方式产生新能力。

(3)系统的涌现

涌现产生了系统的复杂性,同样地,涌现也能产生管理复杂系统的新能力。综合集成管理通过主体的群体交互、定性与定量相结合、人机相结合等"积木"组合来涌现新的知识与智慧,组合过程不是线性叠加,而是通过对管理资源的非线性叠加,形成新的管理能力。

3) 原则

综合集成管理的一般过程包括输入、输出、处理和方法 4 个基本方面。输入是主体根据工程建设的需要,整合相关的资源,如智力、资金、技术等;输出是驾驭被管理复杂工程建设的新能力;处理是主体构建平台、设计接口等;方法是用各种处理复杂问题的工具和手段。综合集成管理在处理复杂工程项目时,需要遵循以下相关的原则。

(1)综合集成管理的目标是构造新的系统

由于综合集成管理的主要对象是复杂系统,因此,综合集成管理必然产生一个与被管理的复杂系统相匹配的复杂系统,并以此来驾驭被管理的复杂系统。具体地说,综合集成管理一般将构建如下的复杂系统体系。

a. 被管理系统的认知系统。该系统主要解决被管理系统的区分性和可辨识性。构建该认识系统是以被管理系统的"物理"背景为基础,对客观存在的机理和机制进行研究和分析,如工程建设的环境分析、目标和功能分析、结构分析、可行性分析等。

b. 被管理系统的协调系统。该系统主要用于对被管理系统的组织协调,主要确定管理的目标、管理组织,包括流程和子系统之间的衔接与协调等。

c.被管理系统的操作系统。该系统主要用于对被管理系统的管理操作。操作系统主要侧重于解决复杂问题的工具、方法和技术,以及降低系统复杂性和协调多元自主主体冲突的机制。

(2)综合集成管理主体的主要任务是构建综合集成平台

综合集成管理主体行为的本质不是追求掌握更多的管理资源,而是构建涌现驾驭复杂性能力的平台。平台的性质可以理解为一种有效的管理组织、管理制度和机制的设计以及相应的管理方法的选择。

(3)综合集成管理过程是一个不断比对、逼近和收敛的过程

从认识论看,主体对工程复杂性的认识需要一个逐步由不知到知,由知之少到知之多,由知之局部到知之全局,由知之肤浅到知之深刻的过程。在此基础上,完成对被管理对象的分析、分解、协调与控制,这是一个认识—实践—再认识—再实践的迭代与逼近过程。

在比对、逼近与收敛过程中,综合集成可以逐步减少对被管理对象认识的模糊性和不确定性,增强对被管理对象的协调、控制、组织与驾驭能力,逐步实现对被管理对象多样性的统一、差异和冲突的协调、不同子系统的耦合、不同阶段的衔接、不同行为的和谐、不同形态的平滑以及在管理中大量存在的分布式、异构体及同步要素的综合。因此,可以认为,比对、逼近与收敛过程就是一个通过比较无序、比较非结构、比较模糊、比较优化的系统序列逼近一个在一定意义上有序、结构化、清晰和优化的系统过程。

8.4.2 集成管理流程

基于大型工程项目复杂性管理模式,按照综合集成方法体系进行系统分析和过程整理,并充分考虑大型工程复杂性决策管理的实践操作性,将大型工程项目复杂性管理的实施流程大致划分为4个过程。

(1)阶段 I ——大胆假设,实现定性综合集成

大型工程项目业主通常是政府机构初步提出项目预期目标后,组建群体研讨平台,选出合适的会议主持人,广泛收集与大型工程项目建设相关的各方面数据、信息和知识,并组织专家在同一时间参与到研讨平台中进行大型工程系统复杂性分析。同时,秉承平等、民主原则,广泛探讨交流,提出经验性假设,明确各方可接受的、合理的项目目标集合,并针对在多约束条件下实现该目标集所需突破的障碍提出一系列初步定性的解决方案。

(2)阶段 II ——建模分析,实现定性与定量相结合的综合集成

若认可阶段 I 所得到的定性结论,则可进入分析论证阶段。专家需要基于上一阶段得到的定性假设、初步方案和相关数据,并根据经验、知识甚至直觉及类似成功案例进行建模分析,并将模型连接到研讨平台上。在大型工程项目复杂性建模分析后,专家需要分别根据各自的知识、经验和偏好对某些假设进行了反复计算、实证检验。

(3)阶段 III ——深入论证,实现从定性到定量综合集成

当基于定性与定量相结合的大型工程项目综合集成取得相当成果后,专家对约束条件与期望目标进行深入论证,并构建从定性到定量的大型工程项目综合集成系统模型,求解项目相应功能(如经济、使用、安全、技术等)、管理(如成本、工期、质量等)、影响(如社会、政治、经济、环境等)评价指标,提出相应的实施及管理方案。进而专家评估论证的可靠性、检验结果、优化决策,直至总目标满意。

(4)阶段 IV ——实施、验证与反馈

本阶段,大型工程项目复杂性管理开始转入实施及检验前3个阶段成果的过程项目各

参与方执行目标方案,并对其进行动态管理、实证评价,及时对实施和管理过程中出现的新问题进行纠偏和输出反馈,并将反馈信息嵌入到前 3 个阶段中,重新仿真模拟,形成新的方案,再提交实施,保证大型工程项目在预期目标的范围内实施。当项目实施结束后,对复杂性管理工作进行综合评价,形成新的知识和案例,并纳入知识体系。按照上述复杂性管理流程,上述 4 个过程需要周而复始地循环。

与工程项目的一般管理流程相比,基于综合集成方法体系的大型工程项目管理流程融合了定性与定量相结合的综合集成研讨技术,并将管理集成思想与系统论、控制论和信息论等现代管理理论结合起来,有效降低管理层次和工作界面,实时动态监测控制,从而实现项目管理的信息集成、过程集成与参与方集成。

8.4.3 信息集成管理

(1)信息集成的含义

信息集成是一个过程,一个目标,是为求得事物状态较优,对信息资源、技术资源和智力资源进行融合的过程。它强调融合,着眼于要素的相互竞争、制约和依存,它意味着集成后总效益大于集成前分效益之算术和。信息集成是针对某个既定目标或面向特定任务,对信息进行组织和管理,使相关的多元信息有机融合并优化使用的理论。对于大型工程建设项目而言,信息集成则是指依据大型工程建设项目及其管理的特点,应用系统论原理和控制论原理,综合考虑工程建设项目全生命周期中各阶段的要求和衔接关系、工程建设项目各要素的相互关系及执行过程中各参与方之间的动态影响关系,采取各种现代信息技术和手段,对众多的工程建设项目信息进行整合和控制,使项目各参与方能够协调和整体优化,达到工程建设项目整体最优的目的。

(2)信息集成的优点

现代信息技术是大型工程建设项目信息集成的实施基础,合适的项目管理组织模式则是其实施保证。工程建设项目信息集成要求在项目的发起阶段就对项目全生命周期中的多重约束条件进行系统的考虑,明确各参与方之间的影响和依赖关系,为其提供合适的沟通和协调平台,通过利用完善的现代信息技术形成动态的、高效率的项目组织,达到整体最优的最终目的。

工程建设项目信息集成有以下优点:

①有利于工程建设项目管理的集成化。

②满足工程建设项目管理不同层次的需要。

③有利于工程建设项目管理的动态化和实时化。

④能有力地保障工程建设项目目标的实现,使业主的需求得到最大限度的满足。

⑤能对工程建设项目实施进行整体优化,充分发挥各参与方的潜力,在保证项目顺利完工的同时,最大限度地保证各参与方都能从中获利。

⑥能大大地提高项目的执行效率,通过应用并行工程原理,保障设计和计划的可靠性和最优性,缩短工期。

⑦能减少变更和返工事件的发生,降低工程建设项目的成本费用。

⑧有利于工程建设项目组织的各个成员之间的友好交流和相互学习,有助于新的方案和计划的产生和工程建设项目实施的优化。

⑨有利于工程建设行业中各种管理方式和管理思想的变革,改善企业的组织结构和管

理水平,对整个行业产生深远而有益的影响。

（3）项目信息平台

现代信息技术作为当代社会最具活力的生产力要素,其广泛应用所引发的信息化和全球化浪潮正在迅速地改变着工程建设项目管理的面貌。现代信息技术使现代工程建设项目管理组织趋于扁平化,衍生出项目总控（Project Controlling）、集成化管理（Integrated Management）、基于因特网的项目管理（Web-based Project Management）、虚拟建设（Virtual Construction）等新的工程建设项目管理理论。现代信息技术在工程建设项目管理中的应用直接改变了工程建设项目管理的手段,工程建设项目信息系统解决了工程管理中信息的收集、处理和存储问题,基于网络平台的工程建设项目信息平台将成为工程建设项目管理的主要手段。

大型工程建设项目信息的集成是解决信息问题的根本途径,而运用计算技术和信息技术,应用工程建设项目信息平台,提高工程建设项目的集成度,则是实现工程建设项目信息集成的重要技术手段。工程建设项目信息平台作为项目管理系统的一个子系统存在,其目的是通过计算机与信息技术的应用,收集工程建设项目管理信息,为管理单位和各参与方提供相应的服务信息,它是电子商务技术在工程建设项目实施中应用的具体表现。它不仅是一种技术工具和手段,更是工程建设项目实施在信息时代的一个重大的组织变革,国际学术界和工程界认为它是工程建设项目管理的一场革命。

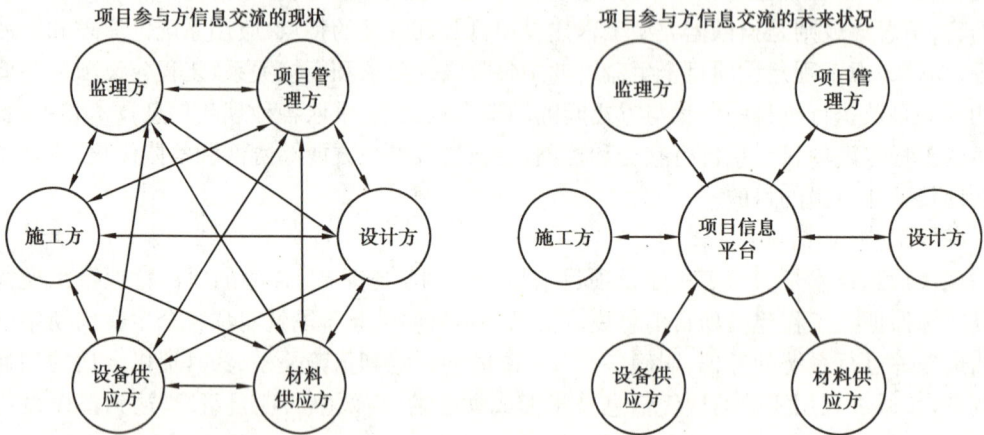

图8.7　项目参与方信息交流变化图

参与建设的项目各方如果使用共享的项目信息模型,将会减少项目交流过程中的障碍,使项目在不同过程中的信息为其他方共享。工程建设项目信息平台在对项目实施全过程中,项目参与各方产生的信息和知识进行集中管理基础上,为项目业主和各参与方在门户上提供项目信息共享、信息交流和协同工作的环境,这些正好符合项目参与方信息交流未来状况的要求,如图8.7所示。项目各参与方先将各自掌握的项目信息进行处理,再上传到信息平台,或者对信息平台上的信息进行有权限的修改,其他参与方便可以在一定权限下通过。

8.4.4　过程集成管理

1）过程集成的含义

过程集成是针对过程系统改进提出的。从方法论上,运用综合集成方法与管理创新相结合的手段,过程集成将现代信息科学、系统科学、管理科学、计算机科学、应用数学、相应的专业工程技术的理论和最新成果以及专家经验结合起来,指导过程系统的综合集成。综合集成方法的实质是尽量考虑各种因素,综合各种经验和知识,研究复杂系统。而过程集成的实质是从过程的角度,综合考虑上、下游各个阶段的工作,以达到整个过程的最优或满意。过程集成就是要在完成过程之间的信息集成和协调后,进一步消除过程中各种冗余与非增值的子过程(活动),以及由人为因素和资源问题等造成的影响过程效率的一切障碍,使过程总体达到最优。过程集成有横向和纵向两个方面,横向方面表现为平行或并行过程之间的集成;纵向表现为上下游过程之间或是时间上先后过程之间的集成。

一般的项目管理都存在几个过程组,PMBOK 2004 中定义的过程组分为以下几种。

①启动过程——批准一个项目或阶段。

计划编制过程——界定和改进目标,从各种备选方案中选择最好的方案,实现所承担项目所要达到的目标。

②实施过程——协调人员和其他资源以便执行计划。

控制过程——通过定期监测和测量进展,确定与计划存在的偏差,以便在必要的时候采取纠正措施,从而确保项目目标的实现。

③收尾过程——项目阶段的正式接收并达到有序的结果。

过程组通过他们创造的结果相互联系——每个过程组的输出或结果成为下一个过程组的输入。计划编制过程为实施过程提供项目计划文件,并随着项目的发展,不断提供修正后的计划文件。项目过程组彼此之间不是项目离散的一次性事件,它们相互重叠,并在项目管理的各个阶段中活动程度变化不一,如图 8.8 所示。

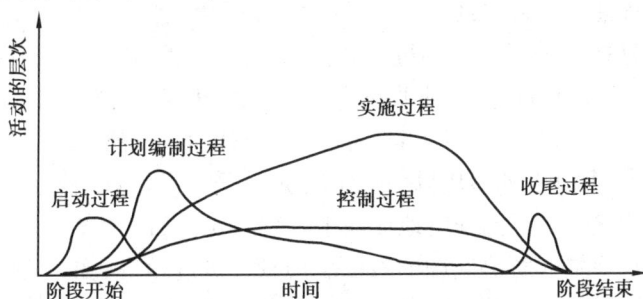

图 8.8　项目管理各阶段过程的交叉

基于以上项目管理理论中过程的相互交叉原理,在工程建设项目的全生命周期内,各个阶段也是相互交叉、相互影响的。从项目的决策、设计、施工到运营,各个阶段的活动密不可分,需要构成一个整体来统一实施。工程建设项目的过程集成思想就是把项目全生命周期的各个阶段互相联系起来,采用系统的观点把各个过程作为一个整体来考虑,从而优化项目的质量、费用和时间等目标。

2)过程集成管理框架

工程建设项目的过程集成管理要从全局出发,以全生命周期为目标,建立项目的过程集成模型。图 8.8 说明了工程建设项目过程集成管理的总体解决思路。由图 8.9 可以看出,项目的决策、设计、施工和运营是一个经过集成后的体系化过程,每一个阶段的结束与下一个阶段的开始都存在工作的交叉与重叠。决策阶段与设计阶段的交叉工作是概念设计/设计方选择,设计阶段与施工阶段的交叉工作是施工方选择,施工阶段与运营阶段的交叉工作是竣工验收与试运。在项目实施过程中,各个阶段以 3 个交叉工作为桥梁,彼此相互影响。

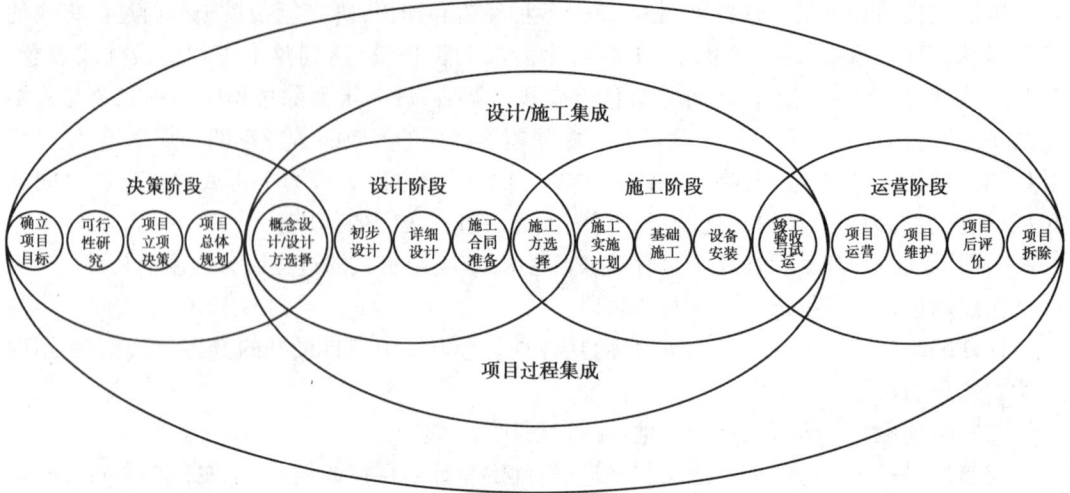

图 8.9　工程建设项目过程集成模型

作为关系更加紧密的设计和施工阶段,集成度更高,二者作为一个整体,同时对决策阶段和运营阶段产生影响。因此,这个模型充分体现出工程建设项目的过程集成思想,尤其是在设计和施工过程中,将施工问题提前在设计中考虑,通过优质的设计和减少替代方案的设计时间实现优化项目的整体目标和工程设施的功能。

集成管理对工程建设项目的过程主要通过两种途径实施。

①采用现代信息技术进行项目的过程建模。如运用 IDEFO(Integrated Computer Aided Manufacturing Definition,集成计算机辅助制造定义)功能模型技术进行过程建模。

②采用组织与合同手段。通过使用具有较高集成度的工程建设项目管理模式,减小建设过程分离带来的负面影响,如采用设计—建造模式、管理承包模式等。

以上这两种解决途径都不同程度地提高了工程建设项目全生命周期的过程集成度,二者从不同的角度和层次描述解决问题的方法。IDEFO 是过程集成的一种技术手段,本文将不予详细阐述;而管理模式集成属于一种管理方法的改进,本文将对此展开详细论述。

3)过程集成管理模式分析

工程建设项目管理模式的发展充分体现了过程集成化的思想。从设计—建造模式,到 EPC 交钥匙模式,再到 PMC 模式,最后到 BOT 模式,综合集成的程度逐渐提高,具体论述如下。

(1)设计—建造过程集成分析

在设计—建造模式下,设计和施工集成为一个统一的过程,使设计施工一体化,由一个总承包商掌握设计和施工工作。业主的角色从原来监督管理设计承包商、施工承包商转变为对总承包商的管理,因此,管理层次向上提升,管理的复杂程度减小。

另外,由于设计和施工阶段充分融合、相互渗透,使工程的可施工性(Buildability/Constructability)增强,更能提高工程总体质量。由于传统模式下的设计与施工分离,设计人员在设计时对设计方案的可施工性重视不够,不但造成施工过程中的低效率,而且导致业主与施工方发生争端,导致能量内耗,降低工程建设的效率。而在设计—建造模式下,由承包商自已负责工程的设计和施工,因此,可施工性的问题能充分地在设计中加以考虑,从而避免传统模式下容易出现的问题。同时设计—建造模式本身体现出的优点,使总承包商的设计和施工人员成为一个团队,便于交流和沟通,也更能优化整个项目的实施过程,提高工作效率。

（2）EPC 交钥匙模式过程集成分析

对于 EPC 交钥匙模式,项目的决策、设计与施工全部由同一个实施主体——EPC 承包商执行,因此,对业主来说,从项目的科研到设计再到施工都是一个管理阶段,即项目策划、设计、施工全过程管理阶段。这种将原有分离的 3 个阶段进行集成的管理,有以下主要特征。

a. 设计、采购、施工的组织实施是统一策划、统一组织、统一指挥、统一协调和全过程控制的。

b. 设计、采购、施工之间是合理、有序和深度交叉的,在保证各自合理周期的前提下,缩短总工期。

c. 对设计、采购、施工进行整体优化,局部服从整体,阶段服从全过程,提高经济效益。

d. 采购被纳入设计程序,进行设计可施工性分析,提高设计质量。

e. 实施设计、采购、施工全过程的进度、费用、质量、材料控制,确保实现项目目标。

这些特点都是 EPC 被分离时难以做到的。EPC 工程项目管理只负责项目整体的、原则的、目标的管理,其优越性和运作特点使业主的管理更加宏观。

（3）管理承包模式（PMC）过程集成分析

在管理承包模式下,管理承包商是业主的延伸,从项目的定义到执行阶段,全部工作几乎都由他来完成。因此,业主对项目的管理就是对管理承包商的管理,业主关心的是项目的执行结果而不是过程,所以,在业主对管理承包商高度授权的情况之下,管理过程更加单一化和高度集成。这种模式充分体现了工程建设项目的过程集成管理。

与传统项目管理模式、设计—建造模式、EPC 交钥匙模式、管理承包模式相比,前 3 者中,业主的角色是一位项目管理者,而管理承包模式中,业主的角色则是一位战略管理者。一个工程项目所涉及的管理工作有两个层面,第一是战略管理,工程计划来自上层系统的战略研究计划,上层系统从战略的高度研究宏观的全局性问题,以确定发展方向、目标、总体计划等;第二是项目管理,它是将经过战略研究后确定的工程构思和计划付诸实施。从这个角度来讲,管理承包模式下的业主更多地需要管理项目各阶段的战略信息。

（4）BOT 模式过程集成分析

在 BOT 模式下,业主对项目的参与和管理程度大大降低,只进行项目的宏观管理,在项目的决策问题上只把握关键的原则问题。因此,较前几种管理模式,业主对 BOT 项目的管理过程更加宏观和高度集成。业主的协调、监督管理过程延伸到项目的运营阶段。从工程建设项目全生命周期来看,过程高度集成化,业主的管理层次上升到了宏观监控,管理的项目信息也就提升为与业主总体目标相关的控制信息。

8.4.5 参与方集成

已有学者从虚拟组织引申出了虚拟建设的概念,将虚拟组织的原理在工程建设项目的组织集成中加以应用。同虚拟组织一样,运用虚拟建设这种组织模式将项目各参与方集成管理,能够充分利用各参与方的竞争优势和社会资源,最终达到各方共赢的目的。而虚拟组织就是综合集成方法论在组织理论中的一个很好的应用,因此,由虚拟组织引出的虚拟建设也可以认为是综合集成方法论在工程建设项目组织集成中的应用。

1）虚拟组织

虚拟组织是 20 世纪 90 年代才出现的一个新的组织理论概念。它代表了人们对现代社会组织模式和管理方式的重新思考，即在知识经济、市场全球化和信息通信技术日新月异的背景下，传统的组织模式和管理方式变革的方向是什么。因此，当虚拟组织作为全新的组织模式被提出后，立即引起了人们的普遍关注。与此同时，企业和商务领域还涌现出了许多与虚拟组织相关的其他概念，如虚拟企业、虚拟工厂和虚拟社团等，但这些概念的核心仍是虚拟组织。由于虚拟组织是一个新出现的事物，对虚拟组织是什么这样一个概念性的问题，不同的人以不同的背景和角度给出了不同的回答。本文给出的虚拟组织定义是："虚拟组织是一种新的组织形式，是在地理上分布的独立机构、公司和专业人士的临时或永久的集合。他们之间通过信息技术及通信技术来提供互补的核心竞争力、共享资源以完成整个生产过程。"可见，综合集成方法论在此得到了充分的体现，综合集成方法论的本质就是将专家的知识和经验综合起来，采用人机结合的方式解决问题。而虚拟组织本质就是排除地理分布因素的干扰，选择最适合的机构，综合最优秀的人员，运用信息技术建立的一个组织。这与综合集成法可谓不谋而合，相得益彰。

2）虚拟建设

虚拟建设的概念是从虚拟组织引申出来的，只是虚拟组织针对的是一般企业，而虚拟建设模式主要针对的是工程建设项目，因此，也可以说虚拟组织是综合集成方法论在一般企业的应用，而虚拟建设则是综合集成方法论在工程建设项目的应用，如图 8.10 所示。1996 年，美国发明者协会第一个提出虚拟建设模式的概念，即" Virtual Construction is a approach to the design-build process incorporating electronic connectivity and upside down management techniques"。此概念的含义可以从以下 3 个方面加以理解。

（1）设计和施工相结合（即 D+B）

设计和施工是不可分割的有机整体，是一个工程建设项目全生命周期的不同阶段，同时，设计和施工的结合体现了工程建设项目的过程集成。用设计和施工结合的方式可以减少工程项目建设过程中的变更、拖延、争议、索赔以及浪费，达到降低费用、缩短工期、提高工程质量和最终为建筑产品增值的目的。随着全球化竞争的加剧以及信息技术的广泛应用，增强了设计和施工的结合程度，加大了达成建设合作伙伴和虚拟建设模式组织关系的可能性。

（2）通过现代信息技术进行信息沟通

在当今的知识经济社会，沟通与协调比起命令和控制显得更为重要，权威研究机构研究表明，良好的信息沟通和协调可以减少 20% 左右的工程建设费用。由此可见，信息沟通和协调对工程建设项目的建设是非常重要的。另外，信息技术的应用不但可以提高项目参与方的信息沟通和协调，更能推动项目文化朝着合作、项目利益第一的方向发展。

（3）业主—设计方—施工承包商—供应商的纵向命令和控制关系转变为业主、监理（包括其他咨询方）、设计方、供应商的横向协作联系

虚拟建设是一种适应当今知识经济社会的工程建设项目管理新模式，是运用虚拟组织原理，借助现代信息技术的强大支持，采用无层次、扁平化的管理组织方式，以及 D+B 的生

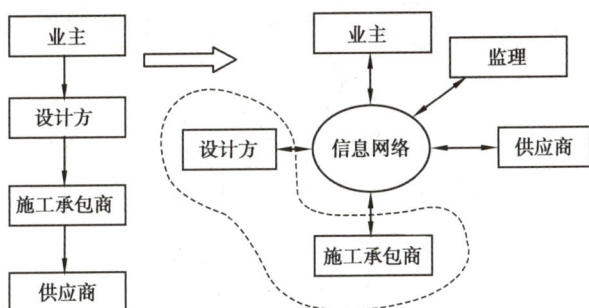

图 8.10　虚拟建设模式的概念

产组织和管理方法,通过基于网络的项目信息系统,共享信息、知识,实现工程建设项目费用少、质量好、进度快,并运用信息和知识使工程建设项目增值的目的。

可以从以下 4 个方面对虚拟建设进行具体理解。

a. 虚拟建设模式研究的是工程建设项目各参与方之间的关系,而不是研究单个企业的内部关系。

b. 虚拟建设模式在组织范畴上属于虚拟组织,是一种组织形式,同时也是一种管理方式。

c. 虚拟建设模式是围绕工程建设项目而展开的,而不是针对企业。

d. 虚拟建设模式主要适用于大型工程建设项目。

传统的工程建设项目是由很多独立的设计、施工及供货参与方共同完成的,每一个独立的参与方从合同的签订者那里得到信息,因此,信息的流动是纵向的。通过虚拟建设模式,可以把纵向的信息流动改为横向的信息流动,使各参与方得到的信息真实且全面,可以实现以下目的。

a. 设计、施工的集成,可以系统地考虑业主的需求,提高工程建设项目的整体质量,使工程建设项目增值。

b. 项目参与方在充分了解对方的工作安排的基础上,通过工作界面,缩短工程建设项目产品的生产周期。

c. 减少不必要的返工或其他不产生价值的工作,降低工程建设项目的费用,各参与方在充分掌握信息的基础上,降低工程建设项目生产的不确定性,减少项目的风险。

d. 在项目实施过程中,支持业主、监理、设计方、施工承包商等提出的合理的方案变更。

e. 增加生产过程的透明性,使业主、监理、设计方、施工承包商、供应商了解工程建设项目的全过程,使他们可以更有效地进行控制。

虚拟建设模式下,工程建设项目各参与方的集成,就是在虚拟组织的环境中借助现代信息技术建立一个工程建设项目信息平台,供各参与方共同使用,通过各参与方之间的协作、沟通,实现优势互补,从而使项目的整体利益最大化,进而实现各参与方的利益,实现各参与方共赢的最终目标。虚拟建设模式下,工程建设项目各参与方集成的组织框架如图 8.11 所示。

8.4.6　知识集成管理

1) 知识集成管理概述

知识管理是指在信息集成和信息平台的基础上进行知识集成,从而达到知识传承、交流与创新的目的。

大型工程建设项目的知识管理是大型工程建设项目集成化管理的重要组成部分,也是

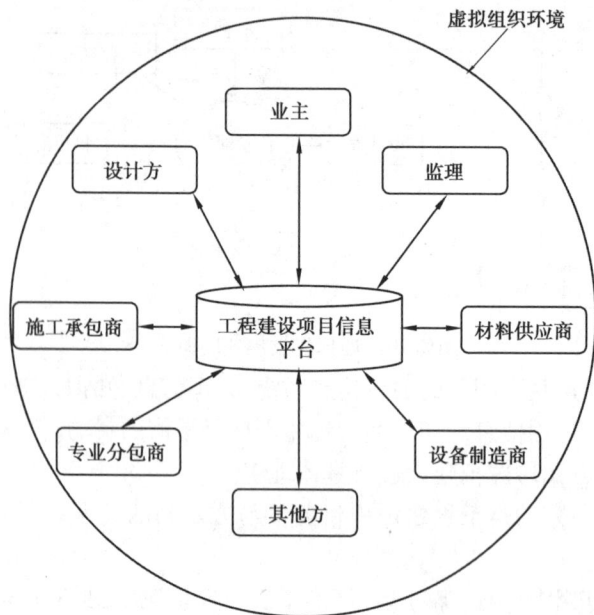

图 8.11　虚拟建设模式下工程建设项目各参与方集成的组织框架

大型工程建设项目集成化管理能够实现循环提高的关键一步,只有通过知识管理,才能实现管理经验、技能、方法的积累总结和传承发展。本节重点阐述知识管理的方式方法。

工程建设项目的建设是一个跨学科、多职能的行为过程,在这个过程中,人们不断地获取和创造知识,并将其运用,从而实现知识的连续循环。因此,工程建设项目的建设过程同时也是知识的运作过程。从时段上,项目的每一个阶段形成阶段知识,阶段与阶段之间存在知识的共享;从组织角度上,项目各参与方的知识相互补充、协调集成;从层次上,每一个组织都涉及个体知识、团队知识、企业知识、外部知识及相互作用;从知识的内容构成上,涉及项目的领域知识、一般管理知识和项目管理知识。

因此,项目的流程中,存在着各种流动,除了工作流、物流、资金流和信息流,还有知识流。项目环境下的知识集成,着眼于在分析工作流程的基础上研究知识的流动,提炼知识,促成项目之间的知识共享,将个体知识结构转化为项目组织知识,并将知识融入工作流程,实现知识的运用。

在项目全生命周期的各个时段里,需要和使用的知识也是各具特点的。

①项目概念的形成。在概念形成的阶段,言传性知识还不能很好地组织起来,人们主要运用的是意会性知识与人际关系,这些形成了项目的一般概念,构成了项目各参与方共享的知识基础和日后知识工作的起点。

②目标和范围的确定。在目标和范围的确定、可行性分析与风险分析工作中,专家的意会性知识将起主导作用。这里是建立共识和决策的过程,一方面,需要大量的言传性知识;另一方面,迫切需要直觉和现场经验。

③项目的详细规划、资源配置、批准。在项目的详细规划、资源配置、批准过程中,由于要进行工作分解、进度安排与资源配置,使用的多半是言传性知识,需要于知识管理系统中使用相应的软件(言传性知识的外化)。但仍旧需要保持意会性知识来源(如专家联系表)。

④项目的实施和控制。项目的实施和控制过程是考验前几步的关键阶段,这时知识管理的任务一方面是及时提供所需要的知识,并检验其正确、恰当与否;另一方面是要收集、记

录项目进行中产生的知识,并适时改进知识管理系统。这时的知识管理系统,连接了方方面面,特别需要把言传性知识与意会性知识进行有机集成。

⑤项目评价与推广。在项目评价与推广阶段,应该特别强调学习的功能,因为这时已经可以总结项目的经验和教训,并把结果(包括项目本身的成果)推广出去。这时除已见诸文字的言传性知识外,还应该利用各种方式收集意会性知识,使其转化为可以传播的知识。

2)知识集成管理的实现方式

知识集成管理的实现方式包括知识集成管理框架体系的建立、以信息集成推动知识集成、建立有利于知识共享的项目组织、项目知识形成企业知识、知识管理的能力构成和知识管理的评价指标方面。

(1)知识集成管理框架体系的建立

工程项目的知识集成管理,应该以项目的流程为对象,通过对流程的分析,提炼知识并将知识融入工作流程中。如图8.12所示为知识管理方法论的框架,图左侧表示知识管理循环。知识管理循环从概念开始,包括知识调查、知识分类和知识建模;接着用相应的尺度对知识进行评估,知识管理的实施是将知识运用在知识对象上以改善工作流程和提高绩效;最后是按照目标评价知识管理的实施所起的作用。每一次循环都意味着知识管理层次的提升。图8.12的右侧是知识管理的对象。知识管理以项目工作流程为基础,从工作流程中提炼出知识,并将知识融于工作流程。通过项目知识的集成上升为企业知识,服务于企业的目标。

(2)以信息集成推动知识集成

相比其他的项目活动,工程项目具有以下特点:①系统化、重复性;②正式的工作流程、方法和标准;③需要各个领域的紧密结合。因此,工程项目环境下的知识集成应建立在信息集成的基础上。

知识集成应建立在信息集成的基础上。信息系统向知识系统的提升是一项艰巨的任务。项目环境下的知识集成包含3个维度:集成的范围,包括知识内容的范围和知识来源的范围;集成的柔性,方便知识不断地得到补充和更新,因而知识集成系统的柔性是知识集成成败的重要指标;集成的效率,知识管理的目的可概括为创造知识并利用知识,在知识集成系统中,知识应该能够便捷地到达知识的使用者,如图8.13所示。

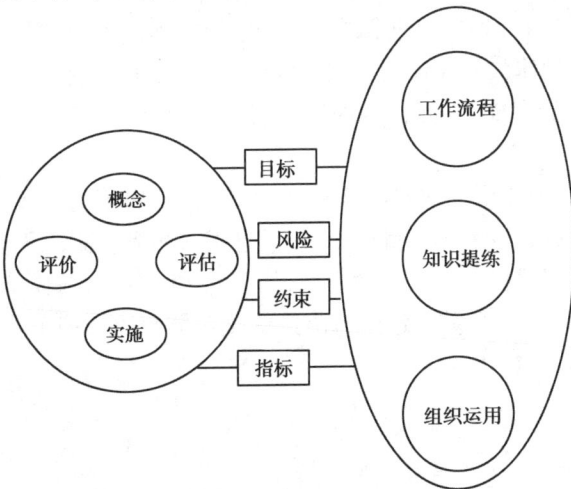

图8.12 知识管理框架体系

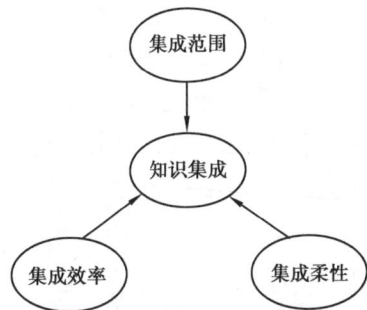

图8.13 知识集成的3个维度

（3）建立有利于知识共享的项目组织

项目组织结构的建立，应有利于项目成员之间实现知识的共享，同时在项目组织中形成学习的氛围。能否实现知识共享取决于很多因素，包括项目成员的相互关系（相互信任和互惠程度）、对知识创造和知识提供的奖励、项目成员对知识的接受能力。因此，在业主方的项目组织内、业主与承建方之间应建立互惠的职能关系或合同关系，从而将个体目标与组织目标、各参与方的目标与项目目标统一。同时，通过项目成员以及各参与方之间的能力配备，更好地实现知识的分享。

（4）项目知识形成企业知识

项目具有临时性的特点，同时也是不可逆的，项目环境下的知识管理，首要目的是总结项目的经验和教训，并把结果（包括项目本身的成果）推广出去，从而改进项目的下一个循环。

（5）知识管理的能力构成

知识管理的能力由两部分组成，一个是知识过程能力，即知识运作过程各个阶段的能力，包括知识获取能力、知识创造能力、知识共享能力和知识运用能力；另一个是支撑条件能力，即形成和保障知识集成的基础，包括技术、组织结构和企业文化方面的支撑条件，如图8.14所示。

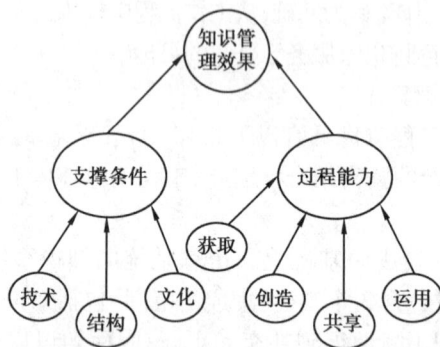

图8.14　知识管理能力构成

（6）知识管理的评价指标

通过评价指标，可对项目环境下的知识管理情况进行描述，同时，也对每一次知识管理循环的绩效评价。知识管理的评价指标具体包括大量采集知识的能力；知识的创造能力；知识的传播能力；知识的共享程度；知识的储存能力；知识的使用能力；对新知识的奖励；对知识的共同愿景等指标。

以上阐述了运用综合集成方法，以从定性到定量的数学建模、仿真分析、决策优化、综合集成为工作平台，按照要素集成、知识集成、过程集成、目标集成、信息集成的系统集成思想，构建出基于综合集成方法体系的大型工程项目复杂性管理模式，如图8.15所示。该模式有效地将处理复杂系统问题有机地统一起来，通过系统建模与决策优化协同解决大型工程项目的复杂性问题。

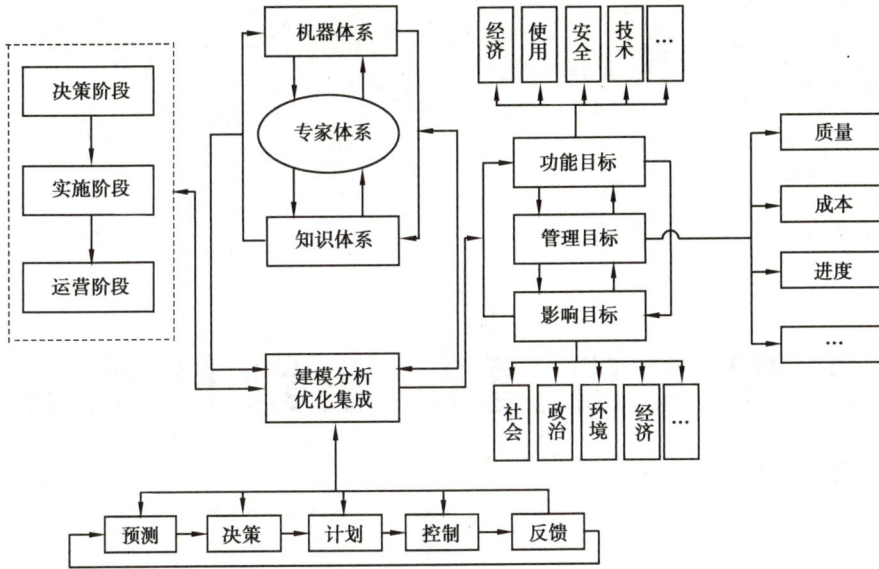

图 8.15　基于综合集成方法体系的大型工程项目复杂性管理模式

思考题

1. 传统的工程项目管理模式为什么不适用于工程项目复杂性管理?
2. 工程项目复杂性管理的主要策略有哪些?
3. WSR 管理方法对控制工程项目复杂性有哪些优势?
4. 请简述工程项目复杂性集成管理的基本原则。

9

工程项目复杂性管理优化的措施

当前,随着大型复杂工程项目数量的增多,工程项目复杂性管理存在多方面的问题,这些问题在复杂的工程项目中无处不在。虽然完全消灭复杂性不太可能,但是解决很多显而易见的问题以及使组织更好地管理复杂的情况却是可能的。本章我们将提出几点应对工程项目管理复杂性问题的有效方法。

9.1 思维方法与技术工具创新

首先,在思维与方法上,我们要利用复杂性科学中的思维与方法针对工程项目中的复杂性进行系统的综合分析。复杂性科学能够利用复杂性范式总结出复杂系统通常具有的共同特点,系统复杂性涉及非线性、动态性和自适应行为等多方面,应围绕这些主要特点,深入分析其形成的机理以及演化规律,这属于应对工程项目复杂性挑战的有效路径。同时,我们要鼓励反思性思维,一个人从经验中学习的能力对获取在复杂环境中管理项目所需的智慧是必要的。我们需要做到从经验中学习和在经验中学习。从经验中学习是从经验教训发展而来的一个例子,比如,在项目阶段的结束和收尾过程中进行适当的讨论、分析、记录。在经验中学习是从业者应该更及时地反思最近的事情,思考进展中的工作是否如期望的一样,以及如何作出一些改变使项目的结果更好。实时记录和从中快速学习,以便了解工程项目复杂性所带来的影响。其次,因为现在的工程系统有大量异质的参与以及主体间动态的互相作用,因此,造成许多行为变得不可预测与不可控制,针对工程管理不能简单地沿用项目管理中的知识方法体系,而是要深入研究工程系统动力学以及它们与微观底层许多要素间存在的联系。较为可行的途径是让现有的主流研究技术(系统动力学、复杂的社会网络等)应用到具体的工程项目管理中去,但这一过程可能面临许多技术层面上的挑战,因此,需要从社会物理学和行为经济学等新兴学科提炼出新的方法与模式,从研究手段和工具的角度着手进行创新。

9.2　工程组织结构优化

工程组织属于一个用契约合同联系在一起的动态联盟,对于复杂庞大的组织而言,很难建成一个可以对整个组织行使集体控制权的管理中心,更多时候是凭借工程参与方的自组织和自适应来完成整个组织由无序向有序的演化。但是,复杂的工程组织并非缺少管理中心这一设置,为了达到统一目标,必须有工程管理人员对工程系统进行统筹和协调,并引导自组织向有利于工程目标实现的方向发展。按照工程项目组织的具体特点,工程管理者不但要利用项目管理体系和相关方法,对工程的进度和组织成员的行为开展监督与控制,而且需要克服工程组织存在的系统复杂性困难,有效形成驾驭工程复杂问题的能力。同时,在工程项目的层级中,高级管理层应该赋予从业者用对特定目的最优的方式组织项目的权力。在组织层级,项目经理通常会在已经设立好的结构中工作,虽然有利于一种项目设置的过程,但在另一种环境中可能会成为障碍。高级管理层应该允许项目团队自由地寻求备选方案,确保工程项目的成功和获得合适的商业价值。其次,工程项目组织可能会发现需要考虑超出组织过程和程序边界的备选方案。在这种情况下,从业者应该强调对要接受的企业过程和程序的破例需要,要利用已建立的组织过程获得这样的批准。为了在公司层级提供合适的组织结构而提升项目成功的可能性,高级管理层应该承认破例需要,容纳它们,并且在需要时尽可能加快处理这些请求。

9.3　加强组织参与

工程项目参与单位众多,这些组织均不同程度地参与了项目,各组织间或与主体间存在技术、利益、资源等多方面的需求,它们相辅相成,互为条件,彼此联系,作为项目管理人员必须事先了解各干系人的需求,包括范围、规格、型号、标准、数量、技术、功能等方面的具体要求,以及各自利益、愿望、自我价值等多层次的需求。只有充分了解各方需求才能凝聚共识,减少分歧,争取整体的最大公约数,统一项目目标,实现利益最大化。其次,通常情况下,客户在项目执行中角色较为被动和消极,在项目全生命周期的各阶段只是确认可交付成果的签署和审批,对项目的执行过程不太关注。然而对于一个较为复杂的项目,由于存在诸多不确定性、多变性,必然增加了项目执行的可操作性,在目标和解决方案都不清楚的情况下,业主直接认可、确认是非常必要的,否则项目根本无法进行下去。毕竟项目处理的是客户的业务,在寻求解决方案的过程中,客户正是最好的帮助资源和合作伙伴。

9.4　提高项目管理能力

一个工程项目要成功必须依赖成功的工程项目管理,可见以工程项目管理为中心,提高工程质量,敢于管理创新,保证工程进度,降低工程成本,提高经济效益已经成为工程项目的关键。同样,面对日益复杂化的工程项目,必须有规范化的项目管理,不断提高的项目管理能力才能开展。因此,项目管理的重要性不容小觑,下面提出了几种在复杂的工程项目下提高项目管理能力的方法。

①建立有效的治理。治理被定义为指导组织建立原则、做法和其他相关文档的诸多方式的总和。特别是当复杂性存在的时候,治理为工程项目提供了必不可少的监督和指导。为了建立有效的治理,组织结构需要支持例外处理的流程。由于这些工程项目的性质或者组织战略的变更,因此治理结构需要快速地适应变更和提供清晰的指导,以及面对紧急情况时果断地决策。在具有复杂性的工程项目中,高级管理层、项目委员会、治理委员会、指导委员会或者其他决策者能够确保治理职能,帮助适应变更。

②有效管理的整合。对于工程项目经理而言,其关键的角色就是一个整合者。这个角色在复杂的工程项目环境中具有重要的意义。工程项目的复杂性提出了需要整合大量相互依赖的元素(如需求、活动、风险、组件、干系人和过程),随着相互依赖程度的增加,复杂性也随之增加,所以需要对整合进行有效管理。整合管理的关键领域包括规划和进度的整合、范围整合、解决方案整合和发布、管理方法的一致性和项目过程的整合。组件之间的连接性产生了很大的复杂性,从而提高了变更的可能性,这也导致了需求的增加,以及对从业者整合能力的巨大需求。从业者应该有效地沟通项目的愿景和收益,以达成组织的期望。工程项目的进度和预算应该包括整合管理活动所需的充足时间和成本,不仅是对项目经理,同样也需要考虑所有干系人在整合管理中所需的工作量。高级管理层应该识别额外的管理储备,解决与复杂环境特点相关的紧急变更带来的意外工作量。

③关注变革管理。虽然工程项目需要有一定程度的变革管理,但是在复杂环境中,它的重要性会得到提升。有学者认为"与源于混乱的和不确定的商业环境的变革有关联的高级管理层、从业者和干系人,需要培养坚实理解包围商业环境内在的变革的方法论和灵活性"。在复杂环境中,不确定性的提高使变革可能快速和意想不到地发生。在复杂环境中的变更,其分析的重点应该是全面分析影响,这会成为变革管理过程中的一个重要元素。从业者的经验在领导变更的过程中十分重要,并且,变革需要用合适的、经过组织批准的过程来管理。

④避免过分简化管理。在工程项目管理中,人们习惯性地识别有特定结果的具体原因,这样有时会导致过于简单化。分析过于简单的原因只能解决引起这些结果中的一个原因,但无法给出一个全面、综合的解决方案。例如,工程项目的仪表盘常常设计为管理者传送目前的状态信息,然而繁忙的管理者却没有时间看项目的所有详细信息,导致管理者未能从仪表盘上获取工程项目真实状态的细节。

⑤工程项目集成化管理。复杂的工程项目可以看作一个复杂的巨系统,因此,从系统论的角度对工程项目管理进行研究有很大的价值,而我国传统的工程项目管理模式却忽略了这一点,缺乏对工程项目的整体考虑,管理信息支离破碎,不能达到很好的管理效果。学者普遍认为集成是处理系统问题的有效方法。因此,在处理工程项目复杂性问题上,我们可以对工程项目进行集成化管理。工程项目集成化管理是运用管理集成的思想把现代管理理论,如系统论、控制论和信息论与复杂的工程项目本身所具有的系统化特点相结合而产生的。通过以业主需求为导向,以高速发展的信息技术为基础的集成化管理,实现项目执行过程中各参与方之间的高效率信息交流,对项目的全生命周期进行系统地研究和规划,最大限度地减少变更和返工现象,从而实现项目在质量、工期和成本上的全面优化,使项目的价值最大化。

⑥增加项目管理的灵活性和适应性。越是复杂的项目管理,越需要灵活性、适应性和创

造性。过分僵化的流程式管理,创造性和适应性无法得到充分发挥。各组织、各层级间无法根据变化多样的情况发挥自身的能动性,进行有效、及时的调整。项目管理人员在制订计划时,不可能兼顾到所有因素,只能抓住主要因素,原则性地搭建一个较为合理的框架,并且根据不断变化的情况及时采取纠正措施,调整方案与应对策略。这就要求我们在整个项目过程中不断学习和挖掘,要求项目团队和客户必须通力合作,群策群力,随时调整方法。另外,适应性与团队成员的行动被授权程度直接相关。当授权机制深入人心时,团队的适应性和自主性能力会加强。所以应明确定义团队成员可以做什么、何时做及怎么做。建立鼓励创造的环境,充分信任团队成员,使其发挥作用。

9.5 匹配经理和关键团队成员到项目

复杂的工程项目不同于小型工程项目,一般时间跨度长、涉及面广、过程复杂、技术难度大。因此,对于复杂的工程项目我们需要匹配合适的项目经理以及专业的项目从业者。给项目配备从业者存在3个先决条件。

①理解项目性质。在分配项目经理和其他关键团队成员之前,组织应该对项目的目标和环境的复杂性有深刻理解。利用资源差距分析和评估复杂性,可以在适当的知识和经验层级选择关键的团队成员。

②发展和获得有足够数量的有经验的从业者。高级管理层和组织经理应该确保组织获得充足数量的、合适的从业者,使其在给定的任何时间框架内,在项目和项目集中工作。这些从业者可以是员工,也可以是合同工。从业者也可以通过其他的方式来获得,例如,合资公司、分包合同或安排合作。重要的是关键资源在项目或项目集的周期内能够持续地可用。来自高级管理层对项目的承诺应该进行提前担保,以支持资源的可用性。

③确保从业者有领导力和业务技能。对项目的复杂性活动进行有效的管理,需要分配具有较强领导力、战略以及业务管理能力的项目经理。高级管理层的职责是确保这些个人都能够满足企业的需求。

④"工程爱国"是一切项目从业者选拔的根基和主线。"工程爱国"的选拔标准主要考察项目经理和关键团队成员是否符合工程伦理和工匠精神的要求。其中,工程伦理是从价值理论与方法的角度研究人和物之间的关系,以及研究由人和物之间关系的改变所影响的人与人之间的关系。工程伦理紧密围绕社会实践,基于社会价值去研究工程中常见的责任问题,风险与安全问题,环境问题,可持续发展问题,知识产权问题及公平公正问题等,力求在道德与职业伦理之间寻求一个平衡标准,为工程人的职业行为建立指导准则,从而构建具有中国特色的工程伦理观。工匠精神是锻造新时代下的卓越工程师的灵魂,它包含了文化基因。创新基因和价值基因是基于习近平总书记提出的"四个自信"中的文化自信,以发展科学技术实现可持续发展的战略选择为目标,为当代工程人注入中国传统价值观为信念的力量,是技术爱国的方式。

9.6　提高团队凝聚力

对于一些简单的和不确定性较低的工程项目,主要的沟通方式是单向的,如书面形式。当项目的复杂性和不确定性较高时,沟通的需求和要求在不断地增加和变化,由于项目变更很多,书面的交流效率太低,单向沟通容易引起信息的不对称且效率低下。通过讨论,推动项目状态的更新和计划的实施,并且确保沟通的及时、有效。另外,分散的工作不再适用,取而代之的是集中办公的频繁互动交流协作模式,并且以计划驱动的工作机制不再适用,取而代之的是以价值驱动的工作机制。其次,由于工程项目的不确定性和复杂性需要项目的团队成员主动、即时地反馈随时遇到的突发情况和问题,并提高主动跟踪和解决问题的责任意识,这就需要调动项目团队积极参与项目。只有提高了团队的凝聚力,成员之间才可以增加沟通和了解,促进项目的信息交流。营造良好的学习和工作环境,帮助成员自我实现、自我成长,培养员工的归属感、使命感,提高团队成员的事业心、责任心,激发他们的创造性,进而促成项目目标的实现。

9.7　开展项目可行性研究

做好项目可行性研究有助于减少乐观主义倾向和规划谬误的影响,对项目的复杂性管理提出合理的建议。一方面,复杂性影响项目管理目标,是项目选择的一个重要标准,因此,系统分析项目复杂性有助于决策规划、协调和控制、协助选择合适的采购安排等;另一方面,系统分析项目复杂性有助于正确认识项目复杂性,对提高项目管理能力及项目成功率具有重要意义。项目可行性研究的相关技术包括参考预测、事前预防、外部审计和倾听专家意见,可以帮助管理人员和从业者理解所承担项目的重要性。

①参考预测:包括参数和类比估算,检查在组织内和组织外执行的类似的项目。这意味着通过真实的检查可以抵消乐观偏见的影响。

②事前预防(风险预估):都是高级管理层的详细评审,通过专家评估潜在的风险,能够消除项目失败的原因。风险规避和缓解的成效或改进的估算都可以增加到原始的估算中,以重置预算、范围、进度和业务价值的期望。

③外部审计:包括让受委托的外部专家团队评估高级管理层关于项目成本和预期收益的有效性。这些专家可以是组织内部的,也可以是外部的。例如,这个活动可以通过设在公司 PMO 内的审计部门来执行。

④倾听专家意见:管理人员和从业者需要对与项目工作有密切关系的人给予更多关注。这些人有更多的相关经验,以及对于如何解决出现的问题,能够提供及时和中肯的信息。为了作出明确的决策,在项目开始前,项目经理应该从不同的层级和部门收集反馈。

9.8　留意可能引发重大变化的微小信号

在复杂的工程项目中,很小的异常甚至都能触发一系列意外的事件,从而导致不可预见的结果。高级管理层和从业者应该对一些可能是错误事情的迹象更加敏感。例如,承包商的关键技术主管连续两周没有参加技术会议,也没有给出相关的理由。这种情况暗示技术主管目前正在参与一个其他更重要的项目,这可能会导致承包商在本项目上缺乏技术保障。同时,建设和维护所有干系人的沟通网络也是十分重要的,密切关注不断变化的人或组织关系,这些信号可能暗示开始出现额外的威胁和机会。对于复杂的工程项目而言,小的变化也可能产生重大的影响,因此,项目管理人员应该在被批准的项目中寻找没有被识别的、未预料到的结果或后果。

9.9 鼓励灵活心态

当管理复杂工程项目时,从业者和组织面对着很大程度的不确定性。这些工程项目可能会经历稳定和不稳定期。在不稳定期时,有一种倾向就是要最大限度地控制项目团队。请记住,随着不同情况的出现,需要采用合适的领导力风格。组织和项目经理为了团队的成功应该创造必要的条件,包括但不限于以下措施。

①创造和培养环境条件,以便能够快速地、创新性地适应紧急变更。这些条件包括公司、项目以及项目的组织结构和程序。

②采用灵活的领导风格、给予适当的条件,推动项目团队逐步具备创造性和弹性来满足需求。

③在高级管理层和项目团队之间保持沟通渠道的畅通。使用正确的工具来达到最好的效果。

④在法律和监管范围内,根据需要,谨慎地修正规则、原则和程序。

⑤佯谬思维。找到有创意的解决方案来应对各种不同性格的人的需求,承认分歧并在适当时机消除分歧。

⑥通过对项目目标的共同理解以及协作工作,促进团队的黏合度。

⑦注意在复杂的项目中不可避免地会出现焦虑和其他不良情绪,这就需要采取创新和积极主动的方法来消除这些不良情绪。

⑧运用反思性思维。项目经理为了能够发展、维护和影响在项目各利益相关方之间的合作关系,应该是具备社会和政治技能的反思性从业者。

思考题

1. 工程项目复杂性管理优化的主要措施有哪些?
2. 如何利用复杂性科学中的方法针对工程项目中的复杂性进行分析?
3. 如何通过项目可行性研究控制工程项目复杂性?
4. 项目复杂性管理能力和项目管理能力之间的关系是什么?
5. 我国的"新基建"战略对项目复杂性管理能力提出了哪些新的要求?

参考文献
References

[1] 丁翔, 李迁. 基础设施项目中合谋行为及其治理 [M]. 南京: 南京大学出版社, 2017.

[2] 郭庆军, 杜雨露. 地铁工程施工阶段主客体匹配性评价 [J]. 科技管理研究, 2018, 38 (5): 237-242.

[3] 何清华, 田子丹, 罗岚. 基于扎根理论的中国重大工程复杂性维度模型构建 [J]. 中国科技论坛, 2021(8): 126-134.

[4] 姜鹏. 大型工程项目复杂性影响因素分析及测度研究 [D]. 哈尔滨: 哈尔滨工业大学, 2016.

[5] 孔德成. 复杂重大科技工程的技术总成理论与方法研究 [D]. 北京: 北京理工大学, 2014.

[6] 李四福, 诸克军, 王德银. 大型工程网络计划技术的应用复杂性研究 [J]. 中国地质大学学报(社会科学版), 2010, 10(5): 90-94.

[7] 李永奎. 重大工程PPP模式适应性提升路径: 基于制度理论和复杂性视角 [J]. 南京社会科学, 2017(11): 68-75, 121.

[8] 梁茹, 盛昭瀚. 基于综合集成的重大工程复杂问题决策模式 [J]. 中国软科学, 2015 (11): 123-135.

[9] 聂娜. 大型工程组织的系统复杂性及其协同管理研究 [D]. 南京: 南京大学, 2013.

[10] 齐二石, 姜琳. 大型工程项目的复杂性及其集成化管理 [J]. 科技管理研究, 2008 (8): 191-193.

[11] 晏永刚, 任宏, 范刚. 大型工程项目系统复杂性分析与复杂性管理 [J]. 科技管理研究, 2009(6): 303-305.

[12] 朱振涛. 工程项目文化的系统复杂性及其演化机理研究 [D]. 南京: 南京大学, 2012.

[13] 傅强. 长距离调水工程组织复杂性评价研究 [D]. 郑州: 华北水利水电大学, 2019.

[14] 郝丽风, 李晓庆. 国外组织复杂性研究述评 [J]. 技术经济与管理研究, 2012(1): 3-7.

[15] 乐云, 蒋卫平. 大型复杂群体项目系统性控制五大关键技术: 项目管理方法的拓展与创新 [J]. 项目管理技术, 2010, 8(1): 19-24.

[16] 吕鸿江, 刘洪. 基于不同视角的组织复杂性界定及测量研究评介与比较 [J]. 外国经济与管理, 2010, 32(9): 3-11, 24.

[17] 吕鸿江, 刘洪, 程明. 基于成因分析的组织复杂性分类研究 [J]. 经济管理, 2008 (16): 33-38.

[18] 席群峰. 对政府投资重大群体项目管理与控制方法的思考: 上海世博会工程建设管理经验的推广及应用 [J]. 建筑技术, 2010, 41(4): 294-300.

[19] 钱瑜. 环境影响评价 [M]. 南京: 南京大学出版社, 2020.

[20] 胡文斌. 教育绿色建筑及工业建筑节能 [M]. 昆明: 云南大学出版社, 2020.

[21] 钟铭, 吴艳云, 栾维新. 港口物流与城市经济协同度模型 [J]. 大连海事大学学报, 2011, 37(1): 80-82.